ハリウッドとラスベガスを作った
伝説の大富豪

The Gambler
ザ・ギャンブラー

ウィリアム・C・レンペル
上杉隼人＝訳

ダイヤモンド社

THE GAMBLER

by

William C. Rempel

Japanese translation published by arrangement with
The Robbins Office, Inc. and Aitken Alexander Associates Limited
through The English Agency（Japan）Ltd.

妻バーバラ・ハイド・ピアスへ
彼女がひとりの作家にかけて、わたしは大当たりした。

はじめに

『ザ・ギャンブラー　ハリウッドとラスベガスを作った伝説の大富豪』は、第Ⅰ部「人間創生」、第Ⅱ部「億万長者創生」、第Ⅲ部「伝説創生」の3部構成になっている。

第Ⅰ部「人間創生」には、カーク・カーコリアンがアルメニア移民の両親のもとに1917年にカリフォルニア州フレズノに誕生し、中学2年生で学校を中退し、戦前は飛行機操縦士として身を上げ、戦後は航空チャーター・ビジネスで財を成すまでを簡潔にまとめた。

第Ⅱ部「億万長者創生」、第Ⅲ部「伝説創生」には、カーコリアンが47歳を迎える1965年以降の活動について、著者ウィリアム・C・レンペルが詳細に記している。ここから2015年に98歳で亡くなる直前までカーコリアンは精力的に活動し、ホテルやカジノ産業に手を伸ばし、複数の映画会社や自動車会社の買収を試みて、アメリカ有数の億万長者に仲間入りをはたす。一方、決して名前を明かさないという約束で、多額の寄付金を各所にもたらしている。

本書に登場する主な人物や関連団体は20〜26ページにまとめた。

著者は日本人の読者のために、カーク・カーコリアンの「7つの成功の秘訣」も特別に書き下ろしている。日本語版でしか読めない、本書のまとめともいえるこの記事も、あわせてご覧いただきたい。

訳者　上杉隼人

プロローグ

人生はビッグなクラップスだ

1972年、ラスベガスのある春の宵。エレガントに着飾ったケーリー・グラントが、セクシーな女優ラクエル・ウェルチと野外の演壇に立っている。ギャンブルの聖地のカラフルな歴史に新たな印を刻みつける華やかな花火の導火線に火をつけようとしている。

すでに砂漠上空の暗い闇は映画撮影用のクリーグライトによって煌々と照らし出され、ネオンがきらめくあたりの大通りにはリムジンがずらりと連なっている。世界最大のホテルのグランドオープンを間近に控え、ハリウッドおよびギャンブル界の要人たちがフラミンゴ・ロードとラスベガス・ストリップ（カジノの中心街）の交差点に一堂に会して、目の前にそびえたつ巨大なホテルを建てた偉大なる実業家に敬意を表するのだ。

だが、肝心の彼はどこだ？

演壇上のふたりの役者は群衆のなかにその姿を探す。この「時の人」は、ケーリー・グラントの親友のひとりで、人前に出るのが苦手で、張りあいたくもない億万長者たちには顔をあわせず、か

って は一度もKO負けしたことのない強力なボクサーでもあり、学校教育は8年生（中学2年生）で中退したが、今やアメリカビジネス界全体を牽引する立場に就いている。

人波のどこかに紛れているこの映画業界とカジノ界の大物は、アルメニア移民の子として生まれ、アメリカン・ドリーム、すなわち貧民街からメインストリートへと飛び出すサクセスストーリーを生き抜き、大当たり投資を見極める眼力を備えたスリルを求める55歳のギャンブラーだ。

「カーク、どこにいる？」

グラントは特有のイギリス英語で群衆に向かって言う。人々の頭が動く。カークはどこだ？　誰も答えない。

グラントはわかっているが、彼はスポットライトを浴びるのが苦手だ。MGMスタジオ社長で、その後たちまち巨大化するMGMグランド・ホテルを背後で取り仕切る**カーク・カーコリアン**は、群衆のなかでなるべく目立たないように、おそらくスコッチを口にしつつ、ネバダ州のごく平凡な人間であるふりをしようとしているだろう。

ラクエル・ウェルチは中央ステージに移動し、ポンプを押し込んでダイナマイトに火をつける漫画に出てくるような発火装置に近づく。そしてドラマチックかつ過度に扇情的なポーズで発火装置のハンドルをぐいと押し込む。その瞬間、ヒューンとロケット弾数発が飛び出し、いくつもの星形がきらめき、ものすごい音を立てて火花が打ち上がる。最後に光りかがやくMGMの獅子が登場し、花火の輪のなかでグォーと声を上げる。

カークはもちろんこのにぎやかな演出を歓迎した。これでもう人前に出なくてもよくなった。このように生涯セレブのように扱われることを嫌ったことで、**「アメリカの大金持ちでもっとも知られざる人物」**として死後、知られることになる。

世紀の取引中毒者《ディール・ジャンキー》カーク・カーコリアン

1960年代末、アメリカの実業界にどこからともなく現れたように思えるこの人物は、ギャンブルを好み、中学までしか学校は出ていないが、50歳にして突然大金持ちになった。まだ航空ナビシステムもない時代に、工場生産されたばかりの航空機を英国空軍に届けるために危険な大西洋越えを繰り返した勇敢な飛行士でもあった。戦後の苦境時に小さな航空輸送サービスを手塩にかけて育て上げ、それをのちに売却して巨万の富を得た。

だが、ギャンブラーは、その全財産を資本主義の賭けに注ぎ込む。あらゆる要素が入り混じる先の見えない市場に巨額の掛け金を張ったことで、突然アメリカ中のビジネス・ニュースに取り上げられることになった。彼はその市場を**「レジャー産業」**と呼んだ。

西海岸では、国内最古の商業航空会社を支配しようとした。ニューヨークとハリウッドでは、経営はぐらついていたが伝説的な映画会社MGMスタジオ買収闘争を展開した。ラスベガスでは、全米一の大富豪ハワード・ヒューズに水面下で妨害を受けたにもかかわらず世界最大のホテルを作り上げた。同じ頃、フラミンゴ・ホテルのカジノを長年のギャングの支配から解放することに成功した。エルヴィス・プレスリーをラスベガスのスターに押し上げた。

こうして彼は一夜にして映画、リゾート、ギャンブル産業の寵児となった。クラップステーブルでも交渉の席でも賭け事のスリルを味わっているように見えることで、友人たちには**「取引中毒者《ディール・ジャンキー》」**と呼ばれた。世界最大のホテルをこの前後に二度も建てている。ギャンブル同様、ビジネスも大枚を張らなければ意味がないと考えていた。晩年には3大自動車会社の買収をそれぞれ試み、自動車業界も刷新した。

家系には、財界で成功した者はひとりもいない。アルメニア移民の父は農業と果物の販売で生計を立てていたが、常に金銭問題を抱えていた。住居からの立ち退きを常時突きつけられたが、カークはロサンゼルスで思春期を過ごしながら独学で英語を学び、たくましく成長した。のちに自身も述べているように「たたき上げの人」だった。きびしい人生の荒波のなかで、生き残ることに加え信頼と忠誠と勤労の大切さを学び取った。

生涯を通じてマスコミのインタビューは一切受けることはなく、隠れた存在となった。だが、ハワード・ヒューズと比べられることには抵抗を示した。

社交ぶりは華やかで、フランク・シナトラ、ディーン・マーティン、トニー・カーティスといったセレブや実業界の大物たちと交流した。チャリティなどの公共のイベントに顔を見せれば、たちまちニュースやゴシップ記事のネタにされた。ケーリー・グラントとダブルデートしたり、家族同土で旅行に出かけたりした。

当時同じくカジノのオーナーをつとめていたドナルド・トランプは、カークを「キング」と呼んで、「彼のことが好きだ」と友人たちに話していた。

だが、カークはこの将来の大統領とは生活スタイルも気質も180度異なっていた。人前で話すのが苦手で、口調はいつも穏やかで控えめだった。「トランプのように話せたらいい」と言っていた。またビルであれ道路標識であれMGMスタジオの個人の駐車スペースであれ、どこかに自分の名前が記されるのを好まなかった。借金を反故《ほご》にすることは決してなかったし、いつも握手で契約締結した。

普段は、移動には誰も同伴させなかった。持ち物は自分で運び、ごく普通のフォード・トーラスかチェロキーのジープを自分で運転した。ボディガードもつけずにビバリーヒルズの通りを軽くジョギングすることもあれば、昼食に出かけることもあった。無料で何かもらうことはせず、所有するホテルでも食事代も宿泊代も自己負担した。一度ニューヨークで仕事を終えてガーディア空港に向かっていたところ、運転手に市内に戻らせたことがあった。宿泊したピエール・ホテルのメイドにチップを与えるのを忘れたからだ。

多額のお金を慈善目的で団体や人々に寄付したが、自分からの贈り物であることは決して明かさないように徹底させた。寄付金総額が数千ドル単位に達したところで、慈善団体を立ち上げた。そこから10億ドル以上を1988年の震災で大きな被害を受けた祖国アルメニアに寄付した。同国では聖人のように思われているが、その莫大な寄付を讃える記念物などの建立は一切固辞した。

海千山千のディールメーカーは、80歳代半ばにして最後の試練を迎える。有名な元テニス選手に、自分は彼女が生んだ子供の父親であると信じ込まされて法廷に呼び出され、いちばん大切にしてきた「プライベート」を白日のもとにさらされたのだ。


「決して振り返ってはいけない」。カークは人によくそう言っていた。だが結局彼が考えていたのは、自分の人生で何がいちばん重要かということだ。それは成功でもなければ失望でもない。

危険をおかすスリルだ。

「人生はビッグなクラップスだ」と『ロサンゼルス・タイムズ』紙に語っている。「それをずっと楽しんでいるのだ」と。

これから読んでいただくのは、偉大なクラップス、カーク・カーコリアンの人生そのものだ。

ザ・ギャンブラー／目次

第28章 大理石のアッパーカット

本書のおもな登場人物

【カーク・カーコリアンの家族】

アーロン 父
リリー 母
アート 長兄
ローズ 長姉
ニッシュ 次兄
ペギー 最初の妻
ジーン ふたり目の妻
トレーシー 長女
リンダ 次女

【カークの弁護人、仲間（姓アイウエオ順）】

マニー（マイク）・アガシ
ラスベガスに住むカークの古い友人。カークにテニスを教え、その後MGMグランドに採用される。3男アンドレ・アガシはアメリカテニス界のスーパースターに成長する。

アレックス・イェメニジアン
カークの財務担当を長らく務めた。最後にMGMスタジオを売却した際には社長にも就任。MGMグランドの経営者も務めた。

ジェームズ（ジム）・T・オーブリー
元CBS社長。「笑うコブラ」の名で知られ、MGM社長に就任し、同映画会社を経費削減によって財務的破綻から救う。

ジーン・キルロイ
カークの古い友人のひとり。ボクシングのプロモーターとして活躍し、モハメド・アリのマネージャーも長く務めた。

ケーリー・グラント
有名俳優で、カークの親友。カークが開業した各ホテルのオープニング・セレモニーの司会を務めた。

バーバラ・グラント
ケーリー・グラントの妻で、カークとは家族ぐるみの付き合いをした。

テリー・クリステンセン
南カリフォルニア指折りの弁護士のひとりで、長年カークの側近を務めた。

パトリシア（パティ）・グレーザー
ウィリアム・M・シャーノフとともにMGMグランドの火災裁判にあたったバウツァー社の弁護士。

ダリル・ゴールドマン
カークのテニスのコーチ。彼のもとでテニスに熱心に打ち込んだカークは、シニア・ダブルスの80代半ば部門で全米第3位にランク付けされた。

ハラート・サスーニアン
アルメニア系アメリカ人ジャーナリストで、英字週刊紙『カリフォルニア新報』編集長。1988年の大震災で被害を受けたアルメニアに対するカークの支援活動を支えた。

ジェイ・サルノ
カークが最初に行った大きなプロジェクト、シーザーズ・パレスの経営者となる。

ウィリアム・M・シャーノフ
腕利きの弁護士。MGMグランドの火災裁判を担当。

アレックス・シューフィー
シーザーズ・パレスをはじめ、カークのリゾート・ホテル経営における右腕的存在だった。

ウーナ・デイヴィス
カークの15年におよぶ信頼できる友人で、助言者。最後の妻でもあった。

ジョーン・デンジャーフィールド

カークの晩年の恋人。2010年にカークが入院した際には献身的に介護した。

エリザベス・ドール

ボブ・ドールの妻。彼女がアメリカ赤十字の代表を務めたとき、カークはこの団体を通じて多額の寄付を行った。

ボブ・ドール

アメリカの元上院議員（共和党、カンザス州選出）。カークの友人で、彼のアルメニア救済活動を支援。

グレグソン・バウツァー

ハリウッドの大物弁護士。MGMピクチャーズを買収した際や、フラミンゴ・ホテルをギャングの支配から解放した際に、カークを支えた。

ウェンディ・ファラヒ

夫ロンとともに、カークのプライベートを支えた。

ロン・ファラヒ

カークの世話人で筋トレのコーチであり、プライベート・ジェットの出張にも常時同行するなど、33年におよんで身の回りの世話を焼いた。

フレッド・ベニンジャー

ラスベガスのホテル事業でカークの右腕として働く。

ジェリー・ペレンチオ

ハリウッドのテレビプロデューサーで取引仲介人。カークとともにカリフォルニアの農園で少年時代を過ごした。

マイケル・ミルケン

億万長者の慈善家で投資家。カークのカジノや映画会社の買収戦略を資金援助した。

ラルフ・ラム

ラスベガスの保安官。カークの生涯の友人になる。

【ビジネスでかかわった者たち(姓アイウエオ順)】

リー・アイアコッカ
カークより2歳年上の資産家。クライスラー社買収で手を組んだ。

ドン・キング
ボクシングのプロモーターで、「アイアン」・マイク・タイソンのプロモーター。

ローニー・クール
テニスのエキスパートで、往年のスター選手ジミー・コナーズのコーチを務めた。カークとリサ・ボンダーを引き合わせた人物。

バーブラ・ストライサンド
歌手、女優。カークのインターナショナル・ホテルの幕開け公演で大変な人気を博す。

テッド・ターナー
ニュース専門チャンネルCNNの創始者。

マイク・タイソン
1997年6月28日、カークのMGMグランド・ホテルのグランド・ガーデン・アリーナで、ヘビー級のディフェンディング・チャンピオン、イベンダー・ホリフィールドと対戦。

プレストン&ローレンス・ティッシュ兄弟
ラスベガスのローズ・ホテル内に、大きなカジノをオープンした。

エルヴィス・プレスリー
カークのインターナショナル・ホテルで後世に語り継がれる伝説的ステージを繰り広げる。

ボビー・モリス
インターナショナル・ホテルの音楽ディレクター。エルヴィス・プレスリーの公演をサポートした。

【ライバル（姓アイウエオ順）】

スティーブ・ウィン

若い頃からカークが目をかけていた投資家。ウィンのミラージュ・リゾートおよびベラージオ・ホテルの買収をめぐって、カークと戦いを繰り広げる。

バグジー・シーゲル

マフィアで、カークが買収する前のフラミンゴ・ホテルの経営にかかわっていた。

ドナルド・トランプ

ニューヨークの不動産開発業者で、２０１７年に第45代アメリカ合衆国大統領に就任。実業家時代にカークとよく比較された。

テレル・C・ドリンクウォーター

ウェスタン航空の野心的な社長。同社の買収をめぐってカークと抗争を繰り広げる。

ハワード・ヒューズ

アメリカの大富豪。ラスベガスのカジノ、リゾート事業でカークと熾烈な争いを繰り広げる。

スティーブ・ビング

家の前のごみ箱から検出されたデンタルフロスに付着していたDNAサンプルによって、キラ・ローズの実の父と判断される。

エドガー・M・ブロンフマン

映画会社MGMスタジオの取締役会委員長。

リサ・ボンダー

元プロテニス選手で、カークの元妻。カークが自分の娘の生物学的な父親であると主張し、莫大な養育費などを請求する。

ロバート・メイヒュー

ハワード・ヒューズの側近。カークのテニス仲間でもあった。

マイヤー・ランスキー
マフィアの親玉。

キラ・ローズ
リサ・ボンダーがカークの生物学的な娘と主張した女の子。

【関連企業、ホテル、映画（アイウエオ順）】

インターナショナル・ホテル
カークが1969年7月にオープンした当時世界最大のホテル。

インターナショナル・レジャー
フラミンゴ・ホテルとインターナショナル・ホテルの持ち株会社。

MGMグランド・ホテル
カークが1973年に12月にオープンしたホテル。1980年11月21日に大火災に見舞われるも、翌年7月にリニューアルオープンする。1993年には新たなホテルとしてグランドオープンし、現在もホテルとして世界最大規模を誇る。

MGMスタジオ（MGMフィルム）
カークが買収・転売を繰り返した映画制作会社。1985年にはテッド・ターナーにも転売を持ち掛ける。

クライスラー
大手自動車メーカー。1990年代にカークは買収を試みる。

コロンビア・ピクチャーズ
カークが1980年代に買収をしかけた映画会社。

シーザーズ・パレス
カークが1966年にラスベガス・ストリップにオープンしたホテル。

ゼネラル・モーターズ

カークが２００５年に買収を試み、10％の株式を取得して筆頭株主になった。

デューンズ・ホテル

カークはこのホテルに１９５５年に投資するが、５万ドルを失う。

トラシンダ社

の個人的持ち株会社。トレーシー（Tracy）とリンダ（Linda）のふたりの娘の名前をとって社名にした。

フォード自動車

カークが２００７年から２００８年にかけて株式を購入するも、２００９年にリーマン・ショックによる株価暴落が起こる。

フラミンゴ・ホテル

カークが１９６８年に１２５０万ドルで買収し、インターナショナル・ホテルに移る経営陣やスタッフの教育の場として活用した。

『THE PROMISE／君への誓い』

２０１７年公開のアルメニアの大量殺戮事件を描いた歴史映画。製作費はカークがほとんど負担した。

ユナイテッド・アーティスツ（UA）

アメリカの大手映画会社。カークは１９８１年に買収を仕掛ける。

第 I 部

人間創生

「必要性からチャンスは生まれる」
マーク・トウェイン

一文無しのアルメニア移民の家に生まれる

カーク・カーコリアンは、1917年6月6日、カリフォルニア州フレズノで生まれた。アルメニア移民の父アーロンと母リリーの4人の子供の末っ子で、上に長男アート、長女ローズ、次男ニッシュがいる。

19世紀末から20世紀初頭、アルメニアではオスマン帝国の没落によってトルコ人民族主義者の攻撃が激化し、帝国支配下のアルメニア人はきびしい状況に置かれ、数多くの命を奪われ、生き残った者たちの多くは国外に移住するしかなかった。カークの父アーロンと、祖父にあたるキャスパーもそうだった。

20世紀初頭、キャスパーとアーロンはニューヨークのエリス島に到着し、その後カリフォルニアにたどり着いた。十代のアーロンは一文無しだったが、大変な野心家だった。この国で億万長者になるのだから。

まずは地元の農家から果物を買い上げて街に運んで販売する事業を立ち上げる。これが当たり、アーロンはのちに妻となるリリーをアルメニアから呼び寄せ、ふたりはカークを含む4人の子供に恵まれる。

第1次世界大戦終焉までには果物の農場も所有して利益を拡大し、アーロンは読み書きこそできなかったが、当時住んでいたサンウォーキン川周辺地域でその名が知られる存在となった。だが常に順風満帆というわけにはいかず、負債も作り、家族は苦しい状況に追い込まれた。いつしか各地を転々とし、気づくとロサンゼルスにたどり着いていた。カークはアルメニア語しか話せなかったが、路上で新聞を売るなどしながら独学で英語を学ぶ。1926年、当時9歳だった。

中学2年で学校教育をドロップアウト、ボクサーになる

カークはいくつか学校を転々とした後、1930年代前半、大恐慌のさなかに8年生（中学2年生）で学校教育からドロップアウトしてしまう。それからゴルフのキャディをしたり、オレンジを街角で販売したりして、兄や姉と同じようにわずかながらお金を家に入れた。次男ニッシュは「アメリカン・アサシン」の名でボクサーとしてお金を稼ぐようになった。

カークのその頃の友人に、ノーマン・ハンガーフォードがいた。スウェーデン移民の彼とは一緒にいろいろ仕事をした。そのうちのひとつに、カルヴァーシティのMGMスタジオで夜間に運搬作業をしたことがあった。当時は自分がこのスタジオを買うことになるとは夢にも思っていない。

肉体労働を中心にいろいろ仕事をこなしたことで、細かったカークの体にはだいぶ筋肉がついてきた。兄ニッシュはそれを見て、カークをボクシングの道に誘う。

カークはボクサーとしての才能を発揮し、1939年半ばまでに**「ライフル・ライト」**のリング

ネームで37戦33勝の記録も残した。負けは判定によるもので、ノックアウト負けは一度もない。だが、体が細すぎて、このまま続けると兄ニッシュのように深刻な障害を負ってしまうことが心配され、リングを降りることにした。22歳のときだった。

飛行機操縦士として道を開く

カーク・カーコリアンがそのあと恋をしたのは飛行機操縦だ。そして、それには需要があった。地元の航空学校に通い、学校時代には苦手だった数学も熱心に学び、6か月でその学校を修了し商業航空士としての資格を得た。

ヨーロッパで戦争が続いていた当時、アメリカはまだ中立的な立場を取っていたものの、将来の戦争に備え飛行機のパイロット養成が急務だった。カークはカリフォルニアで将来のパイロットに飛行機の操縦を教える仕事に就く。中学2年生で中退していたものの、学歴は問われなかった。とにかく飛行機の操縦法を知っていればよかったのだ。

私生活でも変化があった。ロサンゼルスに戻り、ペギーに求婚し、1942年1月24日に結婚式を挙げた。24歳だった。その頃、カナダが現地で製造した航空機をイギリスに輸送するアメリカ市民を求めていた。カークはこのRAF（英国空軍）の仕事を引き受ける。結婚したばかりのペギーとともに1943年春にモントリオールに移住した。

カークはそこですぐれた操縦術を発揮し、大西洋の上空でむずかしい仕事をいくつもこなした。空を飛ぶことは常に危険と背中合わせだ。1944年の6月初頭のスコットランド渡航は非常に危険なものだった。操縦する戦闘爆撃機のエンジンがおかしい。燃料が漏れ出したようだ。このままでは落下してしまう。同乗のナビゲーターはパニック状態だ。

そこでカークは賭けに出る。ここだ。ここで降下するしかない。霧が濃くて見えないが、ゆっくりと戦闘機を下降させる。暗い水が見えてきた。スコットランドのクライド湾だ。プレストウィックの灯も見える。助かった！

カークは人生の大事な場面において、常に「賭け」をする。

航空輸送ビジネスを立ち上げ、ラスベガスに目をつける

この仕事を通じてカークは世界中をまわったが、1945年の春には大戦の終焉が見えつつあった。カークは次の仕事を求める。南カリフォルニアに戻り、航空士養成の仕事は続けるが、それ以外のことも考えていた。そしてロサンゼルスのウィッターブールバードのバンク・オブ・アメリカを訪れ、支店長のウォルター・シャープに会い、融資を求める。アメリカ空軍の余剰セスナ機「UC－78」を購入し、航空輸送ビジネスを立ち上げようとしたのだ。それがシャープとの長い付き合いのはじまりだった。

戦後、ラスベガスは発展しつつあった。豪華なホテルが建設され、繁華街ラスベガス・ストリップも形成され、ナイトクラブやカジノが次々に立ち並んだ。この街ではギャンブルは合法だった。カークはエキサイティングなこの街に目をつけた。ロサンゼルスからここラスベガスに人を運ぶビジネスを興すのだ。購入したセスナで顧客を乗せて毎週ネバダ州のこの街を訪れた。カークは同時にギャンブルの虜になった。その頃知り合ったギャンブル仲間にジェリー・ウィリアムスがいて、彼もカークの航空輸送サービスをよく利用してくれていた。光栄なことに名優ジョン・ウェインの指名を受けることもあった。

カークのビジネスは好調で、航空機を追加購入しなければならなくなった。RAF時代に知り合ったパイロットも雇うことにした。ハワイのホノルルとサンフランシスコを結ぶルートに加えて、リオデジャネイロに向かう便も実現しようとした。

1947年、バンク・オブ・アメリカに1万5000ドルの融資を受けたほか、姉ローズにも5000ドルを借りて、ある航空会社を計6万ドルで購入した。こうしてカークは航空会社ロサンゼルス・エア・サービスを立ち上げ、会計士としてアーノルド・マクグロウを迎える。新会社はアメリカ西部全般の航空サービスに対応するが、多くはラスベガスへの送迎に集中することになった。

カークがちょうど30歳になる年だった。

航空サービスと航空機販売の2本柱で全米有数の航空会社に

カークの航空輸送サービス会社の常連客になったひとりに、ベンジャミン・〝バグジー〟・シーゲルがいた。ラスベガスのカジノ界に通じたシーゲルは、ロサンゼルス・エア・サービス社に受付終了間際にやって来て「これからガールフレンドに会うからいますぐラスベガスに向かってほしい」と言うこともよくあった。そんなときはカークが自らセスナを操縦して送り届けた。

シーゲルは当時ラスベガスにできたばかりのホテル、フラミンゴのオーナーでもあった。このホテルはカジノもナイトクラブも備えていて、ラスベガスの新時代を代表するものと目されていた。

カーク自身もこの頃からギャンブルにのめり込んでいた。ベガスのカジノに行けばクラップステーブルに貼り付き、スロットマシンもよくプレイした。彼はカジノのハイローラー（大金を張るギャンブラー）としてその名を広めつつあった。

この頃から、のちに保安官になるラルフ・ラムとの生涯にわたる長い付き合いもはじまった。ある日ふたりして馬に乗って出かけたところ、カークは突然盲腸炎に襲われ、ラルフは彼の体を馬にしばりつけて街の病院に運んでくれた。「ラルフに命を救われた」とのちにカークは話している。

そんな折、〝バグジー〟・シーゲルが殺害されたという知らせが新聞に報じられた。カークがラスベガスに運んだ2日後のことだった。そのときバグジーはラスベガス到着後にカークを待たせて30

分で戻ってきた。この30分に何があったのか？　カークはカジノ界の背後に暗いものを感じた。

ロサンゼルス・エア・サービス社はさらに拡大をつづけ、1950年に入ってバーバンク・エア・ターミナルに本部を移し、同時に家畜などの運搬に使われていたものも含めて多くの航空機も安く仕入れて、必要があれば徹底した内装を施して魅力的なものに変えて利用した。そしていつしか全米有数の航空会社に成長した。

同時に自社が保有する航空機をほかの会社に売買するビジネスもスタートさせ（この時には大富豪ハワード・ヒューズとも交渉している）、これも大当たりした。ロサンゼルス・エア・サービス社は航空サービスと航空機販売の2本柱を備え、さらに成長をつづける。カーク・カーコリアンは30代前半にしてすでに事業家として成功を遂げ、億万長者への道をのぼりつつあった。

だが、ビジネスへの傾倒、度重なるカジノへのギャンブル旅行によって、妻ペギーと共にする時間は少なくなり、ふたりは1951年9月27日に離婚する。

ビジネスで大成功を収め、カジノでギャンブルに勝っても負けても礼儀正しく、「クラップステーブルのペリー・コモ」と称されるほどであったが、私生活では大きな挫折を味わうことになった。

カジノ産業に参入する

1950年代半ばになっても、ラスベガスでは新しいホテルやカジノが次々に建設された。街のメイン通りストリップでは人気カジノが7つも立ち並ぶことになった。

カークも相変わらずカジノに通い、ギャンブルに興じた。勝ちより負けのほうが多かったが、それでも存分に楽しんでいたし、カジノのビジネスについても理解しつつあった。

友人もたくさんできた。ほとんどは不動産などで成功している人物で、そのひとりにマリオン・ヒックスがいた。ヒックスは自分のホテルのショールームでミュージックショーを開催しようとしてイギリスから若い女性ダンサーを呼んだ。金髪のグレース・ケリーを思わせるイギリス人女性ジーン・マリー・ハーディを、ヒックスはあるカジノのバーでカークに紹介する。ジーンとカークはたちまち恋に落ちた。ふたりは1954年12月5日に結婚する。カーク37歳、ジーン23歳だった。

二度目の結婚を機にカークはビジネスの拡大を考える。今回はカジノ産業に参入するのだ。はからずも1955年はベガスのカジノ・ビジネスが絶頂を迎えつつあり、この年に友人にも勧められて新しくオープンするデューンズ・ホテルの3パーセントの株式を5万ドルで購入する。

だが、産業が隆盛であるということは、ライバルも多いということである。近くにほかにも有力なホテルがあったし、デューンズはなんとかオープンに漕ぎつけるものの、オーナーが頻繁に変わったこともあり、カークの3パーセントの株式はほとんど価値のないものになってしまった。だが、カークはここで**「自分が経営しないビジネスには投資しない」**という教訓を学ぶ。

「TIA」への社名変更とジェット旅客機の購入

1961年、結婚から6年後、カークは新妻とのあいだに2歳の女の子がいた。彼のロサンゼルス・エア・サービスは好調で、バーバンクとロサンゼルス以外でもビジネスを展開していた。そして「世界《インターナショナル》」を意識して、社名も**トランス・インターナショナル・エアラインズ（TIA）**に変更した。年収は30万ドルか35万ドルを手にできるまでになった。

カークは常に新しい挑戦を、新しいリスクを、新しいスリルを求めた。ボクサーをしていたこともあり、ボクシング賭博にのめり込む。1961年9月30日にマジソン・スクエア・ガーデンで行われたベニー・パレットとエミール・グリフィスの世界ウェルター級タイトル戦でカークは王者のグリフィスに賭けたが、結果はパレットの判定勝ちで、2万1300ドルの借りを作ってしまう。このときに胴元チャールズ・ホワイトは映画俳優のジョージ・ラフトへの送金を命じるが、これは実は偽りで実際はマンハッタンのワーウィック・ホテル気付でトゥーリンなる人物に渡った。このことでカークは大いに苦しむことになる（第7章参照）。

1962年に入ると、航空サービスの競争も熾烈さを増していた。「ジェット旅客機が必要だ」。カークは日増しにそう思うようになり、ジェット旅客機DC－8の購入を検討する。だが、それは500万ドルする。当時のカークとTIAには出せない額だ。だが、ライバル社を抑えて業界で優位に立つには最新のジェット旅客機が必要だ。ＴＩＡは１９５９年以来アメリカ軍の仕事も引き受けていて、この業務をさらに拡大することも期待できる。

カークはこの資金を正攻法で手に入れることにした。ロサンゼルス・エア・サービスとＴＩＡを20年近く経営していることで、業界の信頼も得ていた。バンク・オブ・アメリカのモンテベロ支店にいる旧知のウォルター・シャープに相談を持ち掛けると「本社にかけあって２００万ドル用意する」とのことだった。

そんなありがたい申し出を受けたカークだが、ある日ロングビーチで、ダグラス・エアクラフト社が１９５８年に売り出した初期モデルのＤＣ－８の中古機が整備されているのを目にした。パワーアップしたエンジンを搭載し、室内設備もさらにアップグレードされている。幸運なことに、かつてＤＣ－３を購入した時に相談に乗ってくれた旧知のジャクソン・マクゴーエンに、このＤＣ－８のリースに必要な残り３００万ドルを工面してもらえた。

こうしてカークはジェット旅客機を手に入れ、最初の仕事としてカリフォルニアのトラヴィス空軍基地からグアムへの物資輸送を行った。その後も順調に仕事を請け負い、ＴＩＡの収益は25万ドルから1年も経たずして１１０万ドルに跳ね上がった。

カジノホテルのオーナーになる

TIAは確実に利益を生み出せる企業に成長した。そんなときに、カークの前にひとりの人物が現れた。インディアナの老舗車両製造会社スチュードベーカー社の社長シャーウッド・ハリー・エグバードに、TIAの買収を持ち掛けられたのだ。同社は当時アヴァンティというスタイリッシュな車を売り出すと同時に、さまざまな投資もしていた。そんなときにTIAに目をつけたのだ。ジェット旅客機DC－8を手に入れたTIAの収益は順調に拡大をつづけていたが、その購入資金500万ドルを負債に抱えたカークに、ほかのことに投資する余裕はなかった。

買収にあたり、エグバードとスチュードベーカーの条件は以下の通りだった。TIAはスチュードベーカーの傘下に入るが、カークには引きつづきTIA社長を務めてもらい、同時にスチュードベーカー社の副社長に就任してもらう。そしてスチュードベーカー社の12万株を1株あたり8・25ドルで得る。さらにDC－8の残りの負債も同社が負担する。それ以外にも魅力的な提案がなされた。このすべての条件を受け入れることで、カークは図らずも億万長者の仲間入りをはたした。

だが、すべてがカークの思い通りに行くはずはなく、新親会社のきびしい財務管理を受ける。アーノルド・マクグロウおよびグレン・クラマーにTIAの財務を管理してもらうことで、スチュードベーカーの干渉は減っていくが、**カークはすでにそのとき航空サービスの経営以外の新たなチャ**

レンジに目を向けていた。ラスベガスの土地に投資するのだ。

カークはサンフランシスコのベイエリアとラスベガスの往復を頻繁に繰り返していたが、すでに航空機はすべてスチュードベーカーの管理下に置かれていたため、自家用セスナ（ツインエンジンのセスナ310）を5万ドルで手に入れることになった。1955年のデューンズ・ホテルの投資での失敗もあり、不動産投資はしばらく控えていたが、時間が経ち、状況が整い、生来のギャンブラーはついに目を覚ました。

1962年も押し迫った頃、スチュードベーカーから100万ドルを受け取ると、ストリップのフラミンゴ・ホテルの向かいに広がる0・3平方キロメートルの砂地を96万ドルで購入した。

その直後に、ひとりの不動産開発業者が街を訪れた。全米トラック組合会長のジミー・ホッファおよび全米トラック年金基金会長のアレン・ドルフマンから出資を受けたジェイ・サルノだ。サルノはカークが所有する土地を含めた一帯に古代ローマをテーマにしたカジノ・ホテルの建設を考えており、カークと土地のリース契約を結ぶ必要があった。サルノはドリーム・リゾート実現にあたり、当時バルティモアの証券業界で名を馳せていたネイト・ジェーコブソンを社長に任じて各種交渉にあたらせた。

カークはサルノとジェーコブソンのふたりと1963年の夏の夜に夕食をともにし、商談した。カークはひと月1万5000ドルの土地のリース料に加えて、カジノの利益の15パーセントと、ホテルがオープンしたあかつきには個人用のスイートルームを1室得ることになった。

それからおよそ3年後の1966年、ホテルは**シーザーズ・パレス**の名称でオープンした。一文無しのアルメニア移民の子として生まれ、学校は中学2年で中退し、飛行機の操縦を覚えて航空サービス会社を立ち上げ、ラスベガスではギャンブルに興じたカーク・カーコリアンは、46歳にしてカジノのホテルのオーナーになった。

TIAを買い戻し、億万長者として数々の伝説を作る

カークはアルメニア系アメリカ人との付き合いも大事にした。1963年に入ってすぐにストリップのあるホテルのレストランで妻ジーンと食事をしていたところ、ペルシャ系アメリカ人のマニー（本名はエマニュエル。のちにマイクに改名）と呼ばれる給仕が、ふたりのテーブルについた。アルメニアの両親を持つテヘラン生まれのマニーはボクシングもテニスも好きで、カークはこの若者を大いに気に入った。そして生涯付き合うことになる。

マニーにはすでに子供がふたりいたが、次に生まれる子供にはカークとの友情の証しに、彼の名前をミドルネームに付けさせてもらうことにした。**アンドレ・カーク・アガシ**と名付けられたその子は、将来テニス界の大スターになる。

ビジネス界でもアルメニア系アメリカ人に大いに助けられる。自分の従兄弟を通じて、この年にサンフランシスコの証券取引会社シュワバッチャー社に勤務しつつ、アルメニア系英字新聞『カリ

フォルニア・クーリエ』を発行するジョージ・メイソンとも知り合った。

カークのTIAを買収した自動車メーカー、スチュードベーカーは経営難に陥っていた。1963年の12月には大規模な縮小計画も発表された。自分に買収をもちかけたシャーウッド・エグバートもがんにおかされ、業務から離れていた。その結果、スチュードベーカーからTIAを買収しようとする企業も出てきた。**カークは自分が手塩にかけて作り上げた航空運輸サービス会社の販売に断固反対した。その手で買い戻そうとした**のだ。ふたたびバンク・オブ・アメリカのウォルター・シャープを含むさまざまなところから200万ドルの資金を工面し、1964年9月、「わが子」TIAを自分の手に戻すことに成功した。

1964年、カークは実にさまざまなことを経験した。ジェイ・サルノと知り合ってシザーズ・ホテルのオーナーになった。母リリーを1月に亡くした。TIAを買い戻した直後、今度は父アーロンを看取った。

カークはさらに勝負に出る。**20年近く育て上げたTIAの株式を上場する**のだ。ジョージ・メイソンの助けを得て1965年8月に上場し、最初こそ動きは悪かったものの、メイソンが『カリフォルニア・クーリエ』を通じてアルメニア系アメリカンに呼びかけてくれたおかげで株式は動き出し、公開時の2倍、3倍で取引されるようになった。カークは数か月のうちにスチュードベーカーからTIAを買い戻す際に必要となった200万ドルを取り戻す。そしてTIAの6600万ドル以上にあたる株を手に入れた。

カークは47歳になろうとしていた。当時であれば、この年で引退を考えた者もいたかもしれない。だが、カーク・カーコリアンのギャンブル人生はまさにはじまったばかりだ。これからホテルや映画会社の売買を繰り返し、自動車会社などの買収も試みることで、20世紀の資本主義を代表するビジネスマンに成長を遂げる。そして98歳で亡くなるまで、ありとあらゆる挑戦を試みる。50歳目前にして、その人生は大きく動き出すのだ。

本書は不世出の、にもかかわらずこれまで広く知られることのなかったカーク・カーコリアンの半生を描くノンフィクションである。

第 II 部

億万長者創生

「若い頃に身を起こして成り上がる者は、
ちょっと違うというか、たぶん、
人より強い推進力を備えている。」
カーク・カーコリアン

第1章

ギャングたちとのトラブル

1966年12月29日、ネバダ州ラスベガス

ひんやりとした冬のある日、浮かない表情で列をなして聖ヨハネ・バプテスト・ギリシャ正教会に入っていく人々がいる。彼らはデイモン・ラニアンが描く物語、『ガイズ&ドールズ（野郎どもと女たち）』のキャストからたった今抜け出してきたかのようだ。

シルク混のスーツを着た名士たち。底に穴の開いた靴を履く路上生活者たち。酒の密輸から足を洗った者たち。博打にいまもどっぷり手を染めた者たち。ブラックジャックのディーラー。バーのホステス。著名人。政治家。ギャング。新聞記者。カジノ経営者。警察官。賭博所の元締め。

まさにラスベガス社会の縮図。通りの向こう側に覆面パトカーから到着する人々の列を撮影するFBI捜査官たちがいるが、このふたりをのぞけば、ストリップ界隈でも世界的にもプロのギャンブラー「ギリシャ人のニック」としてよく知られるニコラス・ダンドロスなる人物を誰もが追悼し、敬意を捧げている。

カーク・カーコリアンも、その場にいた。葬儀は大の苦手だったが、彼には任務があった。棺を担ぐのだ。葬式と墓場の金も一部負担した。ニックの亡骸が粗末な無縁墓に入れられることなく立

派に見送りができるように、多くの人が金を出し合ったのだ。

もう何年も前、重度の心臓発作のために83歳で命を落とすずっと前、ニック・ダンドロスはすでに破産していた。ギャンブルに生涯をかけた人物によくある末路だ。ビバリーヒルズの狭いアパートでひとりさびしく息を引き取ったのだ。誰もそんなふうになりたいとは思わないし、想像したくもないさびしい最期だ。だが、ギャンブルに興ずる街の誰もがこの人物を愛していた。

多くの点で、ダンドロスはカークが手本とすべき人物だったかもしれない。ふたりともギャンブラーとして紳士だった。人当たりがよく、親切で、容姿端麗。どちらもチップを気前よく差し出した。勝っても負けても穏やかな物腰を崩さなかった。金に無頓着なところがあった。金は賭けの元手にすぎず、人間性や人の真価を測るものさしではない。賞金を勝ち得たときも、損をしたときも、ダンドロスは「ただの金だよ」と気にしなかった。

あちこちで慈善行為を行ったことでもダンドロスは手本を示したが、彼が詳細を公にすることはなかった。私生活についてもほとんど話さなかったし、大いに信頼を寄せる友人たちに対してすらそうだった。最終的にテーブルゲームで失うことになった巨額の資金をダンドロスが一体どこで手に入れたのか、カジノ経営者でこの日同じく棺を担いでいたベニー・ビニオンを含めて誰ひとり知らなかった。ビニオンは訊ねたこともあったらしいが、「どうしても話してくれない」とのことだった。カークは言うまでもなく、そういったことをたずねるのは失礼であると考えていた。

ほぼ会場を埋め尽くすほど大勢の会葬者が集まったことで、故人が生前どれだけ多くの人たちの人生に影響を与えたかがうかがい知れた。時が経つにつれ、ダンドロスが密かに行っていた慈善行為も明らかになった。何百人もの友人たちの事業に資金提供したり、何十人もの子供たちを大学に入れたり、地元の慈善団体に50万ドル以上寄付したりしていたのだ。誰もが覚えているのは、ダンドロスがプラトンやアリストテレスの知恵を説き、気さくな冗談やいたずらで一層慕われる姿だった。「変わったじいさんだったよ」とビニオンは愛おしそうに思い出す。

「人のポケットにヘビを入れて、マッチを1本くれって言うんだから」

『ラスベガス・サン』紙の編集者兼発行人で、棺を担ぐひとりに指名されたハンク・グリーンスパンは、会場に響き渡る力強いスピーチで追悼の言葉を述べ、ニック・ダンドロスを建国の父たちに匹敵するリスクを恐れない勇気ある冒険家であると讃えた。つづけてアメリカ独立戦争の指導者たちは「気高いギャンブラー」としての性格を備えていたとして、ギャンブルを概して自由な冒険の象徴であると正当化し、最後に「ギリシャ人のダンドロスは戦後ラスベガスが誇る偉大な人物のひとりである」とした。

グリーンスパンによれば、ニック・ダンドロスはかつて「ギャンブル界に君臨する王」だった。その王が亡くなった今、王国は新たな「王族」を求めていた。

「この町に1000室のホテルを建てようと思っている」

ギャンブルの王族に豪華な邸宅が必要であったとすれば、ラスベガス・ストリップに2500万ドルの宮殿を新たに作ればよかった。1966年、計画段階にあったシーザーズ・パレスがカークの土地に建設されることになったのだ。

当初は懐疑的な見方をする者が多く、日々の工事にかかる諸経費およそ4万ドルや借入金や立地条件や設計に対し、批判が寄せられた。前例がないほど莫大な運営費用がかかるということは、トップクラスのハイローラーやひと握りの上客をあちこちから、町の外からも絶対に集めてこなければならない。地元住民のほか、グレイハウンドの長距離バスに乗って5セントのスロットをやるような人が集まってきても、経営が成り立つとは思えなかった。

しかしカークはまったく疑っていなかった。**シーザーズ・パレス構想は成功するとずっと思っていた。一方で、もしうまくいかなくなったときのために「裏口」が必要だと考えていた。**計画を進める仲間のジェイ・サルノたちがしくじったら、「B計画」を打ち出して自ら乗り出して運営に当たり、不動産投資を守らなければならない。まだ建設がほとんど進んでいない段階で、カークは非常に敏腕で大成功を収めていたサハラホテル・アンド・カジノのトップ数名に密かに接触を試みた。アレックス・シューフィーは扱いにくい人物ではあるものの、運営の手腕においてはラスベガス随一のやり手として通っていた。このシューフィーはカークの話にまるで心動かされる様子はなかった。「今の仕事で十分。ほかに移る気はない」とシューフィーは言った。

カークは粘り強く説得を試みるが、シューフィーが興味を示すことはかった。カークが求めたのは、シーザーズ・パレスが失敗に終わった場合に備えて、ストリップの一流ホテルで（町のなかでも最高の部類の）年収8万ドルを得ている役職から退いてほしいということだった。一方で不透明な成り行きを見守っているあいだ、カークはシューフィーに年間3万ドルの支払いを約束した。

シューフィーはとりわけに好意を抱くこともなければ、自分がまだ未知数のシーザーズ・パレスのカギを握らなければならないかもしれないという相手の懸念にも理解を示さなかった。カークが手に負えないような事態に巻き込まれようが、自分には関係ない。年間5万ドルの報酬を失ってまでカークとの関係を維持しようとするほど、この人物はお人好しではなかった。

そこで、カークはシューフィーに対して「差額の5万ドルを貸しつける」と申し出た。

「そんな馬鹿な提案があるか！」とシューフィーは言い放った。「わたしが今稼いでいる金を貸し付けるだって？　何言ってんだ」。

カークはここまで粘り強く話をもちかけている理由をシューフィーに明かすときが来たと判断した。**「計画B」と偽りながら、実はもっと壮大な計画を立てていた**のだ。シューフィーをミード湖のプライベートクルーズに招待した。カークが新たに購入した船は15メートル近く、マリーナの釣り船でいちばん大きなものだ。カークは、自分が大物のひとりに仲間入りをはたしつつあると見せかけようとした。確かにそのときの彼は誰が見てもそう思えた。だが、ふたりだけの船上でシューフィーに明かした秘密は、さらにすごいものだった。

「この町に1000室を備えたホテルを建てようと思ってるんです」と打ち明けたのだ。

ストリップ界隈で1000室というのは、これまで聞いたことがない数字だった。シューフィーのサハラも当時は400室だった。開業予定のシーザーズ・パレスも700室にすぎなかった。カークは世界最大級のホテルに匹敵するものを作り上げようとしていたのだ。それほどの計画となると、ラスベガスを劇的に変えてしまう可能性があった。カークがシューフィーに求めたのは、夢のリゾートの収益性を見積もり、財務報告としてまとめることだった。

「やってほしいって……タダでか?」

カークは笑みを浮かべた。ついにシューフィーの心を開いたからだ。

アレックス・シューフィーは、モントリオールとブルックリンの孤児院を転々として成長した。出兵前は会計の勉強をして、マンハッタンの百貨店で給与係のチーフとして働いた。ラスベガスに落ち着いたのは1947年の春だ。

ロサンゼルスから車でニューヨークに戻ろうとしたとき、メインストリートで古いビュイックのエンジンが壊れた。修理に1000ドル必要だった。わずか150ドルで買った中古車だ。修理も買い替えることもできなかった。安いモーテルに泊まり、新たにできたビンゴとダイスのゲーム場で会計の仕事を得た。食事付きだった。ずっとそこにいた。こうしてラスベガスのホテル経営の仕事がはじまった。

たたき上げで大富豪の座に上り詰めたカークがとりわけ高く買ったのは、こうしたシューフィーの**独立独行の精神と真正直さ、そしてどん底から上がった出で立ち**だった。

「あのホテルは暴力団を囲っている」

シーザーズ・パレスのグランド・オープニングは、ラスベガス史上屈指のイベントになった。ジエイ・サルノは贅の限りを尽くすつもりでいた。トーガを身にまとった大勢の女性、5万個のグラスを満たす量のシャンペン、ウクライナのキャビア、メリーランドのカニが300ポンド、フィレミニヨンが2トン用意された。

だが悪い知らせが飛び込んできた。シカゴからロサンゼルスに至る各紙に、「ストリップの新星シーザーズ・パレスが実は裏でギャングに牛耳られている」と大きく報じられたのだ。「あのホテルは暴力団を囲っている」と。

ネバダ州で合法的にギャンブルを営むにあたってとりわけ大きな問題となるのは、前科のないベテランのカジノマネージャーを探すことだった。ピットボス（複数のゲームテーブルの責任者）やクレジットマネージャー（信用管理責任者）として有能な者たちは、国内のどこかの違法なギャンブル場での職務に一度ならず手を染めていた。ネバダ州ではそのような人たちに「更生」の機会は与えたが、過去をなかったものにするのはむずかしかった。それに国内最大級の違法なギャンブル場のなかには主だったギャング組織が運営していたものもあったため、ギャンブラーたちの多くは「ギャングの仲間」というありがたくないレッテルにさほど遠くないものを貼りつけられていた。

1966年8月4日の朝にネバダ州全土に配達された『ロサンゼルス・タイムズ』紙の一面に、次の見出しが大きく躍った。「ギャングに託されたカジノ経営」。同紙は『シカゴ・サンタイムズ』紙の情報を引用しつつ、シーザーズ・パレスの上層部にはギャングが入り込んでいるだけでなく、ストリップのあちこちのカジノの利益を不正に着服していると書き立てた。

これはカークにはやっかいなニュースだった。一方、ジェイ・サルノにはニュースでもなんでもなかった。

シーザーズ・パレスの建設資金のために900万ドル募る際、ネイト・ジェーコブソンは相当な出資を申し出てくれた投資家たちに会うことができたが、見返りに投資家の利益を確実に守るために彼らの友人や知人たちをカジノに雇うことが求められた。全米トラック組合会長であるジミー・ホッファにも、組合から多額の出資を受けている全米トラック年金基金にも、それぞれ目をかけている者たちがいた。金と特定の人たちを抱き合わせで受け入れるのが投資の条件だった。

こうしてジェローム・ザロウィッツがシーザーズ・パレスのクレジットマネージャーとなり、エリオット・ポール・プライスがカジノホストの職を得た。ザロウィッツは元ブックメーカーで、オッズ屋として有名だったが、1946年にニューヨーク・ジャイアンツとシカゴ・ベアーズのあいだで行われたNFL決勝戦での八百長疑惑の罪に問われ、服役していた。

自分ではまったく出資せず、ザロウィッツはシーザーズ・パレスの3分の1を支配下に置き、カジノの全スタッフを自ら選出した結果、そこはローマ風というより、「ずっと昔のシチリア風」とコメディアンのアラン・キングが言いえたような場所となった。賭博場はザロウィッツが支配し、この「Z氏」には危険な仲間たちがいるとジェイ・サルノははっきりと感じた。

ニュース報道を見てシーザーズ・パレスの共同経営者であったスタンリー・マリンはザロウィッツに対する懸念を示し、この男が一体何を企んでいるかわからないと警告した。困り果てたサルノはマリンの話を遮った。それでも構わない、と言ったのだ。

「われわれには金が必要だ。多少の譲歩はやむをえない」

マリンはザロウィッツが八百長を試みたことを深刻に受け止めた。

「あの男はペテン師だ」

「シロだろうがクロだろうが、あの男に賭けるわけじゃないんだ。落ち着くんだ」

とはいえ、スタンリー・マリンは落ち着かなかったし、カーク・カーコリアンも同じだった。好ましくない見出しがさらに新聞紙上に踊った。だがグランド・オープニングは、それよりも差し迫った危機にさらされた。航空会社の全国的なストライキだ。ハイローラーたちも投資家たちも、飛び立てない状況になった。カークは所有するトランス・インターナショナル・エアラインズ（TIA）のジェット旅客機を東海岸に1機飛ばした。これによってニューヨークやボルティモアのギャンブラーや出資者や招待客を迎えに行き、初日の夜の大きな売上げが出せる時間までにシーザーズ・パレスの賭博台に運んでくることができた。

TIAのDC－8に搭乗した人のなかに、ネイト・ジェーコブソンの息子とペンシルヴェニア大学でフラタニティ（男子学生の社交クラブ）仲間だった人物がいた。スティーブ・ウィンという名の若き賭博事業家だった。ウィンは24歳にしてメリーランドにある亡父の違法ビンゴホールを経営していた。そしてラスベガスで問題を抱えつつ、当時大規模修繕のために閉店していたフロンティア・ホテルに少額ながら出資していた。このウィンの妻エレーヌ・パスカルは、マイアミのホテル経営者としてよく知られる人物の娘だった。

スティーブ・ウィンにとってシーザーズ・パレスのオープニングは、賭博業界のキーマンたちに顔を売って覚えてもらう格好の機会だった。ジェーコブソンから正式に招待されて、プールエリアの背後のひと部屋をあてがわれた。そのエリアはまだ工事中だった。ホールにはまだ巻かれたカーペットがいくつか置かれていた。ウィンの浴室にはシャワーカーテンが備え付けられていなかった。アンディ・ウィリアムスを主役に迎えた盛大なオープニングショーで彼は座席を確保した。ステージからもっとも遠い席だった。だがカジノでザロウィッツを見つけて自己紹介をしてから、運気が好転した。

ザロウィッツはエレーヌの父ソニー・パスカルと知り合いだった。フロンティアの経営陣とも親しかった。そんな彼にウィンは好印象を与えた。ふたりは酒を酌み交わした。翌日、ザロウィッツの計らいでウィンは昨日より広く立派な客室に移された。そこにはシャワーカーテンも付いていた。1066号室。つい数日前にジミー・ホッファが泊ったスイートルームだ。

もの静かで控えめなカークが盛大なイベントに参加するのは、葬儀に参列するのと同じくらい気が進まないことだった。シーザーズ・パレスのオープニングは、試練を耐え忍ぶようなものだったに違いない。特にみんなの注目を浴びるのが息苦しかった。だが地主であり、認可を受けた賭博の共同経営者のひとりであるからには、面識のない人に自己紹介したり、おきまりの世間話をしなければならなかった。

そのような場でのカークの定位置は常に部屋の後ろの隅だった。だが今回は手ごろな隠れ家があった。ふたつのベッドルームを備えた個人用スイートルームだ。オフィスとして用意されたのだ。カークはここを好んで利用していた。だが、ただで手に入れたものではない。交渉してリース契約と共同経営契約に取り入れたのだ。

カークは、自分が投資する会社から飲食物や贈り物は一切受け取らないことにしていた。金はあった。自分の分は自分で払った。だからカジノとギャングのつながりに関するメディアの連日の報道を誰より気に病んだ。ギャンブラーに前科があることや極悪人と付き合っていることをまるで受けつけないというわけではなかった。快く思っていなかったのは、まわりの人が罪をおかしたら自分も同じく犯罪者とみなされるということだ。友人がおかした過ちにまで責任を負わされる必要はないと考えていたのだ。だが、不正に横領したものをギャングにつかませているという報道は、なんであれ国民の不信を招く。その不信の矛先を向けられたのはネバダ州のギャンブル業界全般であり、かなり直接的な形でカークや合法的な出資者たちにも被害がおよぶ。

10年前にデューンズ・ホテルに投資したときと同じような状況だった。1955年に失敗したあの投資についてはほかの誰でもなく自分が甘かったのだと自身を責めたが、ほかの者たちはギャンブルと賄賂のあいだの隠れた利害関係、そこにお粗末な経営などの害をもたらす条件が重なったからだと断じた。この1966年のニュースの見出しを見て、**ほかの者に経営権を握られる危険性**をカークは改めて感じた。このシーザーズ・パレスにおいて、自分にはどうしようもできない力と経営陣にまたしても翻弄されることになった。

眠りから覚めた大富豪ハワード・ヒューズの「衝動買い」

カークが構想した1000室のホテルとカジノ事業の財務予測をアレックス・シューフィーが算出するのに、1か月以上かかった。ふたりが顔をあわせて打ち合わせをしたのは、シーザーズ・パレスのグランド・オープニングが華々しい成功を収めたあとだった。ホテルは今や押しも押されもせぬ町いちばんの人気スポットとなり、財政的な見込みをあらゆる点で超えるまでに成長した。

「シーザーズ・パレスはなんの心配もないじゃないか」とシューフィーは冗談を言った。

カークは笑みを浮かべた。自分の個人的な心配事を誰かに打ち明けることはなかった。その日ふたりがしたのは見積り数字の報告だけだった。シューフィーは即座に結論を述べた。

「だいたい1000万ドルってとこだ……年間で」

そう言って、いつものポーカーフェイスに満面の笑みを浮かべた。つづく数分間、談笑ではあるが、ふたりは今後の影響、スケールメリット、部屋数をさらに増やした場合の見積り、ホテル業界やラスベガス、さらには賭博業界全体にもたらしうる変化について意見を交わした。シューフィーはカークの熱意に飲み込まれていた。驚いたことに、夢中になっている自分がいた。

「こんなホテルを、あなたならどこに建てます？」カークは訊ねた。

ラスベガス・ストリップには候補となる場所がいくつかあった。空港の近くや町の中心部のほか、カークがもっとも気に入りそうな場所があった。パラダイスロードのはずれ、0・2平方キロほどの馬の走路《ホース・トラック》の跡地で、ストリップからは離れていたが、新たにできたラスベガス・コンベンションセンターに隣接していた。道路の向かい側に、計画に不備のあったランドマーク・ホテルが未完成の状態で建っているのが不気味だったが、周辺にはゴルフ・コースやカントリークラブの建設が予定されていた。シューフィーはカークの直感に太鼓判を押した。大きなホテルとコンベンションセンターは相性のよい組み合わせだ。

数週間後、ふたたび『ロサンゼルス・タイムズ』紙の1面にシーザーズ・パレスの文字が躍り、今度はここに連邦大陪審の調査が入ると書き立てられた。アメリカ合衆国司法省が1965年10月にパーム・スプリングスで開かれたギャングの集会について調査していたのだ。その関係者として、シーザーズ・パレスの幹部ジェリー・ザロウィッツとエリオット・ポール・プライスのふたりの名前が挙げられた。肥満のトニーことアンソニー・サレルノや、青い目のジミーことヴィンセント・アロも対象者リストにあった。このふたりはニューヨークのヴィト・ジェノヴェーゼ率いる犯罪一族のメンバーと目されていた。

のちのラスベガス市長で、当時はギャングのお抱え弁護士であったオスカー・グッドマンが今回もザロウィッツの弁護に乗り出し、刑事的制裁は科されずにすんだ。だが、カークはもううんざりしていた。ロサンゼルスで連邦大陪審の調査が明るみに出てからほどなくして、シーザーズ・パレスのオフィスを飛び出した。そこを自由に使える契約はまだ1年以上残っていた。マリンはわかっていたが、カークは「マフィアか、あるいはそれに類するもの」で常に頭を悩ませていたのだ。ふたりとも十分理解していた。それは両者の問題でもあった。

カークは自分自身のラスベガスのホテルとカジノをコントロールしようとしていた。そのことはシューフィーとごく限られた内部関係者にしか知らせていなかった。だが、あの冒頭のギリシャ人ニック・ダグラスの葬儀の日、もうひとり秘密を打ち明けられる人物を迎え入れた。一緒に棺を担いでいた男のひとり『ラスベガス・サン』紙の発行人であるハンク・グリーンスパンに、一緒に町を車で見てまわろうと言ったのだ。それはホテルの建設現場をまわるドライブになった。

ドライブの終点はパラダイスロードで、コンベンションセンターの近くだった。カークはラスベガスの外観を変えるつもりだったし、これから何が起こるのか、友人の新聞記者グリーンスパンに知ってほしかった。そのニュースが1か月後に紙面の見出しを飾ることになった。

「コンベンションセンターの近くに3000万ドルのホテル建設」

掲載記事によると、カークは現金500万ドルで0・2平方キロメートル以上の土地を手に入れた。計画では1967年の後半に市内最高層となるホテル事業に着手。カジノの目玉として、ネバダ州最大の賭博場が設けられる予定だ。ホテルの客室は1500室、その時点では世界最多であった。まだ開発中だったが、宿泊客は隣接するカントリークラブと18ホールのゴルフ・コースを利用できる。3000万ドルが投入され、カークのインターナショナル・ホテルは、シーザーズ・パレスをしのぐものになる。

このニュースが、隠遁生活を送っていたある人物を眠りから覚ました。デザート・インのペントハウスにあるスイートルームでひっそりと暮らしていた億万長者ハワード・ヒューズが、数週間後にトップニュースを飾った。現金と借入金で1320万ドル用意し、デザート・インを丸ごと買収したのだ。さらにサンズ、フロンティア……と次々に買収した。衝動買いのスイッチが入った。

カークはすでにラスベガスの不動産と賭博事業そのものに大きな賭けをしていた。テーブルに着くプレイヤーがもうひとり増えたところで気にならなかった。ヒューズにはまだ敬意を抱いていた。大富豪の実業家が関心を寄せたことで、ラスベガスは賭けの対象として賢明な選択だったという気持ちも強くした。

政治家たちは喜んだ。ヒューズもカークも、マイヤー・ランスキーやギャングの息がかかった全米トラック年金基金といった従来の金融機関とは異なる場所からの借入を考える必要はなかった。著名な大実業家たちが州の賭博事業に多額の投資をしたことで、ネバダ州は一部の有力な市民がたとえる『グッド・ハウスキーピング』認定シールを手に入れつつあった（雑誌『グッド・ハウスキーピング』は、きびしい商品テストを行い、合格したものにのみ認定シールを与えている）。

だがペントハウス内で永遠に閉じられたカーテンの後ろの暗がりで、ヒューズは一方的にカークに敵対心を抱き、相手の壮大な計画を破壊しようとしていた。大富豪の隠者にすれば、ラスベガスはふたりのギャンブル王を擁するほど大きくはなかったのだ。

第 2 章

大富豪vs大富豪の覇権争い

1968年1月15日、サンフランシスコ、フェアモント・ホテル

カーク・カーコリアンの仕事運は、突如として込み入った状況に転がり出していた。悪くはない、今のところは。サンフランシスコの高級住宅街ノブ・ヒルに戻り、所有していた航空会社TIAの売却交渉を秘密裏に行った。前日の取り決めではTIAの株主は1億5000万ドル——うち自身は約1億ドル——を受け取ることになっていたが、それが決裂寸前となった。カークと少人数で構成されたアドバイザー・チームのメンバーはフェアモント・ホテルのスイートルームにこもり対応策を検討した。

時を同じくしてラスベガスでは、人々からは危険な賭けだと思われたホテルとカジノ事業にカークはすでに数百万ドルをつぎ込んでいた。パラダイスロード沿いのストリップから半マイルほど離れた場所にインターナショナル・ホテルを建設するというその計画に、古株たちは否定的な見方を示した。常識で考えれば失敗するだろう。しかも、どこにでもあるただの失敗ではなく、世界最大級のホテルがもたらす規模の失敗だ。カークはすでに建設資金融資を受けるのに予期せぬ困難に直面していた。起工式はわずか3週間後に迫っていた。この事業にかかりきりになるところに、ハワ

ード・ヒューズが現れたのだ。

漠然とした不安を気にしないようにしたが、贅を尽くしたインターナショナル・ホテルに人実業家ヒューズが物言わぬ異議を唱えているというやっかいな重圧は感じていた。インターナショナル・ホテルは規模、高さ、豪華さ、費用で頂点を極めると見られていたし、ベガスのストリップの巨人としての地位を築いたヒューズに公然と挑戦状を突き付けるようなものだった。

1年間にわたって1億ドルを投じて盛んに買収活動を行った結果、ヒューズは5つの賭博場とストリップ沿いの空き地のほとんどを手に入れた。さらに買収はつづく。ラスベガスでは、何においてもその規模でヒューズに挑もうとする人などいなかった。カーク・カーコリアンと世界最大の賭博場を備えた世界最大のホテルを除いては。ホテルのプールでさえ、ネバダ州内の人工の水域としてはミード湖に次ぐ大きさになる見込みだった。

カークに対して、ヒューズの歪んだ自尊心を言葉にして伝える者はいなかった。だが、その兆候はあった。地元の銀行経営者のなかには、ヒューズの機嫌を損ねることを恐れてカークとほとんど話をしない者もいた。カークは長年の付き合いがあるバンク・オブ・アメリカでお得意様としての地位を築いていたが、「インターナショナル・ホテルには融資を行わない」と言われた。カジノへの貸付はしないということだ。ヒューズの存在、そして何十億ドルという資金を動かされたら困るという恐れから、金融機関も及び腰になっていたようだ。

そんな折、カークはヒューズの側近ロバート・メイヒューを通して、「アメリカ原子力委員会（A

EC）へのロビー活動を手助けしてほしい」というヒューズからの要請を受けた。ヒューズは近隣のナイ郡で行われていた地下核実験をやめさせることに力を注いでいて、AECとリンドン・ジョンソン大統領に抗議や警告の手紙を送ることもしていた。だがカークにはこの大富豪の恐怖心や妄想が理解できなかった。**そのヒューズのたっての願いを、あっさりと無視した**のだ。これによって、いまなお友好的なライバルであるとカークが考えていた関係性は、一転暗いものに転じた。

ホテル事業への融資の目処が立たず、おそらくは「無期限に」建設を延期すべきだという強い圧力がラスベガスのカークに突き付けられた。もう時期は迫っていたが、まだコンクリートを流し込む段階にも至っていなかったが、カークは周囲の期待を高めてしまっていた。新聞の見出しだけではない。フラミンゴ・ホテルを1250万ドルで買収して、インターナショナル・ホテルに移る経営陣やスタッフの教育の場として活用していたのだ。

いまだホテル建設費用の融資を受けることができず、もはやこれは負け戦ではないかと考え直さなければならなかった。自尊心によって判断を鈍らせることがないよう心掛けたが、「クラップステーブルのペリー・コモ」と言われたカークでさえ、公衆の面前で破産する屈辱を隠すのはむずかしかったようだ。

運命の気まぐれによって、今やカークはふたつの局面で同時に賭けを行っていた。別個の取引であるそのいずれもが、普通の資本家には死活問題となるほどの大きさだった。

「この取引を成立させるのはむずかしいようです」

雨が断続的に降りつづき、ところどころで霧が出ている外の様子は、フェアモント・ホテルのスイートルームに漂う荒涼とした雰囲気にふさわしかった。1968年1月、カークと5人のアドバイザーがここで協議を行った。TIAを1億5000万ドルで金融サービス業大手トランスアメリカ社に売却する日が近づき、双方の弁護士が集まって最終条件と正式署名を確認していた。ところがその段になって、ニューヨーク証券取引所が取引の際にカーク側にとって必要な新たな種類の株式を認めないといきなり言い出したのだ。

カークはそれまで税金のかからない株式譲渡を望んでいた。トランスアメリカ社の株式は普通株に近い、税金が免除される転換優先株で取引することで話はまとまった。配当金やそのほかの特典と合わせると、新たに作り出されたこの株式は、同等の普通株と比べて2割増しの価値がある。これまで取引されたことのない、新たな種類の株式となるはずだった。ところがそこで明らかになったのは、ニューヨーク証券取引所はその時点で新しい株式に興味を抱いていないということだった。

取引は当初の交渉どおりには成立しなかった。翌朝に最終会合が予定され、双方がふたたび顔をあわせ、今後どのように進めるべきか、そもそも話を進めるべきかどうか話し合うことになった。

カーク・カーコリアンとトランスアメリカ社の社長ジョン・R・ベケットが、テーブルを挟んでもう一度向かい合うことになった。

カーク側のメンバーは、さまざまなシナリオを検討しつつ、その午後を過ごした。そのなかにはロサンゼルスの弁護士2名、TIA社長グレン・クラマー、バンク・オブ・アメリカのウォルター・シャープ、そしてフレッド・ベニンジャーがいた。チーム・カークに最近加わったベニンジャーは、「フライング・タイガー」(カークがかつて立ち上げた航空輸送サービス・チーム)の総支配人兼取締役副社長だった。ベニンジャーはもともと会計士で、ラスベガスでホテル開発を行うカークの右腕的な人物だが、今直面しているのは、もっと差し迫った問題だ。5人全員がカークにどの選択肢にも難があると進言した。

カークが失う特典の分を穴埋めできるように、交換する株式の20パーセント増をトランスアメリカ社に求めるのがいちばん簡単な選択肢だった。だが、それでさらに不利な条件を提示されたのだ。妥協してでも取引を成立させようという姿勢をとれば弱みを見せることになるかもしれないし、もっと悪いことにもなるかもしれない。もはやこちらには手の打ちようがないと思われてしまうことにもなりかねない。そうなると再考を余儀なくされる可能性があるし、遅れはほぼ確実で、取引そのものが危うくなるかもしれない。

カークは突然メンバーたちと行っていた検討を打ちきり、「そこらへんを散歩してくる」と告げた。ほかの誰も動かなかった。誰にも一緒に行こうと声をかけなかった。カークは出ていき、ドアがバタンと締まった。30分ほど経った。午後も遅くなってようやくカークを待つアドバイザーたちは彼がスイートルームに戻ってくる足音を耳にした。カークは心を決めていた。

「取引を成立させる」とカークは言った。打合せは終わりだ。微妙な落としどころをどう切り出すかは言わなかった。そして誰もたずねなかった。

翌朝、一行はいつもどおり早く出発し、午前11時の会議に臨むべくモンゴメリーストリートのトランスアメリカ社本社に到着した。一団が通された窓のない3階の会議室では、ダークスーツを着た男たちが重厚なオーク材のテーブルに着いて待っていた。トランスアメリカ社の社長の向かいの席に着くカークに、会議参加者全員の視線が注がれた。チームメンバーが着席しているあいだ、何も言わなかった。そのポーカーフェイスからは何も読み取れなかった。ようやくジョン・R・ベケットにじっと視線を定め、椅子のきしむ音やひきずる音がやんで静かになったところで、相手に愛称で呼びかけた。

「さて、ジョン、この取引を成立させるのはむずかしいようです」

カークはそう言って立ち上がり、目の前のテーブルに置かれたファイルフォルダーをすばやく取り上げると、笑みを浮かべながら相手に手を差し出し握手を求めた。

ベケットは一瞬なにが起きているのか飲み込めなかった。もっともありそうな代替案、つまり「納税分を穴埋めするだけの普通株を上乗せしてほしい」とカークが言ってくるのではないかと思っていたのかもしれない。だが、違った。カークは立ち去ろうとしたのだ。トランスアメリカ社の社長は握手に応じなかった。

「ちょっと待ってください。取引しましょう。話し合っていたのと同額を受け取れるようにします」

カークは着席した。出て行こうとするカークに続いて立ち上がりかけていたアドバイザーたちも腰を下ろした。

トランスアメリカ社が申し出たのは、「カークの増加した税負担分を穴埋めできるように普通株を上乗せする」ということだった。まさに、カークの望みどおりの条件だった。**こちらからお願いするような状況であれば、弱みを見せることになってしまったかもしれない。**それが今は、ずっと望んでいた形で取引しようと向こうが説得してくれている。

その日の晩フェアモント・ホテルのバーに戻り、担当弁護士のひとりに「とてつもないポーカー・ハンドを装った」と讃えられた。あの落ち着きぶりは血管に氷水が流れているに違いないと、お祝いを述べた誰もが思った。

「先方はこちらがエースのペアをもっていると思ったんでしょうね」と弁護士のロナルド・J・デル・ゲルシオは声高らかに笑いながら言った。

「まさか切り札としてもっていたのが2だったとは。退席するんじゃないかと、向こうは本当に思ったはずです」

カークは愉快だった。だが本気で退席するつもりだったかどうかをこの若き弁護士が探ろうとしても、答えに行きつくことはなかったろう。そんなのはどうでもいいことだった。交渉の途中で退席するというカークの理論は、ほぼどんな場面でも応用できた。**「また戻ればいいだけさ」**とよく言っていた。

取引が成立したことで、カークはトランスアメリカ社の単独の筆頭株主となった。姉のローズから5000ドル借り受け、6万ドルでチャーター機を購入してはじめた小さな航空会社は、その一度の取引で1億ドル以上をもたらしてくれたのだ。またトランスアメリカ社の取締役会の椅子も用意されることになった。

最終的に取引に署名する直前に、ベケットは率直に話をしたいとカークを呼び出した。昔から保守的なトランスアメリカ社にすれば、創業者のカークがラスベガスに深入りしていることは由々しきことだった。サンフランシスコにいる昔気質の者たちは、賭博事業を受け入れることができないものだ。

「TIAのグレン・クラマーに取締役職を譲ってもらえないだろうか?」とベケットは言った。

実はカークも、取締役会とできるだけ距離を置きたいと思っていた。学校を8年生(中学2年生)で中退してウィードパッチから飛び出し、その後億万長者となってラスベガスに帝国を築きつつあったカークは、取締役を辞退することで同意した。さほど面子をつぶすことなく、窮地に追い込まれたベケットに喜んで救いの手を差し伸べることができた。

「相手はハッタリをかけているだけだ。手の内を明かしてやれ」

ラスベガスに戻り、インターナショナル・ホテル開発の難事業にふたたび乗り出した直後、驚くべき知らせを受けた。ヒューズが地元メディアにサンズの大幅拡張計画を伝えたのだ。1億5000万ドル投入して客室を4000室増やし、サンズのカジノを豪華に全面改装するという。

「われわれの望みは、当ホテルをほかにまったく類を見ない新しいものにすることです」とヒューズは3ページにわたってタイプしたプレスリリースに記している。

「これまで誰も見たことがないような、町が丸ごとひとつ入っているようなホテルです」

その言葉によれば、全フロアにショップがあてられ、家族向けの娯楽施設、世界最大のホテルのボウリング場、屋内ゴルフ・コースが用意される。最大級を競うレースで、ヒューズは「賭け金」を大幅に引き上げたのだ。

計画が完成するはるか前に――もしそんな日が来ればの話だが――、ヒューズのホテルは最高に豪華で、最大規模と最高水準と最高の値段を誇り、自分のホテルを大きく上まわることになる。実際、このプレスリリースだけでもカークのチャンスをつぶす破壊力があった。こっちは気づかなかったが、向こうはずっと前から仕組んでいたのだ。事実、側近のメイヒューに宛てた手書きメモのなかで、ヒューズは次のように打ち明けている。「新しい（1億5000万ドルの）施設のニュースが明らかになれば、（カークの）資金調達はさらにむずかしくなる」と。

さらに4000室も一気に増えたら、ラスベガス市場全体があふれかえってしまうかもしれない。とりわけカークには大きなリスクになる。ベガス・ストリップのはずれに計画していた巨大ホテルは先駆的な試みで、1500室という前例のない部屋数によって市場の需要が推し量れると思われた。そのときでさえすでに建設資金を確保するのはむずかしくなっていたわけで、借入先を検討するにあたっては、高利貸しやギャングの息のかかったジミー・ホッファの友人のような人も視野に入れざるをえないかもしれない。

カークはいつになく動揺し、『ラスベガス・サン』紙発行人で友人のハンク・グリーンスパンに相談した。ふたりは何晩も話し合いを重ねた。グリーンスパンは友人がヒューズの新たな計画が心配で眠れぬ夜を過ごしていることを知っていた。ここでインターナショナル・ホテルから撤退することも考えているとカークは認めたが、グリーンスパンに背中を押された。

「相手はハッタリをかけているだけだ。手の内を明かしてやれ。ヒューズは自分で建てるんじゃない。買収してるだけだ」

最終的にカークは友人の判断に賭けることにして、さらに多くのチップをテーブルに突き出した。起工式は計画どおりに執り行われた。事業を完成させるには、5000万ドルから6000万ドルほど集めなければならない。フレッド・ベニンジャーとともにニューヨークに飛び立ったが、これまで以上に門前払いを食わされることが多くなった。

どうにか建設資金の約半分を身近なところから得ることができた。ネバダ・ナショナル・バンク・オブ・コマースが、カークの約0・2平方キロメートルの土地を担保として受け入れてくれたのだ。これで半分は建てられる目処が立った。残りの分も大急ぎで集めるつもりだった。その資金繰りは綱渡りだった。それも安全ネットはない。インターナショナル・ホテルのグランド・オープンは、1969年の真夏に行われることになったのだ。

サンズでは何の進展も見られなかった。建築家を雇うこともなく、認可の申請を出す図面もなく、起工式の日取りも竣工日も決まっていなかった。数か月すると、「ほかにまったく類を見ない新しい」ヒューズの計画が休止か取りやめかになることは明らかだった。だがそれが相変わらずインターナショナル・ホテル建設にストップをかけるヒューズの主要な作戦であることには変わりなかった。

メイヒューは時々カークとテニスをする間柄で、ヒューズはこの側近に宛てたもうひとつのメモで最新の策略について語っている。

「カークに伝えてほしい、わたしがサンズの改装を延期したのは、この地域でこれまで以上の（地下核爆弾）実験が再開される可能性があることを知ったからだ」とヒューズは記している。さらにこの隠者がカークに思わせようとしたのは、「高層ビルの建築は控えるべきだという建築学や地質学の専門家の忠告を、自分は受け入れている」ということだった。

1968年4月26日の午前7時、1・3メガトンの爆風——当時の時点で最大の地下爆発——を4つの州とともにデザート・インが受け、そのペントハウスにいたヒューズは恐怖のあまりベッドの縁をつかんだと述べている。ジョンソン大統領とAECに対する彼の訴えも、実験を48時間遅らせることしかできなかった。ここでヒューズが望んだのは、さらなる爆弾実験という共通の脅威にともに立ち上がるべきだとして、カークにインターナショナル・ホテルの建設をいったん中止させることだった。そしてヒューズはさらに話を大きくした。

「これもあいつに伝えてくれ、たった9階しかないデザート・インの高層ビルも、いろんな場所に壊滅的被害を受けた。ミントもサハラもリヴィエラも（※すべてホテルの名称）、かなり深刻な被害を受けたに違いない」

それは真実ではなかったが、ヒューズが側近にそれとなくほのめかしたのは、作り話の域にまでさらに踏み込み、**ほかのホテルの経営者たちは広範囲におよぶ建物の被害を隠しているとカークに嘘の情報を伝えろ**ということだった。側近のメイヒューがカークに説明するように命じられた。経営者たちが黙っているのは、ラスベガスのホテルが危険であり、さらなる実験で地震が度々発生すると「今度はひょっとすると自分たちの上に崩れ落ちてきて」客足が遠のくのをおそれているからだ、と。

しかし、カークは建設をつづけた。

「虎はひとつの丘に1頭じゃないと」

ハワード・ヒューズは1966年11月下旬の真夜中を過ぎた頃、専用鉄道車両でラスベガスにやってきた。デザート・インには担架で運ばれてきた。町は感謝祭の休日に繰り出してきたギャンブラーであふれ、ホテルはどこも予約がいっぱいだった。全米トラック組合のトップ、ジミー・ホッファが個人的な伝手を使い、デザート・インを経営する友人モー・ダリッツに電話をかけて、客室をいくつかと9階のペントハウスを使えるようにしてもらった。ハイローラー向けに用意されたスイートルームは一晩当たり250ドルで10日間だけ空いていた。ヒューズ一行はそこに入り宿泊をつづけ、しばらく出ることはなかった。

4か月たってもヒューズが出て行きそうもないので、ダリッツは怒って立ち退くように脅しをかけようとした。ヒューズはハイローラーではなかった。カジノには繰り出さない。それどころか自分の部屋から一歩も出ない。ヒューズのお供はどんどん増えてホテルの上層2フロアを占領したが、その多くがモルモン教徒だった。ギャンブルで大きな賭けをすることもないし、バーで大金を使うこともない。だからかなりの客室を占めているとはいえ、ダリッツの儲けにはならなかった。

かつてのヒューズは3日間で世界一周する大胆な飛行を成し遂げたあと、ニューヨークの紙吹雪舞うパレードで迎えられたり、RKO映画スタジオを経営して当時もっとも魅力的だった美しい女性たちと浮名を流したり、つい最近はトランス・ワールド航空（ＴＷＡ）の経営支配持ち分の株式を売却して莫大な財産を手に入れたが、この人物の１９６７年３月時点の人生の第一目標はほかでもなく、デザート・インの寝床を確保することだったように思える。だから買収することにした。９階のペントハウスとホテル全体を、１３２０万ドルで。

この取引には巨額の節税効果があった。ヒューズはＴＷＡの売却で得た５億４６５０万ドルの小切手を預金したばかりだった。「一個人としてウォール街から持ち出した小切手としては最高額」だったと述べている。これによって、自身の相当な納税額を減らす費用の発生しない「受動的な」利息収入が日々膨大に発生することになった。それとは対照的に、ホテルやカジノ事業で発生する「能動的な」収入はさまざまな投資や運営費用と相殺できた。

デザート・インのカジノ買収によって臨時収入や利息収入の多くを非課税にすることができたことで、ヒューズは新たな投資戦略を打ち出した。

「よし、全部買ってしまおう」

側近のメイヒューはただちに買収に乗り出し、この町に来てから１年になる頃にはサンズを含めてストリップの５つのカジノを買収した。同時に、ネバダ大学医学部の設置と新たな雇用、さらには地元経済活性化と将来の超音速旅客機の発着に対応する新たな国際空港の開発につながる産業創出に対し、多額な金銭贈与を行うことも掲げることになった。

ヒューズが買収を行うたびにトップニュースになったが、１９６７年８月のカーク・カーコリアンのフラミンゴ・ホテル買収が注目を浴びることはほとんどなかった。これは戦略的な買収だった。カークは中規模のホテルとカジノを求めていて、インターナショナル・ホテル開業のあかつきには、この**世界最大のホテルを動かせるスタッフを育成しようとしていた**のだ。

またアレックス・シューフィーには、ネバダ州のホテルとカジノ事業のなかでもトップクラスの成功を収めていたサハラの仕事から離れるようひきつづき求めていた。このフラミンゴ買収によってシューフィーは直ちに職を得て、インターナショナル・ホテル建設中の2年間で自由にスタッフを雇用することができた。

カークからフラミンゴの利益の10パーセントを提供すると言われたときも、シューフィーはまだ少し疑っていた。「なに言ってるんだ？　ゼロの10パーセントはゼロだぞ」と言って抗議した。

1940年代にバグジー・シーゲルによって建設されたフラミンゴは度重なる経営者の交代や修繕や拡張工事を経てきたが、ひとつだけ変えられないものがあった。所得隠しだ。賄賂、不当な謝礼、裏社会への贈与で利幅に大きなずれが生じていたのだ。連邦政府機関のなかでも特にアメリカ合衆国内国歳入庁が強い関心を示し、すべての現金の流れを極秘調査していた。また、ギャングの財務担当マイヤー・ランスキーに支払われた20万ドルの「斡旋手数料」も追っていた。これは以前カジノを売却した際に水面下で果たした役割への報酬だった。最高裁判所裁判官のウィリアム・O・ダグラスが代表を務める慈善団体を通して、代表本人の知らないところで支払われたのだ。ここに捜査員が踏み込みつつあった。

カークは秘密裏に行われていた連邦政府の調査は何も知らずに、経営状態のよいフラミンゴの妥当な利益率はどの程度かと試算した。紙ナプキンに走り書きしたその数字をシューフィーに見せた。初年度の予想利益は100万ドル。シューフィーの取り分は10万ドル。フラミンゴの先には世界最大のホテルとなる真新しいインターナショナル・ホテルの経営も約束された。シューフィーは署名した。

ところがカークの見積りは完全に外れた。シューフィーが経営にあたり、**カジノ収入のごまかしをやめたところ、カークが再編したフラミンゴは初年度から300万ドル近い純益をあげた**のだ。しかもまだ伸びつづけている。あまりにもできすぎた話のように思われた。少なくとも連邦政府の調査官たちの目にはそのように映り、密かにカークの名も参考人リストに加えた。

一方、ヒューズは変わらずネバダの政界のエリートたちに手厚くもてなされた。州の賭博を担当する役人たちに特別に配慮してほしいことがあれば、州知事ポール・ラクソルトに「ネバダのために」便宜を図ってもらえることが期待できた。企業が認可を得るために賭博に関する法律改正が必要であれば、州議会の二大政党に手を組んで優先的に対処してもらえた。

ヒューズの陰で活動することは、カークにはまったく苦にならないようだった。まだヒューズを高く評価していて、技術者や勇敢な飛行家としての才能やかつての功績に敬意を抱いていたからだ。「ヒューズが山で、わたしはモグラ塚だ」穏やかなカークはそんな言葉も残している。

だが、その敬意は完全に一方通行だった。側近ロバート・メイヒューに宛てて書き散らした膨大な数のメモのなかで、ヒューズは「ラスベガスはいいところだった。カークとそのほか何人かの連中が引っかきまわすまでは」と不満を述べている。そして賭博の聖域をジャングルの丘に、カークを敵の虎にたとえた。

「虎はひとつの丘に1頭じゃないとうまくいかない」

「破滅的衝突に至る可能性がある」

建設がはじまる直前、ヒューズはパラダイスロードにあるカークの土地を買い取ろうと申し出た。パラダイスロードでインターナショナル・ホテルの工事が本格的に施工される直前に、カークのその土地をヒューズが買い取ろうと申し出たのだ。大掛かりな建築作業が動き出すにあたって大富豪のヒューズがたくらんだのは、建設中のインターナショナル・ホテルと引き換えにスターダスト・ホテルをカークに譲る、カークが未完成のホテルにすでに投入した費用はすべて自分が持つ、そのうえで満額の市場価格で土地を買い取る、後に相手の事業計画を葬り去る、というものだった。

金銭的誘惑をちらつかせても爆弾実験の恐怖をあおってもうまくいかず、それではとヒューズはメイヒューを通して個人的に仲良くしようという姿勢を示したのだ。メイヒューがカークに言うべきセリフまで用意した。

「お望みなら、（ヒューズと）友だちになれますよ。彼にはほとんど友だちがいないんです」

台本には将来的に大成功を収めるような申し出も含まれていて、それによるといま水面下でウェスタン航空買収の話し合いを進めているが、カークが協力してくれれば、それが実現できるとのことだった。カークは繰り返し難色を示した。のちにカークが語ったところによると、ヒューズとのあいだに軋轢が生じていたとはまったく気づいていなかったし、いらだったヒューズが「破滅的衝突に至る可能性がある」と人知れず嘆いた道を自分たちが歩んでいたとは夢にも思っていなかった。

１９６８年10月、建設中のインターナショナル・ホテルを形作る鋼の桁がラスベガスの空の輪郭を変えつつある頃、ヒューズは２０００万ドル注ぎ込んで1軒の呪われた歴史を漂わせる破産したホテルを手に入れた。買収したランドマーク・ホテルは完成の日の目を見ず8年間空家のまま、債権者と批判の声と埃を集めていた。この財政的災難の象徴ともいえるホテルにヒューズが魅力を感じたのは、場所だ。カークが建設を進めるホテルの通りをはさんだ向かいに立っていたのだ。ヒューズは、カークのインターナショナル・ホテルと自身のランドマーク・ホテルの直接対決に向けて計画を練っていた。カジノ経営者同士の生死を賭けた争いだ。

パラダイスロードでの衝突が、１９６９年7月に勃発する。

第3章

7300万ドルの賭け

1968年12月上旬、カリフォルニア州ロサンゼルス

バンク・オブ・アメリカの副会長オールデン・W・クラウセンは、カークが大好きだった。終戦直後にモンテベルロ支店長のウォルター・シャープを通じて当時航空業界の若き企業家であったカークに当銀行が注目するようになってから、ずっと変わることはなかった。バンク・オブ・アメリカとカーク双方に有益な関係は20年以上にもおよぶものになっていた。貸付と返済が滞りなくずっとつづくことで、ビジネスを超えた友情にまで発展していたのだ。

そんな両者の関係がむずかしいものになったのは、1968年初頭に銀行がカークに対してインターナショナル・ホテルとカジノの建設費用の貸付を断ったときだった。カークは業界全体にカジノへの貸付に対する偏見が広がっているのが原因として、恨みを抱くことはなかった。年の終わりに近づいたある金曜日の午後、クラウセンはほかの手を使ってカークを手助けできないものかと力を尽くし、個人的に別の銀行の大口顧客のひとりを紹介した。国内でもっとも歴史ある民間航空会社ウェスタン航空の野心的な社長、テレル・C・ドリンクウォーターだ。

「この野郎」

ドリンクウォーターが週末を迎えようとウエストチェスターのオフィスを出る直前、クラウセンから電話がかかってきた。

「社長、カーク・カーコリアンがこの週末にお会いしたいとのことです」とクラウセンは切り出した。

「氏をご存知ですか？」

ドリンクウォーターはＴＩＡについてはよく知っていた。この航空会社の創業者も名前だけは知っていたが、会ったことはなかった。「個人的には知らない」と答えた。

「カークは子犬の頃からわたしが育てたようなものです」とクラウセンはつづけた。

「いいやつです。大事な話があって社長にお会いしたいとのことです」

だが、ドリンクウォーターは週末にいくつか予定が入っていた。

「月曜日に会う」

「すぐにお会いしたいと申しております」

「用件は？」

「それはわたしの口からは申し上げられません」

「じゃあ、月曜日まで待つしかないな」

そう答えたことでドリンクウォーターは、当時ラスベガスの資本家として名を轟かせていたカーク・カーコリアンと和やかな雰囲気のなかで知り合う機会を逸したのだ。3か月前、カークはシーザーズ・パレスの土地の権利を500万ドルで売却した。かつては空き地だったその場所から計5年間で得た利益はおよそ900万ドル。シーザーズ・パレスを経営するジェイ・サルノが建設して開業したばかりのリゾートホテルであるサーカス・サーカスに対しては、100万ドルの二番抵当権を保持している。そのほんの数週間前には、破産したボナンザ・ホテル・アンド・カジノを買収した。カーク・カーコリアンはすでにフラミンゴのオーナーで、ストリップのはずれには世界最大のホテルを建設中だ。だが、ラスベガスはウェスタン航空に採算が取れる搭乗者数を生み出す街だということ以外、ドリンクウォーターはこの街に興味を抱いていなかった。だから1968年12月のその週末に、ラスベガスの資本家に時間を割くつもりはなかった。

当時のカークはいくつもの予測不能な事柄の対処に追われていた。巨大なインターナショナル・ホテルの建設はすでにはじまったが、完成に至る資金の目処は立っていない。資金調達をはかって新たに設立したインターナショナル・レジャーの株式の公募に期待していたものの、国内の経済は冷えきっていて、市場価格は下落している。ボナンザは多額の費用をかけて修繕するか取り壊さなければならない。サーカス・サーカスは債務不履行の危険性に毎月脅かされている。

それでもカークはこの不安定な時期に友人たちや経済界を驚かせて、ラスベガスの外の資産に多額の賭けを投じた。**バンク・オブ・アメリカから7300万ドルの貸付を受ける取り決めをして、**

その資金でドリンクウォーターのウェスタン航空を支配できる株式を得ようとしていたのだ。当のドリンクウォーターがこのことを新聞報道で知る前に、礼儀として先に本人に伝えておきたいと思っていた。自身の投資の目的についての懸念も和らげようとしていたのだ。当面、経営陣を変えるつもりはなかった。

ウェスタン航空の株式取得は理屈としてもっともだという点が大きかったが、やはり多少は感情的要因もあった。同社は西部の短距離路線を網羅していて、カークに言わせれば、「とんでもなくいい航路をもつ航空会社」だった。中西部からラスベガスへの直行便ももうすぐ開始予定で、ハワイへのドル箱路線も近々手に入れるはずだった。

もっと個人的な点について言えば、戦後チャーター・ビジネスに投資して以来、初めて暦の終わりに自分の航空会社をひとつも所有していないことに気づいたのだ。TIA、それを超えた航空業界全体、そして個人的なアイデンティティとのつながりを断ちきることは、思っていたほど簡単なことではなかった。気持ちの上では自分は今も空の男だ。そしてすべてのはじまりは30年近く前にアルハンブラのウェスタン・エア・エクスプレス空港から初めて飛び立ったときで、アルハンブラはウェスタン航空が南カリフォルニアでもともと本拠地にしていた場所だった。

カークはこの件について、ラスベガスのホテル事業で右腕として働くフレッド・ベニンジャーに相談していた。ベニンジャーも第2次世界大戦ではパイロットとして活躍し、経理部長として入ったフライング・タイガー航空で長年役員を務めていた。先見の明があるわけではないが、肝心なところでカークを守る役割をはたしてきたこの人物に、たいていの業務上の意見を求めていた。

フレッド・ベニンジャーはレジャー旅行の未来についてはあまり考えたことがなかった。インターナショナル・ホテル建設に集中していたからだ。カークはレジャー旅行がまもなく急成長を遂げると思い描いていた。レジャー費が大幅に増加すれば、ラスベガスの観光業にあわせて経営状態のよい航空会社も恩恵をこうむると考えていたのだ。

カークにはもうひとつベニンジャーに聞いてみたいことがあった。

「投資の対象として、ロサンゼルスに拠点を置くウェスタン航空をどう思うか？」

ベニンジャーは肩をすくめて「わたしが知る限り、小さいながらもよい航空会社で、将来性もあると思います」と答えると、ボスが何を考えているのか見えてきた。

「でも、カーク、自分だったら」と急いで付け加えた。

「どんな航空会社だろうと、このタイミングでは買収しません」

インフレで経済がむしばまれつつあった。新聞解説者のなかには、この先通貨の切り下げが行われるのではないかとさえ予想している人たちもいた。元々保守的な傾向にあるベニンジャーは、さらに悲観的になっていた。それにフラミンゴを見守りながらインターナショナル・ホテル建設を進めることで手一杯だった。建設資金を調達しつつ、同時に作業員たちに計画を伝えていた。杭の設置や鋼材の骨組みの計画図面ができあがれば、ただちに作業に移された。だが、もうひとつの賭けに手を出さないようカークを説得するには遅すぎたのだ。

ウェスタン航空の株式の公開買付により、カークは同社の単独筆頭株主となるが、そのニュースが12月9日月曜日の朝、『ロサンゼルス・タイムズ』紙ほか全国主要各紙の半ページ公告で伝えられた。ドリンクウォーターとの水面下の話し合いに軽い気持ちでカークを誘い入れようとしたハワード・ヒューズとは違い、カークはひとりで、しかもまっすぐに株主たちに踏み込んでいった。

ドリンクウォーターにとっては、思いもよらないことだった。その朝はまだ『ロサンゼルス・タイムズ』紙に目も通していなかった。渋滞に巻き込まれて、LAX（ロサンゼルス国際空港）のはずれにあるウェスタン航空のオフィスに少しずつ近づいているあいだ、交通情報に加えていつものニュース専門ラジオ局の放送に耳を傾け、最新のニュースを手に入れていた。カーラジオの声が地元のビジネス・ニュースを伝えた。「ラスベガスの資本家カーク・カーコリアンが、ウェスタン航空を企業買収の対象とする見通しである」と。カークは一株当たり45ドルで150万株を得ようとしている。ウェスタン航空の最近の株価の推移からすると、一株当たり10ドルの割増となる。

まだ携帯電話がない時代だったので、センチュリーブールバードにあるウェスタン航空の本社に着くまでドリンクウォーターは怒りを抑えていなければならなかった。専用オフィスのドアを閉めて受話器を握ると、友人であるバンク・オブ・アメリカの副会長オールデン・W・クラウセンに電話をかけた。そして「この野郎！」と挨拶がわりに言った。

ドリンクウォーターは体も態度も大きく、忍耐力が試されるような場面では大声でまくしたて、ビジネスマナーをわきまえないこともよくあった。かつてダグラス・エアクラフト社の役員といちかばちかのコイン投げの賭けをして、会社を15万ドルの航空債務から救ったことがあった。ウェスタン航空の経営にあたってきた20年のあいだで、業績不振の会社をどん底から立て直し、健全な財政基盤を築き、積極的なマーケティングや経営の手本を打ち立ててきた。ウェスタン航空はドリンクウォーターの航空会社だった。売り物ではない。だから裏切られたように感じた。

さらに電話に向かって怒鳴りつけた。「カリフォルニア中のあらゆる銀行が、うちの会社に近づこうとしてきたんだぞ。でも俺は、（バンク・オブ・アメリカの）お得意さんだからって言ってきた。一緒にやってきたのに、情け容赦なく切り捨てようとするとは、どういうことだ！」

公表された株式公開買付やラジオのニュース報道では、バンク・オブ・アメリカがカークに7300万ドルを貸し付けたことには触れなかったが、ドリンクウォーターは何が起こっていて、1株45ドルで150万株がどのような計算になるかわかっていた。クラウセンとバンク・オブ・アメリカがカークの買収を支援したと知っているからこそ声を荒らげて血圧も上げているのだ。

「おまえたちが、会社を乗っ取れるだけの金を貸したんだろ」腸《はらわた》が煮えくり返る思いだった。

「乗っ取りではありません、テリー！」とクラウセンが口を挟んだ。

「カークは優良な投資先として株式を取得しようとしているだけです」

ドリンクウォーターは「嘘つくな！」と怒鳴りつけて、受話器を叩きつけるように置いた。

「このクズ野郎が」

その同じ月曜日の午後に、カークはDC－9のプライベート・ジェットで、ラスベガスからロサンゼルス国際空港に乗り入れた。ウェスタン航空のオフィスは、インペリアルブールバードにある自家用飛行機ターミナルからタクシーで10分の距離だった。カークを待ち受けていたドリンクウォーターはいつもの蝶ネクタイを身に着けてカークを待ち受けていたが、怒りで顔をしかめていた。

最初の挨拶から完全に冷め切っていた。冷ややかな対応にカークは気づいていなかったか、気づかないふりをした。この会合は正式なものであるとはっきり認識していた。だからいつも着ているタートルネックとスポーツジャケットではなく、ネクタイを締めていた。

「買付の前にご連絡できず、申し訳ありませんでした」とカークは自信に満ちていながらも、親しみやすい口調で切り出した。握手したときはドリンクウォーターに見下ろされる背の高さであったが、その場での威厳ある存在感、冷静ながらもほとばしるエネルギーに、ドリンクウォーターの個人秘書は感じ入った。

「わたしが何者で、どのような人間で、どういった理由でこの度の投資を行ったのか、気になっておられることと思います」とカークはつづけた。

「われわれには共通の友人もたくさんいます。わたしのことは彼らの口からお聞きになるとよいでしょう……」

「このクズ野郎が！」ドリンクウォーターはさえぎった。

実際ふたりには共通の友人がたくさんいた。ドリンクウォーターの仕事仲間や、ウェスタン航空の取締役会のメンバーもいた。ほとんどはカークについていいことしか言わなかった。

そのひとりがパシフィック・ノーザン航空の元幹部アーサー・G・ウッドリーだった。同社がウェスタン航空と合併してからは、ドリンクウォーターのチームに加わって取締役となった。かつてカークから中古のDC－4を買い取ったものの、燃料漏れがひどく、滑走路にただ危険物を置いているものだと整備担当者たちにぼやかれてしまうこともあった。

「本当にそんな状態だとは知らなかったんだ」とカークは謝罪した。**話し合うこともなく、受け取った金額をそっくり返した。**この経験から、ウッドリーはこの人物はこれまで出会った人のなかでもっとも誠実なビジネスマンのひとりであると感じた。

だが、その午後のオフィスでカークに相対した上司のドリンクウォーターは、おまえは自分の領地を分捕ろうとする侵入者であり盗人だとばかりに、これ以上ないきびしい言葉を突きつけてきた。15分ものあいだほとんど息もつかず、矢継ぎ早に侮辱的な言葉と非難の表現をぶちまけたのだ。

カークは延々とつづく相手の怒りの言葉に驚いたものの、腹を立てなかった。その時点ではまだ。だがラスベガス同様、ウェスタン航空も2匹の虎が君臨できるほど大きくないことが明らかになりつつあった。

「5ドルでも500万ドルでも、無条件に使って構わない」

ひとつ重要な背景要素があったことで、カークはハイリスクな航空事業におけるもうひとつの投資戦線に自信をもって臨むことができた。ラスベガスに戻れば、日々の業務が円滑に遂行されていた。絶大な信頼を寄せるチームの仲間たちが、フラミンゴの仮本部内でも、建設現場でも、フロントでも、カジノの各フロアでも、諸々の事柄をきちんと管理してくれていたのだ。彼らスタッフの中核にいたのが、フレッド・ベニンジャーとアレックス・シューフィーだ。ふたりの結束が固かったというわけではない。たがいにたがいの存在をどうにか我慢していたのだ。

ドイツ生まれのベニンジャーは生粋の倹約家だった。契約相手や納入業者との交渉では抜け目なく、決して金を出そうとしないことから、「(厳格な)プロイセン人」というあだ名がつけられた。経理畑出身で、どうにか節約できないものかと検討してからでないと、ビタ一文出そうとしなかった。カークの財産を守る門番で、非常に忠実にその役割を受け入れた。カークが人当たりのよい好人物であるのに対し、屈強な男を演じた。

1968年の秋に開業してからわずか3か月、サーカス・サーカスの本部にはすでにベニンジャーの存在が嫌というほどしみ込んでいた。新リゾートは資金繰りや設立直後の諸問題と格闘しつつ、ひとつ確実に起こりうることがあった。**毎月ベニンジャーから電話がかかってきて、カークが**

貸した100万ドルの利子の支払いを次回も滞りなく行うことを約束させられるのだ。「むこうに行ってあの男をぶん殴ってやりたいよ」。共同経営者のひとりはそう打ち明けている。

ベニンジャーはカークの財務顧問として最高の地位を得ていたが、カークはフラミンゴの舵取りはシューフィーに任せたいと思っていた。シューフィーの任務はフラミンゴで利益をあげるのと同時に、インターナショナル・ホテル開業初日からただちにそこに異動させられるスタッフを育成することだった。かつてデル・ウェッブのサハラで最高の報酬を得ていて、リゾート運営者として町でいちばん引く手あまただったこの人物を引き抜くために、カークは肩書や相当な利益の取り分以上のものを提示したのだ。

「アレックス、フラミンゴの運営にあたってほしい。売り込んでくれ。どれだけ経費がかかっても、それがホテルのためなら、5ドルだろうと500万ドルだろうと進めて構わない」

フラミンゴの運営を引き継いだ翌日、シューフィーはホテル社長として初めて会議に出席するため、車を走らせていた。停車して朝のうちに洗車と給油を済ませた。ラスベガスにふさわしい額のチップを含めて、勘定は20ドルだった。それを経費として申請した。ベニンジャーの部屋に呼び出された。経費精算の申請が不適当として却下されたのだ。

「これは認められませんね」とべっこう縁の眼鏡をかけたベニンジャーが大真面目に言った。

「あなたに認めてしまったら、ほかの人にも認めることになります」

シューフィーはホテルやカジノ事業の社長として入出金ともに週単位で何百万ドルも動かしてい

て、5セントや10セントと同じような感覚で20ドル渡すのが習慣になっていた。そんな人物であるから、一瞬はとても信じられないとばかりに驚き言葉を失うが、気づけば口汚い言葉をとめどなく吐き出していた。

「ばかばかしい！」怒鳴りたててベニンジャーの机の上にある電話を取ると、ボスであるカークにかけた。カークが電話に出るとシューフィーは怒りを爆発させた。

「ここにいる頭のお堅い野郎がいちゃもんをつけやがるんだ……ったく、うっとうしい！」

カークはあわてて大嵐を静めようとした。ベニンジャーに「いいか、アレックスとの約束では……」と切り出し、ホテルを売り込むためなら「5ドルでも500万ドルでも無条件に使ってよいと認めている」と繰り返した。

一度却下された経費の申請は速やかに承認された。シューフィーは20ドルを取り戻した。それよりもさらに重要なのは、肝心な点が明確になったことだ。カークはわだかまりを一掃して、シューフィーが言う金勘定屋の縛りをなくした。だが、シューフィーとベニンジャーの関係が改善することはなかった。

それから何週間か後のある朝、ベニンジャーはふたたびシューフィーを呼び出した。今度は前夜にカジノがぼったくりに遭ったという情報について問いただした。注意深く見ていた友人から聞いた話としてベニンジャーが言うには、カジノのクラップステーブルのひとつで4万ドルがなくなったということだった。シューフィーはただちに疑わしいテーブルからドロップ・ボックス（カジノテーブルの下に取り付けられた現金を収納する函）を取り寄せた。だが、中身は帳簿上の受取り高と一致していた。箱の重さ以上はなかった。それから判断すれば、むしろこのテーブルでは、前夜の稼ぎはことのほかうまくいっていたようだった。

きっと友人が見間違えたのだとベニンジャーは認めた。シューフィーは謝罪の言葉に耳を貸すどころではなかった。財務部門のトップであるベニンジャーに向かって、カジノにもホテル事業にも口出しするなと警告して、さもないといつか「痛い目にあわせるぞ」と言い放った。

ラスベガスでベニンジャーとシューフィーの関係はずっとよくなかったが、カークには特に問題なかった。**ふたりとも正直で、能力があり、自分に忠実だったからだ。**だからあらゆる混乱のさなかでも、ドリンクウォーターの航空会社をめぐってますます熾烈をきわめる戦いに力を注ぐことができたのだ。

温厚な男の激しい怒り

カークはテレル・ドリンクウォーターと配下の者たちを安心させようと、経営陣を大幅に変えるつもりはなく、ウェスタン航空の取締役会で2席確保できれば十分と思っていると伝えた。所有権の28パーセントをもっていることを考えれば、控えめな要求だった。

だがドリンクウォーターは頑として譲らなかった。カークだろうとカークの仲間だろうと、取締役会に入れたくない。親友で事業活動のトップでもあったスタンリー・R・シャットの助言にも耳を貸さなかった。シャットは述べた。

「カークの悪い話を聞いたことがないよ、テリー。正直で有能なようだし、取引したことがある人たちはまっすぐな男だと言ってる」

取締役の就任をめぐって執拗な抵抗を受けたことで、カークは投資額を610万ドルほど増やした。これで持ち株は約31パーセントになった。ドリンクウォーターもついに歩み寄りを示し、取締役の席をひとつ用意した。カークはこの意思表示を拒否した。そこでドリンクウォーターと取締役で協議を行い、取締役を15名から18名に増やして、カーク、ベニンジャー、カークの弁護士であるウィリアム・シングルトンを迎え入れることを認めた。

ドリンクウォーターは、次々とジャブを浴びせてこの新たな大株主を痛めつけ、やる気をくじこうとしているかのようだった。だが、ついにカークの怒りを買った。ライフル・ライト・カークの堪忍袋の緒は切れ、その反撃を受けることになった。

自分には力がある、そしてもう我慢ならないと示すために、5名分の取締役の座に加えて、ドリンクウォーターににらみを利かせられる肩書を要求した。**取締役会長職を求めた**のだ。

今や両者の確執は個人的なものに発展していた。

第4章

世界に名を知られる

1969年バレンタインデー、ネバダ州ラスベガス

ハワード・ヒューズは、デザート・インの9階にあるペントハウスからカーク・カーコリアンの夢が実現していくのを見つめていた。カークのインターナショナル・ホテルがパラダイスロードのはずれにある砂地からできあがっていく過程から、片時も目を逸らすことはなかった。週を追うごとに鉄骨が増大し、フロアが増設し、砂漠の空にはっきりとした輪郭ができあがり、世界最大のホテルとカジノが形成されていく。いつしかヒューズはその眺めを遮断した。昼も夜も、カーテンを開けることはなかった。

舞台裏のドラマについて誰も知る由はなかった。カークがインターナショナル・ホテルの建設に**着手する資金は調達できていたが、その融資額は建設のちょうど半分くらいで底をついてしまいそうなこと**は、ブルドーザーであふれかえった工事現場からはおよそ想像しがたいことだった。

カークが計画していたのは、フラミンゴと今建設中のインターナショナル・ホテルの持ち株会社インターナショナル・レジャーをネバダ州に設立し、この新会社の株式を公開する、というものだった。証券取引委員会（SEC）が株式公開を承認したのは、カークの揺るぎない名声と、TIA

の株式公開における過去の実績があったからだ。バレンタインの金曜日に市場が開き、インターナショナル・レジャーは売りに出された。会社の事業綱領には、インターナショナル・ホテルの完成状況が記されていた。

「現在、30階建てのうち22階まで骨組みが完成しており、当社のスケジュールどおりとなっております。このまま建設が順調に進めば、1969年の夏に完成して、みなさまにご利用いただける運びとなるでしょう」

投資家向けに株式と債券がセットで売り出された。1株当たり5ドルの株式が20株と、1000ドルの債券のセットだった。1セット当たり1100ドルの購入金額に対して8パーセントの利益が保証されたものが2万5000セット売り出された。国内の経済は悪化しつつあったが、株式公開はただちに功を奏した。インターナショナル・レジャーは2650万ドルを調達した。ホテル完成は確実なものになった。

カークは株式売却が円滑に進んだことにとりわけ自信を得た。開業後に見込んでいた利益を出せるようになったら、年内にふたたび株式を売却するつもりだ。二度目の株式公開ではさらに相当な金額を調達できるという自信もあった。

その自信はほぼ間を置かずに強まることになった。翌月曜日に**市場が開いてから数時間のうちに、インターナショナル・ホテルの5ドルの株式は600パーセントに跳ね上がって**、1株当たり30ドル近くに達した。夏までには50ドルもの高値で取引されるようになった。カークの快進撃が突如として世間の注目を集めた。カーク・カーコリアンの名が世界に知れ渡った瞬間だった。カークにインタビューしようと、東海岸からも西海岸からもレポーターがラスベガスの事務所に押しかけた。

「大きな夢を抱いたまっすぐなアルメニアの少年が、市民保全部隊からスタートして、2億ドル近い大金を手に入れ、それでもみんなから慕われているなんてことがあるだろうか？」と『ニューヨーク・タイムズ』紙は問いかけた。

「カーク・カーコリアンなら可能だ。ラスベガスではハワード・ヒューズに次ぐホテル経営者で地主で、ハワイへの就航権を獲得したばかりの航空会社の戦略担当としても力をふるう人物だ」

『ロサンゼルス・タイムズ』紙は、カークがラスベガス開発で有力地主のハワード・ヒューズを超え、「はるかに広大なホテル用地を手中に収める」かもしれないと書き立てた。そのうえで「2億ドルもの資産を築いたとは思えないほど控えめな男」と評した。

カークはホテルの建設現場に面するオフィスを訪れた『ロサンゼルス・タイムズ』紙の経済部長に自身の投資戦略の重要な情報を明かし、**小さな賭けをたくさん行うより、大きな賭けをいくつか行うのを好む**と言った。「肉付きがよいものにね」という言い方で。ギャンブル同様、ビジネスにおいても、カークは変わることなく最大の賭けを行うスリルを楽しんでいた。

「お申し出には感謝いたします。ですが」

ロサンゼルスでは、カークとドリンクウォーターの確執はいまだ収まる気配がなかった。4月24日に予定されているウェスタン航空の株主総会が迫るなか、ドリンクウォーターはカーク側の人間が取締役会に入ることに全力で抵抗しつづけていた。民間航空委員会（CAB）は、カークの調査を行うべきであり、利益相反の疑いがいくつかあることから、「この人物によるウェスタン航空の株式の購入を認めてはならない」と求めた。

とりわけドリンクウォーターが非難したのは、カークがトランスアメリカ社の株を所有することで、TIAという競合航空会社のオーナーに該当することだった。さらにフラミンゴ・ホテルはハイローラーの遊山のために定期的にチャーター・ビジネスを利用しているから、同ホテルのオーナーとしての利害関係を考えれば、カークに株式を取得する資格はないと主張した。

しかし民間航空委員会は、ドリンクウォーターのいずれの訴えも受け入れなかった。調査ではカークがTIAに影響力を行使したという証拠は得られないとし、フラミンゴに関しては航空事業に参入しているわけではないとあっさり却下した。ドリンクウォーターが投げかけてくる難題をカークはずっと打ち返していたが、執拗な攻撃を受けつづけ、状況が遅々として進展しないことで、我慢の限界に達した。ついに株主名簿を要求し、「次は委任状争奪戦だ」と通知した。

株式公開買付によってカークがウェスタン航空の3分の1近くを手に入れた数か月において、連邦政府はウェスタン航空を含むいくつかの航空会社にハワイ便を認める計画があると公表していた。ドリンクウォーターはそこで積極的な対応を見せて、新しいジェット機を12機発注した。ボーイング747ジャンボジェットも3機含まれていて、1970年に納品予定だった。その大胆な戦略で航空会社は能力をはるかに上回る不健全な状態となり、人件費も上がって、トップ間の確執はさらに悪化した。

カークはウェスタン航空の執行役員たちに航空機を増やす資金調達計画を引き渡すよう求めた。さらに会社の財政状態の再検討が終わるまでジェット旅客機の新規発注を控えるよう指示した。今度はカークがドリンクウォーターに攻撃をしかけたのだ。ドリンクウォーターは腹を立て、民間航空委員会にカークの調査を行うよう再度働きかけた。しかしまたしても訴えは却下された。

ドリンクウォーターは委任状争奪戦になれば自分は不利な立場に立たされるかもしれないと感じた。彼にそう思わせたひとりはパシフィック・ノーザン航空の元幹部アーサー・G・ウッドリーで、カークを「これまで会ったなかでも1、2を争う誠実なビジネスマン」と見ていた。ドリンクウォーターがカークとの戦いに際して委任状をお願いしたところ、ウッドリーは怒った声でこう言った。

「投票先は自分で決めさせてもらうよ」

それが何を意味するのかドリンクウォーターは理解した。ウッドリーの票があてにならないとすれば、自陣営の取締役からも全面的な協力に近いものは得られないと覚悟しなければならない。加えて、取締役会全体とドリンクウォーターの分を合わせても、所有株式はウェスタン航空全体の5パーセントにも満たない。

カーク対ドリンクウォーターの戦いにおいて双方と利害関係をもつバンク・オブ・アメリカ副社長のオールデン・W・クラウセンは、株主の前で公開対決することになる年次総会の数日前、両陣営を呼び出し和解に向けた話し合いの場を用意した。

クラウセンが提案した妥協案は、ドリンクウォーター側の取締役3人が辞任し、カーク側の3人にその座を譲るというものだった。それによって委任状争奪戦を回避できるかもしれないと言った。するとドリンクウォーターが反対する間もなく、親友であり相談役でもあるスタンリー・R・シャットが彼を廊下に呼び出し、争いを終わりにするために自分たちは辞任する、と申し出たのだ。そうすれば、予想される致命的な反対票を投じられることなく、ドリンクウォーターがこのまま経営をつづけられるから、と。ドリンクウォーターはしぶしぶ同意した。

数分後にクラウセンやカークやそのほかの取締役が待っていた会議室に戻ると、シャットはアート・ケリーとJ・ジャドソン・テイラーとともに辞任する意向であると伝えた。3人ともウェスタン航空の内情に明るい経験豊かな人たちだ。全員の視線がカークに集中した。

「お申し出には感謝いたします」とカークは穏やかに響くバリトンの声で応じた。「ですが、あなたがたが取締役の座を退くことには賛成できません」。カークはこの3人は航空業界の重要人物であり、ウェスタン航空の未来にとって欠かせないと思っていたのだ。彼らを失いたくないと。

代替案を検討するために議論を重ねた結果、ウェスタン航空の取締役を18人から21人に拡大することで全員同意した。ドリンクウォーターは自ら選んだ社外取締役3人を退任させる。そしてカークが9人を任命すれば、カーク陣営は取締役会においてわずかに過半数に満たない人数を占めることになる。

イッツ・ショータイム

委任状争奪戦は未然に防ぐことができたものの、ウェスタン航空の世界に平和が訪れることはなかった。就任したばかりのリチャード・M・ニクソン大統領は賃金や物価の上昇や不安定な経済に対処するために幾度となく大統領権限を行使したが、そのうちのひとつとしてCAB（民間航空委員会）が航空会社に対して認めた航路の拡大をすべて見合わせていたのだ。ウェスタン航空はハワイ便が延期になり、いざはじまったときは定評のある航空会社と競合することになった。広胴型の機体のワイドボディ機をもっている会社もあった。ウェスタン航空にはないものだった。広大な太平洋上で機内映画を備えている会社もあった。それもウェスタン航空にはなかった。

「絶対にだめだ！　我々の飛行機に映画なんていらん。そんな必要はない」とドリンクウォーターは言い張った。

経営は破滅の道を歩んでいた。カークが45ドルで購入したウェスタン航空の株は6月には15ドルほどにまで急落した。カークはベニンジャーに頼った。

「よし、きみに任せる」とベニンジャーに言った。

「立て直せるかどうか、やってみてくれ」

ベニンジャーは、かつてフライング・タイガー社を運営した経験から、航空会社の運営方法に対して強い気持ちをもっていた。そして自分がラスベガスのホテル事業の最終段階から身を引かざるを得なくなったことを必ずしもよく思っていなかった。ベニンジャーはボーイング747の発注をキャンセルし、同社の経営状態が回復するまでは、それ以外の航空機の新規発注も見あわせようとした。ほどなくしてベニンジャーは、カークにかわってドリンクウォーターの重役室でもっとも嫌われる人物となった。

もしベニンジャーがそのことを気にしていたとしても、表には出すつもりはなかった。のちにこう認めている。

「最初から険悪な雰囲気でしたし、わたしはカークの分身として、矢面に立つ覚悟でいました」

実際にベニンジャーは時間厳守へのこだわりに至るまで、ボスであるカークの価値観を徹底的に社内に反映した。カークが時間に遅れたことは一度もなかった。カークの部下や同僚には二度遅れたことがある者はいなかった。そこでウェスタン航空の定時運航率が著しくさがったときは、ベニンジャーは毎朝8時に全主要部門を招集して会議を開き、前日あったことの見直しを命じた。関係部署の役員たちから抗議の訴えが出されたが、無視した。そしてウェスタン航空は定時運航率で業界トップに上りつめた。

しかるべき人の手によってウェスタン航空はきちんと管理されたし、それによってカークがまわりの人に任せる能力に秀でていることが少なからず証明された。ドリンクウォーターは相変わらず抵抗を見せていたものの、カークのみならずベニンジャーもウェスタン航空の取締役内で一目置かれつつあったし、特に同社の財政状態が改善するにつれて――定時運航の記録とともに――その傾向は高まった。

カークがどこに目を向けても物事は計画どおり円滑に進んでいた。**ギャンブラー、カーク・カーコリアンはまた大きな賭けをしたいと思うようになってきた。**そして1969年の夏にはもう次なる挑戦を探し求めていた。

だが、まずは世界最大のホテルの開業が迫ったラスベガスで、晴れ舞台の幕開け《イッツ・ショータイム！》だ。

第5章

カーク・カーコリアンとエルヴィス・プレスリー

1969年夏、ネバダ州ラスベガス

　1969年7月2日、カーク・カーコリアンはお供もなく、スポットライトを浴びることもなく、2000人の人ごみのなかで気づかれることさえなく、込み合ったインターナショナル・ホテルのディナー・シアターに入っていき、すばやく予約席に着いた。ステージには近かったが、けっして特等席ではなかった。

　カークが6000万ドルをかけたインターナショナル・ホテルの、世界最大のホテルとカジノの開業初日だった。借入資金と冷酷なまでの大胆さで、彼はやってのけたのだ。自分でも誇りに思っていた。だが注目を浴びようとするどころか、居心地のよい場所を離れようとせず、目立たない場所で陰に隠れていた。歌手で女優のバーブラ・ストライサンドのステージが開催され、ナイトクラブ史上もっとも贅沢なオープニングショーになった。カークはパーティ会場での人ごみや世間話を避けようと、人目につかない場所に少しでも長く留まろうとした。このときカークが待っていたのは、親友の俳優ケーリー・グラントだ。グラントはまもなく登場し、誰もが待ちに待つ今夜の主役スターを紹介することになっていた。

その上品で素敵な映画スターというイメージからは想像しがたいことだが、グラントもカークに負けず劣らず人前で話すのが大の苦手だった。この苦手意識を共有できたこともあって、7年前にデューンズ・ホテルで初めて会ったときからふたりは親しく付き合いはじめた。またどちらも幼い同年代の娘がいるという共通点もあった。娘たちと乗馬を楽しむことで、親交は深まっていった。

「きみがこういうの苦手だってのは、わかってるけどさ」

その日の夜にステージに立ってほしいと何度もグラントにお願いしたのは、カークではなく、インターナショナル・ホテルの社長に就任してまもないシューフィーだった。グラントがはじめに依頼を断ったとき、「スピーチを断るって、どういうことですか?」とシューフィーは信じられない様子で言った。だが、カークのために開業初日の祝賀会にラスベガスまでやってきたグラントは、この友人に敬意を表し、最終的にシューフィーの依頼に応じた。

招待客や有名人で構成される観客は各自のディナー・テーブルでくつろいでいた。ホテルの音楽ディレクターのボビー・モリスは、ほとんど全員にひとりずつ挨拶をしてまわった。観客のなかにはラクエル・ウェルチ、ナタリー・ウッド、リタ・ヘイワース、レッド・スケルトン、スマザーズ・ブラザーズ、バスケットボール界のレジェンドであるウィルト・チェンバレンの顔もあった。

モリスは招待した著名人を出迎える仕事を楽しんでいた。カークがホテルにいる晩は、モリスは決まってカークから最初にハグを受けた。モリスは初めてオーダーメイドのタキシードを着ていたが、それはカーク専属の仕立て屋があつらえたカークからの贈り物だった。

ボビー・モリス・オーケストラは舞台上の定位置に着いた。会場は満席で立ち見席しか残っていなかったが、大物たちが2階のカクテル席から見守るなか、タキシード姿のケーリー・グラントが割れんばかりの拍手を浴びて登場した。大喝采が静まると、グラントは身を潜めている友人を見つけ、話し出した。

「カーク、きみがこういうの苦手だってのは、わかっているけどさ」

カークはどんな形でも大勢に注目されると縮み上がってしまうので、グラントに自分が今夜の主役の前に紹介されようとしているとわかってたちまち動揺した。オーダーメイドのタキシードの襟元が急にきつくなったような気がした。顔が赤くなるのを感じたが、友人はつづけた。

「みなさま、この華々しいホテルを作り上げた人物にご注目ください」

グラントが手を振ると、スポットライトがカークのテーブルを照らした。

その瞬間を味わい、拍手喝采にこたえてお辞儀し、左右に集まっているディナーの招待客に手を振り、グラントと一緒に舞台に上がり、こうして改めて拍手を送ってくれている人たちを歓迎することもできたはずだ。だが、カークは立ち上がり、紹介してくれた友人に恥ずかしそうに微笑みかけるだけで、すぐに着席してしまった。**その場にいた人たちに後で聞いた話では、真っ黒に日焼けしたカークの顔は赤くなっていたという。**

つづいてグラントの紹介を受け、赤紫色のシフォンのロングドレスに身を包んだバーブラ・ストライサンドがさっそうと舞台に登場した。1曲目の「アイ・ガット・プレンティ・オブ・ナッシング」で、世界一大きく世界一豪華なリゾートホテルの正式な開業が告げられた。このストライサンドの4週間にわたる公演の売上額は当時の記録を更新するものだった。1週間で10万ドルを超えるとも報じられた金額に加えて、カークからインターナショナル・レジャーの株式も贈呈された。同社の株価はホテルの力強い幕開けからほどなくして、**1株5ドルから100ドルに急上昇**した。売却したタイミングにもよるが、ストライサンドは少なくとも200万ドルを手にしたと思われるし、どう計算しても彼女にとっては大変な額だった。ストライサンドはその後カークと何年にも渡って友好関係を維持した。

開業初日のストライサンドの公演に対する評価はまちまちだったが、ディナー・シアターのチケットは常に完売で、彼女もパフォーマンスを微調整して磨きをかけた。観客動員数、興行成績ともにラスベガスの劇場記録を更新したことで、最初はかなり辛口の意見を寄せていた批評家たちも最終的には大絶賛した。

カークにすれば紛れもない大成功だった。盛大で、利益も出て、気品と魅力にあふれていた。そして7月の終わりにエルヴィス・プレスリーのショウが開かれると、観客動員数と収益記録がふたたび塗り替えられた。

通りの向かい側にハワード・ヒューズが2000万ドルかけて開業したランドマーク・ホテルは

1日早く開店初日を迎えたものの、やや急ごしらえというか、突貫工事の印象はぬぐえなかった。実際ヒューズがグランド・オープンを7月1日に定めたのは6月29日のことだった。24時間前にいち早く開業にこぎ着けたという点ではヒューズの勝ちだった。だが誰もそこには関心を払わなかった。しかも世捨て人のような暮らしをしていたヒューズは、グランド・オープンに姿を見せることもなかった。最大の規模を競うPR競争においては、マスコミ報道、出演者の人気、興行成績すべてにおいてカークに軍配が上がった。

おそらくヒューズはグランド・オープンに来なくて正解だった。初日から彼のカジノは損失を出して、非常に穏やかにではあるが、有名なコメディアンたちに笑いものにされたのだ。歌手で俳優のディーン・マーティンは大酒飲みとして知られていたが、自分もヒューズと同じくらい金持ちになれるかもしれないと言った。「酒の空き瓶を返せばいいのさ」と。

ヒューズのいちばんの側近ロバート・メイヒューがライバルのカークにお祝いの言葉とグランド・オープンの成功を祈る旨を伝えると、テレビやナイトクラブでコメディアンとして活動するダニー・トーマスが皮肉った。

「金が金に祝いの言葉を送るのを目にするなんて、涙がちょちょ切れそうだ」

盛大な開業初日、ランドマーク・ホテルはインターナショナル・ホテルに比べてほぼすべての点で苦しい状況に置かれた。ダニー・トーマスは人気はあるが力不足で、バーブラ・ストライサンドおよび彼女につづいてインターナショナル・ホテルの500席あるカジノ・ラウンジのショーに出演したペギー・リーの相手にはとてもならなかった。ヒューズもぐずぐずしていて、大物客の招待リストを承認したのは開業2日前だった。しかもそこには44名の名前しか挙げられていなかった。メイヒューはぎりぎりのところでさらに400名追加したが、すでにそのほとんどはカークの招待客としてラスベガス入りしていた。

そのうちのひとりケーリー・グラントもパラダイスロードを渡ってランドマーク・ホテルのオープニングに参加した。公に出番はなかったが、最上階のカジノに行くのにタワーのガラス張りのエレベーターに乗り込んだときに、思いがけず注目を集めてしまった。有名俳優をごく至近距離で見たエレベーター・ガールは驚いて卒倒しそうになり、手袋をはめた手で「上」のボタンを押そうとしたものの誤って大音量の警報を鳴らしてしまった。

エルヴィス・プレスリーと500万ドル

7月のラスベガスは途方もなく暑かった。外の温度は37度に達し、バーブラ・ストライサンドにつづいて公演を行ったエルヴィス・プレスリーがあらゆる予想を覆すパフォーマンスをしたことで、立見席しか残っていないインターナショナル・ホテルの会場は熱気に包まれた。プレスリーの公演は1週間毎晩2回行われたが、大きな会場の2階席も含めてすべて完売した。プレスリーが世界中のギャンブラーとホテルの予約を呼び込んでくれたのだ。

プレスリーの初日の公演が終わると、インターナショナル・ホテルの責任者であるアレックス・シューフィーは一晩の売上げと予約が殺到する電話交換台を見て、プレスリーのマネージャーであるトム・パーカーを捜しに出た。そしてふたりで静かな席でコーヒーを飲みながら話を交わした。

数か月前、ホテルの幕開け公演をバーブラ・ストライサンドにすべきかエルヴィス・プレスリーにすべきかで、社内で議論になった。エルヴィスのオープニング・アクトについては、12年間映画の世界にいた彼に重圧を背負わせたくないとマネージャーのパーカーは考え、難色を示した。カークの仲間たちも同感だった。カーク自身も「エルヴィスよりバーブラのほうが幕開け公演を盛り上げてくれるだろう」と言っていた。

だが、バーブラの最終公演が終了してからチケットの売上げが急増して人々の興奮がさらに高まっていくのは、二日酔いを抱えている者以外、誰の目にも明らかだった。インターナショナル・ホテルの出納係としていつもどおり午前8時から午後4時まで勤務するために出勤したガイ・ハドソンは、驚いてその場に立ち尽くした。「なんてこった！」。劇場チケット売場が開くまでまだたっぷり2時間もあるのに、外には行列ができていた。売り場の入口から延びる列が延々とつづいたのだ。「どうやら間違っていたようだ」とカークも認めざるを得なかった。

「バーブラは期待したほどではなかったが、プレスリーはホテルをふっ飛ばした」

プレスリーの初公演の翌朝、まだ空になっていない灰皿も残るなか、シューフィーはその間違いを修正しようと心に決めた。カークにホテルのためなら「5ドルでも500万ドルでも」使う全権限を与えられていたシューフィーは、即座に有り金をはたいた。500万ドルすべてだ。

「契約を延長したいと思っています」とシューフィーはマネージャーのパーカーに告げた。マネージャーは慎重だった。

「ちょっと待ってくれ。いくらなんでも早すぎる。公演を最後までうまくやりきれるかどうか見てからにしよう。エルヴィスが倒れないとも限らない」

実際プレスリーのスケジュールは過酷で、1日2回の夜の公演が2週間休みなくつづいた。出演料は1週間当たり10万ドル、加えて報奨金を受け取っていた。この先は確かにプレスリーの体力次第だ。

「いちかばちか賭けるつもりです」とシューフィーはきっぱりと言った。

「今ここで」

パーカーはいぶかしげにシューフィーを見て、ようやく口を開いてたずねた。

「どういうことだ？」

「この先5年間。年に2回。1年に1か月。1公演期間につき50万ドル。500万ドルってところです」。詳細はまだ決まっていない広告費と、10万ドルの報奨金も追加して、シューフィーはその場で契約しようとした。

「マジかよ！」パーカーはあっけにとられた。だが、相手が前言を撤回したり修正したりする気配がないことを見て取ると、ただちに動いた。半分空になったカップと受け皿を脇に片付けると、プレスリーの契約条件をもう一度言ってくれとシューフィーに伝え、バラ色のテーブルクロスに書き留めようとした。レストランのコーヒーが飛び散ったリネンはパンくずや汚れやしみで覆われていたが、その布が交渉の正式な記録になるのだ。

書き終えると、パーカーはテーブルクロスを巻き上げて立ち上がり、脇に抱え込んだ。

「よし、それで手を打とう」と言って、プレスリーと相談するために立ち去った。

アレックス・シューフィーが見事に取引を成立させたことでインターナショナル・ホテルの公演はこの先しばらくラスベガスの安定した娯楽興行に成長するが、それだけではなかった。**ラスベガスが世界におけるエルヴィス・プレスリーのライブの中心地として定着するのだ。**

こうした成功の余波として、数十年後に不朽の隙間産業がエンターテインメント業界に繁栄する。ラスベガス・スタイルのプレスリーをまねする者たちが現れたのだ。黒髪をポンパドールにして白いジャンプスーツを着た無数の人々が誕生会からナイトクラブのパフォーマンスでも見られるようになったが、それはひとえにカークとシューフィー、あのピンク色のテーブルクロスの上に締結した契約のおかげだ。

とどまることを知らないカークのギャンブラー魂

インターナショナル・ホテルの高い部屋の予約率、健全なカジノ経営、各公演がマスコミに取り上げられることで、積極的な広報活動が展開できた。初期の利益は目を見張るものとなり、インターナショナル・レジャーの株価は着実に上昇した。トレーシー投資会社名義でカークがもともと所有していた82パーセントの株式は、ホテル開業前は1660万ドルほどの時価だった。それがインターナショナル・ホテルでもフラミンゴでも安定した利益が出ていることを受けて、1億8000万ドルに跳ね上がった。

好意的な評価を受けて潜在的投資家の意欲も高まっている今こそ、再度インターナショナル・レジャーの株式公開の準備を進める時だ。2回目となる公募は、建物を完成させる資金として2600万ドルを集めた初回の売却時以上に大きな成功を収めることが予想された。それにとどまらず、さらには高金利で借りた5000万ドルほどの借入金を完済するのに十分な額を集めることにもとどまらず、**カークはこの株式公開で次の大金を集めたいと考えた。**それはTIAの取引さえも見劣りするほどのものになるかもしれない。

二度目の株式を発行する承認を得るために法務部門が証券取引委員会に申請する一方で、カーク・カーコリアンは次なるビジネスチャンスを探し求めていた。**ギャンブラーには新たなスリルが必要だ。**

第6章 笑うコブラ

1969年7月22日、ニューヨーク

火曜日、午後4時過ぎ。市場はすでに取引を終えていた。映画会社MGM取締役会長エドガー・M・ブロンフマンは、ハリウッドの大物弁護士のひとりグレグソン・バウツァーから電話を受けた。ふたりの住まいはともにパークアベニューにあり、数ブロックしか離れていない。

両者が何か月にも渡って話し合っていたのはバウツァーのクライアント、ハワード・ヒューズのことで、この大富豪はどうやらMGM買収に興味を示しているようだった。好ましいことではない。ヒューズはRKOピクチャーズを破滅に追いやった人間解体鉄球と目されていたから、ブロンフマンはMGM取締役会とともにバウツァーからの電話を丁重に受けた。

さもないと、この大物弁護士の背後にいる優柔不断でクライアントに会うのを好まないことで知られるヒューズに好きなようにやられてしまう。ブロンフマンとMGM取締役会は、映画産業の病める名門会社を救おうとしていた。

「あなた、何に巻き込まれようとしているか、わかってます？」

だが、その日の午後の電話でブロンフマンと取締役会のメンバーは、バウツァーはヒューズの依頼でMGMの財務状況と資産と戦略を1年費やして調べていたわけではないと知った。憶測に反し、グレグソン・バウツァーは1968年から密かにカークと話をしていた。そしてさらに重要だったのは、この男はそのとき、カークが翌日の午前中に株式公開買付（TOB）を仕掛けることを発表しようとしていたのだ。提示買付価格は1株35ドルで、買付予定上限は100万株、狙いは映画会社の経営支配だ。

招かれざるTOBを突きつけられたブロンフマンは驚愕し、怒りを覚え、直ちに反意を表明した。提案は不適切で、株主にとって最善ではない。さらにこの挑戦を個人の問題としても受け止めた。友人が『フォーブス』誌に語った話では「ブロンフマンはカークの名前が出るたびにかんしゃくを起こす」とのことだった。どうやらカークは、MGMをめぐって戦わなければならなかった。

MGM取締役会副委員長で、サンフランシスコ・ベイエリアの海運会社で経営幹部を務めるジョージ・L・キリオンは、本件はヒューズの策略であると完全に信じ込み、裏切られたと感じた。「（バウツァーとは）多くのミーティングを重ねてきた。ハワード・ヒューズと会う日時をわたしと一緒に何度も決めた。デザート・インの予約までした。……だがいつも最後の最後でキャンセルになった」

キリオンがバウツァーから聞いたのは同じ日の午後のことで、ヒューズは「MGMの支配権を獲得しないと決定したが、ラスベガスのカークがそれを決意したと明日午前9時に発表する」と知らされたのだ。

カークはウェスタン航空への買付価格提示の際には経営上のパートナーになることを希望したが、今回は異なり、初めから経営陣に宣戦布告した。グレグソン・バウツァーの手引きのもと、カークは腹黒い企業乗っ取り屋の役割を演じようとしたのだ。ブロンフマンの組織と対決し、北米ビジネスの巨大企業のひとつに挑もうとしていた。バウツァーは警告した。

「何に巻き込まれようとしているか、おわかりですか？」

だが、カークは戦いを楽しんでいた。いい人《ミスター・ナイス・ガイ》を演じて時間を浪費するつもりはない。

ほかに前回のウェスタン航空の案件と大きく異なっていたのは、価格だ。TOB以前の市場価格に対する8ドルのプレミアム（上乗せ幅）は、大幅下落価格に基づいていた。MGMは大赤字を計上していて、株価が下落していたのだ。役員たちは4週間で1440万ドルの営業損失を報告したばかりだった。カークによる1株35ドルの提示は――ブロンフマンとタイム社によって受け入れられれば――MGMの2大株主に合計で3000万ドルの損失を与えることになる。

ふたたびトランスアメリカ社がカークの後ろ盾となり、3500万ドルのTOBを保証した。だが、これも問題になった。トランスアメリカはライバル映画会社のユナイテッド・アーティスツ

（UA）の株式の大半を所有しており、利益相反が懸念されたのだ。カークは自らが所有するトランスアメリカ株を6月に売却した。それでウェスタン航空株の買付にバンク・オブ・アメリカから借り入れていた**7300万ドルを完済した。支払い期日までほぼ2年あったにもかかわらず。**

トランスアメリカからMGM買収資金が提供されると、ブロンフマンと取締役会に法廷での対抗策を与えてしまう可能性もあった。カークは数日後に別の資金調達法を見出すことを受け入れた。借金が完済される直前にインターナショナル・レジャー社の株式が自由に発行できれば、トランスアメリカの問題はそれほどやっかいではないように思える。

カークはロンドンにただちに飛んだ。そこには、自分に近づきたいと強く願うヨーロッパ大手銀行の経営者たちがいる。

「譲ってもらえないならば、おまえを殺す」

古く疲弊したMGMに、カークは投資家の評価を超える、隠れた価値を見た。1株当たり25ドル前後のきびしい数字で市場価格が推移するなか、すでに巨額の損失をこうむった投資家たちは好転の可能性を微塵たりとも考えることができなかった。**しかしカークとバウツァーは、同社の実価は4億ドル、あるいは1株69ドル近いと判断した。**ふたりが目にしたものは、『風と共に去りぬ』『雨に唄えば』『オズの魔法使い』をはじめとする膨大な名作映画コレクションだった。また音楽出版会社やレコード会社、海外の映画スタジオ、何千万ドルもの不動産も所有している。

その伝説的名声は値づけできない貴重なものだった。多くの人にとってMGMは優雅さの象徴だった。昔のハリウッドの華々しさ、ドレスにタキシード、映画撮影用のクリーグライト、レッドカーペット。レオ・ザ・ライオンのロゴの価値はどれほどのものか。あのMGMのロゴに値を付けようと考えた者はひとりもいない。カーク・カーコリアンが試みるまでは。

カークとバウツァーが組むことは、闘志満々の青春期を過ごして豪快に仕事をしてきた類を見ない強い競争心を備えたふたりの男性が結合することだった。バウツァーはサンペドロの物騒な波止場地区で育ち、ハリウッドの名だたる弁護士に成長した。また、イングリッド・バーグマン、ジンジャー・ロジャース、ラナ・ターナー、ジョーン・クロフォードといったスターたちの代理人を務め、彼女たちと浮名も流している。

1940年代、グレグソン・バウツァーはビリー・ウィルカーソンの友人かつ法律顧問で、ナイトクラブ通いの仲間でもあった。ウィルカーソンはナイトクラブの興行主で『ハリウッド・レポーター』誌の創刊者でもあった。サンセット大通りの有名なナイトクラブ、チロズのほか、ラスベガスではバグジー・シーゲルの新興ホテル、フラミンゴ・ホテル&カジノの敷地も所有していた。このバグジー・シーゲルとビリー・ウィルカーソンは、シーゲルのホテルがグランドオープンを迎える1946年のクリスマスの2週間前、金銭を巡って大喧嘩したのだ。

バウツァーは友人そして弁護士として、激しい対立が繰り広げられる建設現場のミーティングに居合わせることになった。ギャングのバグジー・シーゲルが寡黙な顧問弁護士をふたり従えてビリー・ウィルカーソンに要求したのは、暗黒街の会計士マイヤー・ランスキーを含むギャングの融資家たちへの借金完済のために、フラミンゴにおけるウィルカーソンの持ち分を譲り渡せというものだった。その口調は、およそ頼み事をするものではなかった。

「おまえは譲らなければならない」とシーゲルは言った。

「ちょっと待ってください」とバウツァーが口をはさんだ。自分の依頼人であるビリー・ウィルカーソンが「しなければならない」ことは何もない。

「俺はこの取引の150パーセントを売却したが、150パーセントは受け取っていない。たったの100パーセントだけだ。誰もが減らさなければならない。ウィルカーソンもだ」

バウツァーは、シーゲルのこの提案を冷静にはねつけた。

「ほかの解決手段を考えることですね。依頼人は譲りません」

シーゲルは憤然として立ち上がった。名前は伏せられていたが、東部のある連中に借金を完済する必要があり、さもなければ自分の命が危なかったのだ。そしてウィルカーソンに顔を向けて完全に威圧的な口調で言った。

「譲ってもらえないならば、おまえを殺す」

「座って口を閉じなさい！」

バウツァーはシーゲルを怒鳴りつけた。バウツァーは依頼人のウィルカーソンに部屋から出るように指図し、それからシーゲルのまだ一言も言葉を発していないふたりの弁護士に視線を戻した。「宣誓供述書を作成するから、この人を黙らせたほうがよろしいかと。この場でシーゲル氏が言ったこと、そして誰がいたかについて記します。一部写しを司法長官に送り、もう一部はＦＢＩに送付します。もしシーゲル氏と仲間のみなさんが賢明であれば、ウィルカーソン氏が偶然にも階段をころげ落ちるということは絶対にないようにしていただきたいですし、歩道の縁石を踏み外して足首をひねることもないように希望いたします。ウィルカーソン氏が長く幸せな人生を送れるようにしていただけることを切に願います」

グレグソン・バウツァーの熱心な勧めにより、ウィルカーソンは次の数か月のほとんどをパリのホテル・ジョルジュサンクで過ごした。１９４７年6月20日にもそこにいた。バグジー・シーゲルがビバリーヒルズで殺害されたニュースがセーヌ川の岸に届いたその日も。

カークが好んで人に話したのは、かつて自分の弁護士がバグジー・シーゲルに向かって「座って口を閉じなさい！」と言ったことだ。カークがバウツァーとの契約に署名する頃には、ビバリーヒルズのバウツァーの法律事務所は、政治活動の場としても存在感を増していた。バウツァーの事務所のふたりの職員は、地元のそれぞれ見解の異なるふたつの熱狂的支持者グループに対処していた。ユージーン・ワイマンはカリフォルニア州の民主党委員長を務めたし、元上院議員のトーマス・クチェルは１９６８年夏の予備選挙で敗北するまで共和党内の副院内総務の職務を負っていた。

この事務所は南カリフォルニアにおけるトップクラスの若く有能な法律家を引きつける存在にな

っていて、若者たちが新たに採用されて加わることでチーム・カークはさらに拡大した。

カークのMGM買収劇

1969年7月25日金曜日、MGMは、カークがMGM株の購入にトランスアメリカの資金を利用するのを阻止すべく法廷に臨んだ。同じ日、カークはロンドンに飛んだ。ほぼ四半世紀前に英国空軍の契約パイロットとして工兵支援で北大西洋の航空路を飛んだが、今回は自らが所有するプライベート・ジェット内の革製の豪華なラウンジチェアや専用ベッドルームのある機室でくつろげる旅だった。400万ドルのツインエンジン搭載DC－9型機は長距離用の燃料タンクを複数取り付けた特別仕様で、大西洋横断中にハラハラすることはまずなかった（31ページ参照）。

アメリカ国内では金融引き締めが進められていて、高値ではあるがユーロダラーは利用できた。金利は2桁でじりじりと上昇していた。飛行機で移動するカークのポケットには、バンク・オブ・アメリカの友人たちが彼に代わってヨーロッパの複数の大手銀行にテレタイプで送ってくれた通信の写しが入っていた。カークが財界で高い評価を得ていると推薦してくれたのだ。バンク・オブ・アメリカは、**カークはサインのみで7000万ドルの融資を受けられる**だろうと言った。

土曜日、カークはロンドン・ヒルトンのハイドパークを見渡すスイートルームにチェックインした。朝、部屋の電話が鳴った。ヒューストンのテキサス・ナショナル・バンク・オブ・コマースが株式の一部を保有する、ロンドンの銀行バーストン・アンド・テキサスからの電話で「MGM案件に一枚加わりたい」とのことだ。月曜の朝いちばんにバーストン・アンド・テキサス銀行の幹部複数に会い、年利12・875パーセントで1200万ドルの融資を受けることで話をまとめた。

西ドイツの伝統ある金融機関バンクハウス・ブルクハルト・アンド・カンパニーもMGMの案件の参入に非常に熱心で、カークのエッセンまでの移動の手間を省くために、共同経営者のひとりをロンドンに派遣した。会合でそのブルクハルトの共同経営者オットー・ショプラーは最高5000万ドルの貸付に応じた。カークは最初、少なめに2000万ドルの借入を求めた。

カークがカジノに投資していることでヨーロッパの各メディアが呈したいくつかの疑問に、ドイツの保守的な老舗銀行がラスベガス賭博界の大立者と新たに樹立する資金面での関係に関するものがあった。オットー・ショプラーは、カークの評判に対するいかなる疑念も一蹴した。

「氏は率直で高い地位を有する人物であるとわれわれは考えています。ラスベガスにオフィスを構えているという事実は、その人物の判断材料にはなりません」

カークが商談に当てていたのはわずか2日だったが、銀行家たちが彼に会おうと殺到し、ヨーロッパで7000万ドルもの資金が確保できた。水曜日にニューヨークに戻るが、MGMの弁護士たちはトランスアメリカからの融資枠に制限を加えることでカークの脅威を阻止できるかもしれないと考えていた。カークはヨーロッパでの資金調達がうまくいったことをまだ発表しなかった。翌日のラスベガス行きの準備に忙しく、7月31日の木曜の夜にはインターナショナル・ホテルでエルヴィス・プレスリー公演の重要な初日を迎えることになっていたのだ。専用のＤＣ－９型機はニューヨークに着陸したが、給油と、東海岸のロックミュージック・ライターや批評家たちを乗り込ませるわずかな時間しかなかった。

カークは、トランスアメリカからの融資停止の公表を数日待った。それはもはや必要ないのだ。かわりにヨーロッパの銀行数社を頼りにＭＧＭを買収できる。だが、同時に賭け金も引き上げようとした。ＭＧＭ株を１７４万ドル分獲得すると発表したが、これは全株式の約30パーセントにあたり、同社の実効支配を確実なものにできる。ＭＧＭの弁護士はふたたび裁判に訴え、カークには融資の担保が不足していると主張した。連邦裁判所は調停を退けた。

カークが１株35ドルを提示したところ、株主から１００万株以上の売付申し込みがあった。だがまだ勢いは足りず、株式の30パーセントを取得するのに必要な売付数はつかなかった。あまりに多くの株主がもっとよい値を期待していたのだ。最終的な数値が入って来ると、さながらどちらに転ぶかわからない選挙戦さながらの手に汗握るものとなった。カークは１２６万３９５０株となり、ブロンフマンとタイム社の連合が保有する１２６万５０００株に１０００株ほど足りず、30パーセントの域をかなり下まわった。

カークはバーストン・アンド・テキサスからの融資再交渉のため、ふたたびヨーロッパに向かった。まだ当初の１２００万ドルの融資パッケージから資金をまったく引き出していなかったが、このときは借入限度額の２２００万ドルまでの引き上げを求めた。カークは追加融資を確保して再度賭け金を引き上げ、追加の62万株を対象に1株当たり42ドルを提示した。ＭＧＭ株の夏の安値を17ドル上回る額だった。

結果は明らかだった。株主から150万株近くの売付申し込みが殺到したが、カークはすでに宣言していた62万株のみをまず購入することにした。9月の終わりにはＭＧＭ株の32パーセントを取得した。その後10月に市場価格が下がると、追加購入を行い、誰も彼の支配に異議を唱えることができない地位へと歩み出した。

ほぼ1か月間、カーク・カーコリアンとエドガー・ブロンフマンは休戦状態にあった。カークはそのあいだ、ブロンフマン陣営で自分を「非常に紳士的で穏やかな人物」と評する者たちと会合をもった。

だが10月下旬、カークはブロンフマンが自ら推した社長ルイス・〝ボウ〟・ポークの解雇に動いた。ブロンフマンは抵抗せず役員を辞任した。カークがＭＧＭ社長就任を求めたのは、ユナイテッド・アーティスツの重役で、著作権代理業者としての経歴も持つ温和なハーブ・ジャッフェだった。ジャッフェとは南カリフォルニアにいたときにテニスをしたことがある。カークはユナイテッド・アーティスツのビジネス・モデルをよいと思っていた。映画配給事業に力を入れていたからだ。運営やサポートの費用がかかる撮影スタジオも有していなかった。だがジャッフェは腹を決めていて、経営難のＭＧＭに明らかにのしかかる救済任務要求は拒絶するつもりだった。

カークはグレグソン・バウツァーにうながされ、この弁護士の依頼人のひとりで、物議を醸す人物として知られる元CBS社長ジェームズ・T・オーブリーを経営者に任じた。「笑うコブラ」の名で知られるオーブリーは悪役を演じるのに適任で、MGMを財務的破綻から救う痛みをともなう経費削減業務を取り仕切った。

そしてMGMはカークが救うべき企業だった。すでにこのとき同社の株のほぼ40パーセントを支配していた。『風と共に去りぬ』の40パーセント、レオ・ザ・ライオンのロゴの40パーセント、そして十代のある長い夜、幼なじみのノーマン・ハンガーフォード（29ページ参照）と一緒に1個2ドル60セントで撮影用防音スタジオの周囲に押しつけた丸石の数々の40パーセントだ。バウツァーも個人としては、MGMはカーク・カーコリアンにとって普通の投資より重要であると思ったかもしれない。

「カークが感じたのは、自身にいくらかの不朽性をもたらしたということだ」

第7章 挫折

1969年10月末、マイアミ

小柄ながらアメリカの暗黒街における最大の大物として悪名を轟かせるマイヤー・ランスキーを起訴して有罪宣告し、刑務所に入れることは、連邦捜査官たちの2世代以上にわたる夢だった。彼らはランスキーを**マフィアの会計士、資金調達の魔術師、組織犯罪の取締役会長**と呼んだ。ジャーナリストたちは、この男が法をあざ笑う様子を書きつづった。

内国歳入庁の捜査官チームが大規模な賭博および脱税の事件でランスキーの証言を要求する召喚状を携えてマイアミビーチのドーラル・ビーチスパに到着すると、秋の午後にサウナでくつろごうとしていたこの老悪党は、懸念というより迷惑行為として彼らの介入を迎えた。

ランスキーは人目を引かず、およそ危険なギャング集団に属す者には見えなかった。身長は若い盛りでも152センチほどだったし、壮健な時期はとうに過ぎていた。70代に入りつつあった老マフィアはヘビースモーカーで、胃潰瘍をわずらい、動脈硬化にも苦しんでいた。運動はブルーザーと名づけた毛むくじゃらの小型シーズーと散歩するだけ。妻のテディーと生活保護給付金らしきものに頼って質素に暮らしていた。3億ドルの財産があれば、ドッグフードと胃薬に使うと思う者もいただろう。

それでも記録と証言から、捜査グループはランスキーの隠し財産を発見できるかもしれないと考えた。カークが買い上げる前のラスベガスのフラミンゴのカジノにおける古き悪しき時代について、もっと情報を得ようとしたのだ。所得隠しでカジノの利益から1年につき400万~500万ドルの上前がはねられ、中西部と東海岸にいるギャングの投資家のあいだで再分配されていた頃のことだ。ランスキーはこうした投資家のひとりで、初期のフラミンゴの経営に友人バグジー・シーゲルとともにかかわっていた。

誰もが知ることであったが、バグジー・シーゲル殺害後何十年も、フラミンゴのカジノは所得を隠しつづけていた。カークが1967年にこのホテルを購入しようとする前につかんだのは、この隠し所得の一部だった。アレックス・シューフィーに自分のところで仕事をしてくれないかと最初に打診したとき、ざっと計算したところ、**所得隠しを終わらせるだけで所有者と株主に100万ドルの利益がもたらされると予測できた。カークとシューフィーは初年度に300万ドル近くの純益を上げたのだ。**

米国国税庁(IRS)は気づいた。何と言ってもフレッド・ベニンジャーがこの利益を忠実に報告したことが大きい。それ以前にフラミンゴは50万ドル以上の利益を決して報告したことはなく、その半分の金額ですませることもあった。だが、国税庁にカジノがサム・コーエンとモリス・ランズバークによって所有されていたその前の2年間の財務状況を尋ねられると、カークは答えられなかった。財務資料がなかったからだ。

コーエンとランズバークはマイアミのホテルの関係者であり、金銭的にランスキーとつながっていた。ふたりはネバダ州の賭博認可で問題を抱えていた。カークが1250万ドルの現金をもって近づいてきたとき、ホテルの売却を迫られていた。カークはコーエンとランズバークの経営幹部の受け入れを拒否し、シューフィーが推すサハラ出身者30人を引き入れた。コーエンとランズバークは業務記録の提供を拒んだ。カークが入手しようとしなかったわけではない。

「ふたりに頼んだが、『あんたのどこに銃弾を撃ち込んでほしいか？』といった顔つきで見つけられたよ」とカークは親しい仲間に明かしている。

言うまでもないが、カーク自身も個人的にこのような数値の入手に本当に関心があったわけではない。ほしかったのは資産であり、スプレッドシートではないのだ。よって国税庁からかつての所有者たちの業務記録を求められて差し出すことができたのは、1枚の紙ナプキンに書き留めたメモ程度のものだけだった。

疑い深い連邦捜査官チームが満足することはなかった。以前の所有者たちの下での賭博の支払記録を求めて、フラミンゴのニューヨーク・オフィスに捜査令状を送達した。この時点でランスキー関連の税務調査はカーク陣営にとってやっかいなものになりつつあった。

だが、カークが心乱されることはなかった。勢いに乗っていたのだ。ウェスタン航空を支配下に置いただけではなく、同社買収の資金となったバンク・オブ・アメリカからの莫大な融資をトランスアメリカ株の売却で返済した。ＭＧＭ支配も視野に入れていた。そしてラスベガスではインターナショナル・ホテルが開業し、多くの人が訪れ、高い評価を受けた。差し迫る景気後退と信用逼迫もカーク・カーコリアンを阻むことはできないと思われた。

ランスキーに対する連邦政府の追求によってカークは最終的に深刻な被害を間接的に受けるが、それが最初にかすかに感じられたのは、自身のインターナショナル・レジャー社が株式売却のために証券取引委員会（ＳＥＣ）の承認を申請した直後、２回目の公募のときだった。国税庁とアメリカ司法省からの圧力に応じて、証券取引委員会は１９６７年にフラミンゴを購入する以前の財務報告書を追加要求した。ここでもカークの説明は「そのような記録は、受け取ってもいないし見てもいない」というものだった。

証券取引委員会は、カークがそのように限られた情報しか得ていないことを疑った。デューディリジェンス（企業買収などに先立って行われる調査、分析）は直感によるものではなかったか？　財務状況の詳細がないのにどうして１２５０万ドルの支出に合意するのか？

証券取引委員会の提案は、カークの部下たちは１９６７年以前のもっと多くのフラミンゴのデータを再度要求すべきだということだった。ランスキーと同じようにコーエンとランズバークにもその時点で所得隠しと脱税容疑が突きつけられていたが、国税庁と司法省（ＤＯＪ）にそうしたように、カークに対してもふたりはここでふたたび協力を拒んだ。

意図せざる結果の常として、カークは１９６９年のクリスマス直前に痛打を受けた。インターナショナル・レジャーの株式公募をもう一度行おうとしたところ、無期限拒絶の処分を受けたのだ。証券取引委員会は、フラミンゴの現在の経営陣は、買収前の責任者たちが紛失し、破棄し、あるいは維持を怠った財務関係書類を責任もって提出すべきであるとし、その主張を決して曲げることはなかった。

連邦政府の職員たちはマイヤー・ランスキーを執拗に追いかけまわし、ついにサウナから引っぱり出した。今度はカークがランスキーの資産隠しのカラクリを受け入れるしかないという状況を作り上げて、財政的に苦しい状況に追い込むのだ。

盗聴された証拠物に追い込まれていくカーク

カークにすれば、株式売却は、MGM買収時にヨーロッパで借り入れた高金利の累積債務の多くを償還する切り札だった。証券取引委員会のかたくなな態度に被害者意識をもたざるをえなかった。マイヤー・ランスキーが過去に隠蔽し、表に現れていなかったフラミンゴの利益への責任を問われていたからだ。自分はこの隠し利益を清算して、ごまかしのない記録に置き換えなければならないのだ。苛立った。友人たちにも気づかれたが、普段より険しく怒りに満ちた表情を浮かべてしまっていた。証券取引委員会の扱いは公正ではない。間違っている。あってはならない。

そして事態は悪化した。1970年1月15日、ニューヨークのザ・リージェンシーに滞在中にM

GM社長オーブリーから電話がかかってきて「新聞を見たか？」とたずねられた。急いでエレベーターに飛び乗りロビーへ向かい『ニューヨーク・ポスト』を目にしたところ、紙面と1面見出しに自分の顔と名前があった。「MGM幹部、マフィアと会談」。1961年に付き合いがあった胴元「チャーリー・ホワイト」との長らく忘れられていた電話会談の盗聴テープをもとに書かれたものだった。

記事を読みながら、カークはすべて思い出した。フットボールとボクシングで賭けをしたこと。2万1300ドルの小切手をチャーリーの友人で俳優のジョージ・ラフトを受取人に指定し、取り締まりが強化されたので、ニューヨークに住むこの人物にワーウィックホテル気付で送ったこと。この衝撃的な新聞記事の出所は、ニューヨーク州の組織犯罪に関する証言を調査する同州立法府の委員会に提出された証拠物だ。その日の記事には盗聴されたさまざまな通話が記されていて、ニューヨークのマフィアのボス、ヴィト・ジェノヴェーゼの用心棒、チャールズ〝チャーリー・ザ・ブレード〟・トゥーリン（別名チャーリー・ホワイト）の名前もあった。

「あくまでも賭け事での借金だ」とカークは言い張った。

「大げさに騒ぎ立てることかな？　スポーツに金を賭けるのが」

あとで考えると、あのとき選んだ胴元たちはことのほかいかがわしく思われた。トゥーリンは1970年までに、殺人、強盗、誘拐、非合法ギャンブル、贈賄、脱税まで、逮捕を含む前科があった。これが明らかになり、カークはひどく困惑した。

「チャーリー・ホワイトという男は知っていたが、それがチャーリー・トゥーリンだなんて思うか？　彼らが何者かなんて誰がわかる？　あのときに、マイヤー・ランスキーのような輩だって」ラスベガスの顧問弁護士ウィリアム・シングルトンがようやく報道機関向けに声明を出し、犯罪組織のメンバーであると知りながらが交際していたことをきっぱり否定した。だが論争はまるで収まらなかった。カークがこのマフィアから金を借り入れたのではないかという新たな憶測が浮かび上がったのだ。「マフィアとのつながりを再度否定」と『ウォールストリート・ジャーナル』は報じたが、事実の裏付けのない主張が消えることはなかった。

チャーリー・トゥーリンはニューヨーク州の立法府の委員会に出頭し、合衆国憲法修正第5条（＝黙秘権）を何度も行使して証言を拒否した。しかし、それで終わりではなかった。さらに困ったことに、このトゥーリンの声が盗聴記録のなかで何度も再生されることになったのだ。

あるテープでは、〝チャーリー・ザ・ブレード〟がカークを「本当にいい男で、大好きだ」とほめそやすのが聞こえた。カークはうんざりするしかなかった。上場企業3社を統轄し、インターナショナル・レジャーの2回目の株式公募増資に対する差止めの撤回を証券取引委員会に期待する資本家にとって、マフィアからの熱烈な言葉は、何年も前に保安官のラルフ・ラムと馬に乗ったときに発症した盲腸炎同様に歓迎できないものだった（33ページ参照）。

1970年の初めの数週間にこの話が広がったことでカークは問題に直面したわけだが、理由の一部にはアメリカの大型金融取引という大舞台に彼が突然登場したことがあった。素性はほとんど知られておらず、自己宣伝を嫌がることから、カークに対する大衆の好奇心は強まる一方だった。**いわゆるメディア未経験者《バージン》だったのだ。**世間の雑音に不慣れで、自分を導いてくれる広報担当者たちもいないなか、突然報道合戦に巻き込まれたのだ。

『ウォールストリート・ジャーナル』紙は、マフィアとのつながりを伝える盗聴に関する記事において「一部の人には、カーク・カーコリアンは謎の人物である」と書いている。

「財産の多くは１９６５年以降に蓄えられていて、いったいどうしてそんなに早く金持ちになれるのかと口にする人たちもいる」

だが、国内の連邦捜査官で「マフィアについてじかに知っている」者たちが言うには、カークと暗黒街のあいだに商売上のつながりがあることは証明できないとも同紙は報じている。カークが賭博の認可を行う前に身辺調査を行ったネバダ州の賭博委員会の委員長フランク・ジョンソンは、この人物とマフィアとのつながりに関するいかなる意見も「たわごと」と退けた。

しかし否定的な報道はつづき、カークとマフィアを同じ見出しに並べるあらゆる報道で彼の評判が落とされたことは間違いなかった。春までにインターナショナル・レジャーは2回目の株式公募増資の申請撤回を余儀なくされた。そしてカークは「売り出し中」の看板を出さなければならなかった。すべてのものに対して。

「完全な敗北感を味わった」

ヒルトン・ホテル・チェーンのバロン・ヒルトン社長との会談がはじまった。この人物はカークの投資戦略を大変気に入り、トランス・インターナショナル・エアラインズ株の購入で後手に回ってしまったことを今もくやしがっていた。今回はインターナショナル・ホテルの共同所有者としてカークとの提携を熱望していた。バロンは積極的でなければならなかった。ハイアットのプリツカー家もラスベガス参入に関心があったからだ。

チーム・カークのメンバーたちが失望したのは、自分たちがサポートして立ち上げたホテル事業のすべてを、カークが売却しようとしていたことだった。自分たちは砂に穴を掘るところからインターナショナル・ホテルを育て上げたのだ。フレッド・ベニンジャーにすれば、映画会社を売り払うほうがよかった。あいにくMGMとウェスタン航空の株価はどちらも大幅に下落していた。加えてカークは、航空会社と映画会社の両方に潜む隠れた価値を掘りあてる時間を望んでいた。そしてMGMについてはまだ誰にも話していない特別な計画をもっていた。それはフレッド・ベニンジャーも知らないものだった。

インターナショナル・レジャーとヒルトンのチェーンで50対50に分割すると、カークが早急に必要とする現金の額を満たし、ヨーロッパで借り入れた高金利の負債のなかでもっとも急を要する案件を完済できると思われた。だが右腕のアレックス・シューフィーはこのような取り決めをよしとせず、いつものように歯に衣着せぬ言い方をした。

「それは愚かな協定だ！」

イエスマンになってもらうためにシューフィーを雇ったわけではない。雇ったのは、知らないことを教えてくれて、自分に対して率直で正直で、会社にいちばんいいことをしてくれる専門家だ。シューフィーは何を優先すべきか、一度ならず吟味した。

「50対50の取り決めでは発言権を持てない。もめごとが絶えないだろう」

常に斜に構えるアレックス・シューフィーはそう力説し、カークに49パーセントのみ売却するようにすすめたが、カークは「先方はそれには決して賛成しない」と答えた。

実際には50対50となる分配を数か月遅らせることで、売却は段階的に合意に達した。取引が長引いた理由のひとつに、株式市場が目も当てられないほどひどい状況にあったことがある。株価は記録的安値に向かい、何百万ものアメリカ人が貯蓄を失い、カークの総資産も大きく減少していた。わずか数か月でインターナショナル・レジャー株は1株約65ドルから6・5ドル未満に下落した。カークは最悪の時期に売却を決意するしかなかったのだ。

ヒルトンが払ったのは、カークの持ち株のおおよそ半分に対してわずか1940万ドルだけだった。数か月前であれば1億8000万ドルに相当しただろう。「完全な敗北感を味わった」とカークは親しい友人に語っている。だが所有する株式への配当金によって別途、懐に500万ドル入ってきたので、これでヨーロッパの銀行から借り入れた最大の負債の半分を返済できた。

カークはさらに売却をつづけた。所有する100万ドル相当の約44メートルのヨット、トラシンダ・ジーンを譲り受けたいとサウジアラビアの実業家から予期せぬ申し出を受けると、即座に売り払った。『シカゴ・トリビューン』紙のコラムニストによると、カークがこの船を売り払った際、最後にチャーターしていたのはプレイボーイ社のヒュー・ヘフナーだった。ヘフナーはフランスのリヴィエラのサントロペ沖で1週間使用していたのだ。

1年後、カークはマドリード空港でサウジアラビアのプレイボーイで実業家のアドナン・カショギに偶然出くわし、滑走路のアスファルトの上で即席の折衝が行われ、所有するDC－9型機を400万ドルで売却することになった。

カークの幼年時代は、絶えまなく移動し、大家や債権者から逃れ、金はあったりなかったりと何が起こるかわからない日々であったが、結果としてひとつもたらされたのが、**物質的なものに固執しない**ということだった。「物」は、なんであれ重要ではなかった。あらゆる移動において持ち歩く「持ち物」は忠実さと家族のみだった。

カークは「わたしはどんな『物』とも結婚していない」とよく口にした。危機に陥ったときも勝負に出るときも人生を通じてほぼすべての「物」が売りに出された。中には何度も何度も買い上げては売り払うことが繰り返されたものもある。

ヒルトン・チェーンとの取引が変化に直面したのは、インターナショナルの個人所有株の半分を売り払った数週間後だ。ヒルトン社は同社の企業支配を実現するためには最終的に株式の51パーセントが必要だった。問題は、カークの売却時の価格1株6ドル48セントでヒルトンに売ろうとするインターナショナル・レジャー株主がほかにそれほどいなかったということだ。

このおおむね友好的な取引は、カークが最後に自分の持ち株にふたたび手を付けることに同意しない限りまとまらないと思われたため、その頃の市場価格は2倍以上だったにもかかわらず、カークはほぼ40万株を1株6ドル48セントで再売却した。ヒルトン・チェーンは50パーセントの保有率を2140万ドルで満たしたが、これは1969年から1970年の下げ相場でさえもほぼ5000万ドルの価値があった。

カークはインターナショナル・レジャーの最大株主でありつづけ、バロン個人の持株比率3パーセントに対し、一個人で38パーセントを支配した。そして4名の取締役の半数にあたる2人はカークとフレッド・ベニンジャーだった。バロン、そしてヒルトンの重役であるスタンリー・ザックスが残りふたりだ。両者は共同指名の5人目の取締役を加えないことで合意した。自治権を失ったことで不満をくすぶらせていたカークへの譲歩だった。4人の取締役のふたり分を少なくとも占めることで、カークが票数で負ける心配はなかった。

インターナショナルの名前がヒルトンに変わっても構わないとカークは言った。そして取引中の信じられないような含み損についての数々の質問も軽くあしらった。人前ではめったに短気を起こさないカークであったものの、友人のバロン・ヒルトンと彼のチームと経営管理を共同で行うのかと尋ねられたときは感情を露わにした。

「あちらのふたりで言いたいことをなんでも言えばよいさ。ヒルトン・ホテルと呼んでもらっても構わない。こっちには自尊心なんてない。ただし、こっちも決議は対等に支配している。取締役のふたりを占めているからね。向こうもふたりだ。これでも不満だけど。自分で采配を振るのが好きなんだ。バロンやコンラッド・ヒルトン以上にそうだ。だから向こうの言いなりになるつもりはない。そして向こうがあきらめることもありうる」

正気のギャンブラーと同じで、カークは過去を振り返らなかった。**「もし○○なら」という憶測や「あそこでああしていれば」とあとで判断することはしたくなかったのだ。**失敗から教訓を得て先へ進む。これがカーク・カーコリアンのやり方だ。だが、彼の法律や財務のアドバイザーたちは証券取引委員会の問題であるとしたかった。株式公募増資が却下された直接の結果としてカークが1億ドルを失ったと判断したのだ。

カークは自分を責めた。ガードが甘かった。無力さといかんともしがたい力に翻弄される自分がとても嫌だった。1970年に人生と彼の事業から多くの楽しみが奪われた。二度とこのようなことを起こさないと心に誓った。

第8章 敵兵去る

1970年11月25日、ネバダ州ラスベガス

双発のロッキード・ジェットスターが月のない暗い空からさっと急降下し、ストリップとダウンタウンのカジノのネオンがきらめく北の端に機体を傾け、ネリス空軍基地への着陸態勢に入った。激しい風の夜、感謝祭の前日だった。

この民間ジェットスターは小型自家用ジェット機としては最大クラスで、26キロほど南の混雑するマッカラン国際空港には着陸しない。極秘飛行任務だ。そして午後8時にネリスの軍用飛行場に着陸すると、直ちに街で一連の作戦が開始され、ハワード・ヒューズのラスベガスでの4年間の滞在期間、およびこの人物によるカーク・カーコリアンに対する一方的な対抗意識に終止符が打たれることになった。

ふたりの男によるラスベガスへの思い切った投資は歴史的重要性を帯び、ラスベガスの将来はすでに変わりつつあった。**ヒューズとカークが別個に、時に競い合いつつはじめたのは、ラスベガスをマフィアの息のかかったギャンブルの街から企業が管理するカジノリゾートに変えることだった。**州の認可法はふたりを受けいれるものに一晩で変えられた。ポール・ラクソルト州知事によっ

て「優秀な見本」である彼らの企業に配慮したものとなった。

カジノ投資は全米トラック年金基金や犯罪組織につながる「東海岸の投資家たち」が依然支配していたが、連邦政府が保証する銀行がネバダ州のカジノ事業への貸付抑制を排除したことで、この大きな流れがふたたび違う方向に向かうことはなかった。株主たちはほどなく新たなラスベガスの重要人物となり、リベートではなく利益を求めた。

だがその晩、デザート・イン9階に集まった集団は、ラスベガスに対するヒューズの貢献を思うためにそこにいたわけではなかった。この人物を密かに連れ去るためだ。モルモン教徒として知られたヒューズ派による内輪の権力闘争が一部そこに影を落としていた。ジェットスターの到着が確認されると、彼らは行動を起こし、青いパジャマを着て毛布でくるまれた、身長約193センチのやつれはてた病身の男をしっかりと担架にくくりつけた。

自身の護衛たちやあらゆる人の目撃を避けるため、ヒューズはホテルの開いた窓から運び出され、外部の非常階段を使って下に運ばれた。9階から1階までの狭い階段は突風ときびしい寒さにさらされていたが、担架は専制君主を乗せる王座のように運びおろされた。

この光景が脱獄に似たものを思わせたとすれば、ヒューズが薬物乱用で混乱した自身を自ら監禁していたからだろう。ヒューズはもう4年間も、23平方メートルほどのだだっ広いペントハウス内の寝室の外に一度も姿を見せていなかった。

その夜ホテルの裏の人目につかない場所で、逃走用の乗用車2台と小型バン1台が乗客6名と脱出予定の病人を乗せるべく待機していた。この小隊がネリス空軍基地に到着すると、ヒューズはただちに座席数10席のジェットスターに移された。数分後、着陸から1時間もたたないうちにプライベート・ジェットはふたたび舞い上がりラスベガスの明かりを後にした。

「ヒューズを心から尊敬する」

隠遁生活を送っていたヒューズが突然、それも人目をはばかってカジノの街を後にしたことは数日間秘密にされていたが、12月初旬に店頭に並んだ『ラスベガス・サン』紙によって世の知るところとなった。発行者ハンク・グリーンスパンの一面記事に「ハワード・ヒューズが消えた！」の文字が躍った。「側近の裏をかいたミステリー」とそこには書かれていた。

ヒューズのいちばんの側近であったロバート・メイヒューは1週間以上かけてボスの行方をバハマのナッソーまで追跡したが、わかったのは突然の組織再編の一環としてモルモン教徒が登用され、そのあおりで自分はすでにヒューズによって解雇されていたことだった。解雇直後にメイヒューは、ヒューズはインターナショナル・ホテルの計画を潰そうと最初から密かに動いていたとカークに伝えた。

その証拠はヒューズのメモにあった。メイヒューは複数の写しをカークに引き渡した。

「親愛なるロバート、われわれはふたたび問題に対応しなければならない。気が付かなかった……

その頃は。わからなかった」

　それはよくある手書きのメモの書き出しだった。自分のホテル計画をヒューズが妨害しようとしているとの示唆を常に退けてきたカークにすれば、これらのメモを見れば大きく失望してしまうかもしれない。

　だがカークは、ヒューズにもメイヒューにも恨みをいだくことはなかったようだ。ヒューズの奇怪なふるまいの多くは、度重なる飛行機事故で負った怪我の鎮痛剤依存症になってしまったことから来ていると広く知られていたため、悲しみと同情を禁じえなかった。

「ヒューズを心から尊敬する」とカークは言った。

「薬物でだめになり、中毒になってしまう前のことではあるが。何度もの墜落事故でおかしくなってしまったんだ」

　そしてメイヒューについては、この人物がヒューズの命を受けて自分を操作しようとするようなことをしていたことがわかったあとでさえ「すばらしい男」と言って憚らなかった。ヒューズの元側近はテニス仲間だった。一時は隣人で、ラスベガス・カントリークラブのフェアウェーを挟んだ反対側、ほどなくヒルトン・ラスベガスと名前を変えるかつてのインターナショナル・ホテルのすぐ近くに居を構えていた。ホテルの名前は何になろうと、カークが建てたことは変わりなかった。

　弁護士グレグソン・バウツァーは、ヒューズとカーク両者の代理を務めていたが、カークを安心させようとヒューズに敵意を抱かれているというのは根も葉もない噂に過ぎないと常に伝えていた。バウツァーの公の場での発言はもっと曖昧で、『ニューヨーク・タイムズ』紙にはふたりは「憎み合ってはいないし、仲間でもない」と話している。

「くそいまいましいカークめ」

表面上、カークとヒューズは飛行士としてもギャンブラーとしても似たような印象を備えていた。どちらもパイロットで航空会社を経営していたからだ。だが、カークのトランス・インターナショナル・エアラインズはチャーター航空会社で、ヒューズが経営していた一般客向けのトランス・ワールド航空（TWA）とはまるで比べものにならなかった。

だが地域航空会社の大手ウェスタン航空で支配的持ち分を手に入れ、見事な買収を成功させた。再建中であるが由緒ある映画会社MGMを買収したのは、ヒューズがかつて行ったRKOピクチャーズの支配の再現であるかのように思われた。「われわれの人生は多くの類似点がある」とカークは親しい友人たちに認めている。

「あの人がおかされていた恐怖症や偏執病も、ある程度理解できる」

カークは自分でも少し感じるものがあるようで、**心身を消耗するほど内気なうえに、強迫神経症の症状もますます悪化していた。異常なほど時間に几帳面であった。クローゼットのなかは上品なブティックのラックと同じくらい整理整頓されていた。ティッシュの箱の置き場所が正しくないと**

清掃担当者がきびしい叱責を受けることもあった。だが、自分がヒューズにたとえられるのはひどく嫌い、一度友人で仕事上の盟友リー・アイアコッカに公の場でそれをされた際には、「ろくでなしのクソ野郎だ」ととがめたことがあった。あがり症などの社交不安障害が幾分あることから複数の近しい友人たちに出不精と言われることはあったが、誰もが口をそろえて「決してハワード・ヒューズではない」と指摘した。似てさえいないと。

この点をずいぶん突かれて釈明する必要に迫られると、歯切れは悪くなった。

「引きこもってなどいない。社交上の催しにあまり顔を出さないからといって、人間嫌いなわけではない。30年、40年来の友人たちもいる。週に3、4回は外食している」

1940年代初頭、合法的なギャンブルがカークとヒューズの両者をラスベガスに導いた。だが、後にふたりともまるで違う理由で戻ってきて、何億ドルも投資することになった。**カークは夢を実現すべく、余暇を楽しむライフスタイルが生まれつつあったことを受けて起業を立案した。ヒューズの場合はたまたま節税になると考え、のちに政治的影響力をつかむ機会に引き寄せられた。**

ヒューズはホテルとカジノ事業のためにラスベガスにやって来たのではなかった。デザート・インでの4年間の滞在を開始したのは、ただプライバシーと当面寝起きする場所を求めてのことだった。予約期間を過ぎても滞在をつづけて嫌な顔をされると、当然の成り行きとしてその部屋を買い上げなければならなくなった。立ち退きを回避している間に、税金の思わぬ還付を手にした。つづいて今度はホテルとカジノに派手に金を注ぎ込み、広くマスコミの注目を集めた。

奇妙なことだが、**隠遁者ヒューズが好んだのは、注目されることと、それを目当てにこびへつらう政治家たちに引き立ててもらうことだった。**大学の医学部への資金提供、州のいくつかの休眠状態の鉱山の操業再開、商業超音速飛行機の定期便を受け入れる最先端空港の建設、ラスベガスをロンドンのロイズに肩を並べる尊敬されるべきものにするといった誓約を立てれば、たちまちその名は新聞に大きく取り上げられたし、政治的エリート集団の間に支持者を生み出した。資金提供先の州役人に宛てたメモに、ヒューズはこんなことを書いている。

「ここに飛び抜けて環境によい『未来の街』を作り出すことができます。スモッグや汚染のない、効率のよい地方政府が実現します」

ヒューズは、金で影響力を買える場所としてネバダ州を見込んだのだ。買い漁る場所を広げ、ストリップ沿いの遊休不動産から市外の大農場地帯、州全体の鉱業権に至るまで、すさまじい額の金を注ぎ込んだ。だが何も開発することはなかった。卵を抱く母鶏のように所有財産の上に座り、その拡大や活用に投資することはほとんどなかった。

対してカークは街に足を運び、建設と拡大に熱意を示した。事実、計画したインターナショナル・ホテルの将来のスタッフ養成の場としてフラミンゴを活用したのであり、これはヒューズの気まぐれでは成しえないものだった。冷静かつきらびやかな計算であったし、余暇を楽しむ新たなライフスタイルの発祥地としてラスベガスの開発を進めるより開かれた未来像の一部を担った。

「大人のディズニーランドにしようと思った」とカークは述べている。そしてこの構想を推進するために富と名声を危険にさらし、完成に必要な現金も確保することなくインターナショナル・ホテル建設に身を投じたのだ。

意志をはっきり示さないヒューズが、カークにかなうはずはなかった。策略や妨害行為以外で、この人物がカークと真っ向からやり合うことはなかった。ふたりにライバル意識があったとすれば、おそらくハワード・ヒューズの自尊心の中だけだった。

おそらくメイヒューは言うだろう。ヒューズは決してホテルやカジノ事業に関わりたいとは思わなかったが、いったんこのふたつの世界に身を置けば、自分より大きな存在がいるのが許せなかったのだ。だからカークに絶えずいらだち、彼が憎悪の対象になったのだ。

「くそいまいましいカークめ」

あるときヒューズはメイヒューにこぼした。

「あいつだけは金で抱き込めない」

第9章

活動再開

1971年10月24日、カリフォルニア州ロサンゼルス

アメリカの実業界および映画界の大物の地位から早々に追いやられたような経営危機から、カークはうまく逃れたかと思えた。しかも単に生き延びただけでなく、肩で風を切って歩くようになった。大胆な計画と野心的な事業の数々が各紙の見出しをふたたび飾り、新たな世界最大のリゾートホテルも立案中だった。ラスベガスの経済と未来に関する展望は全国ニュースになり、カークがどのレストランで誰と食事をしたかは地元のニュースになり、ゴシップ欄でも取り沙汰された。

どれも大半は好意的で肯定的だったが、マイナス面もあった。結婚生活が危機に瀕しているという、かねてのプライベートな問題も明るみになった。妻ジーンと結婚してほぼ17年、トレーシーとリンダのふたりの娘がいて、離婚に向けて話し合いを進めていたが、両者ともにまだ行動は起こしていなかった。数人の友人はふたりの関係は深刻なものであると思っていたが、カークはほかの女性たちとの会合を自由に楽しんでいた。

6月、『パレード』誌のゴシップ欄に、歌手のアンディ・ウィリアムスの元妻で女優のクロディーヌ・ロンジェと会っていると書き立てられた。カークの顧問弁護士グレグソン・バウツァーと俳

優のライアン・オニールもロンジェと一緒だったという。ある日曜の朝、さらに目を引くきわどい記事が同誌に掲載された。有名人のゴシップ記事で人気のQ＆Aコラム「ウォルター・スコット・パーソナリティ・パレード」に、とても意地の悪い質問が出されたのだ。

「カーク・カーコリアンは自分の奥さんから女優のイヴェット・ミミューに乗り換えるのか？」

トレードマークの黒髪のオールバックのカークと、官能的なポーズで注目を引くブロンドのミミューの写真が何枚も掲載され、脇に誰も納得しない答えが記されていた。

「氏とミミュー嬢は友人であり、その種の関係には発展しない」

カークは54歳の既婚の大富豪。女優は10年ほど前に『ボーイハント』『タイム・マシン／80万年後の世界へ』などの映画で主役を張った29歳の独身女性。複数の友人によると、ふたりはニューヨークで知り合い、結婚を語るまでのロマンスに進展したが、カークは妻ジーンの「別れたくない」という願いを受け入れたのだ。

カークは自分のプライベートで何が起ころうと、いらぬお世話だとばかりに毅然としていた。一方で家族や交友関係について書かれたあらゆる報道には腹を立てた。娘たちと一緒の写真をパパラッチに撮られたとき、父として彼女たちの身の安全を守るためにカメラマンに立ち向かった。カメラマンは子どもたちの写真を絶対に載せないと約束した。しかし、そうはならなかった。

ゴシップや有名人を追いかける記者たちを完全に食い止めようとしても、負け戦にしかならない。すでに富裕な映画会社オーナーであったから、チャーター航空会社のトップであったときよりもコラムニストたちにすればはるかに興味深い存在だった。

当時、カークは高級フランス料理店マ・メゾンでよく昼食をとっていて、同行者は弁護士で友人のバウツァーであることが多かったが、それすらゴシップ欄に定期的に取り上げられた。メキシコのアカプルコへ旅行しても、同行者が家族であろうと友人のケーリー・グラントであろうと注目された。白のぴったりしたホルターネックのドレスをまとった「火の玉《ボール・オブ・ファイア》」を思わせる美女ジャクリーン・ビセットと踊ったときも、パーティにひとりで現れたときも、タキシード着用の行事に出席しなかったときも、どこかで報道された。

ひとりを好むカークの世界が、突然金魚鉢のようにすべて丸見えにされたのだ。興味の対象であり、無防備だった。注目を浴びるのを嫌うカークは一層弁護士のバウツァーを頼り、ハリウッドとセレブというなじみのない世界での処し方について助けを求めた。離婚弁護士であると同時に、スターたちを相手に浮名を流し、ラナ・ターナー、ジンジャー・ロジャース、ジョーン・クロフォードなどの美女たちとの写真がたびたびハリウッドのゴシップ欄にも掲載されたプレイボーイのバウツァーは、セレブの扱い方を心得ていた。どうすべきかわかっていたし、カークもよき助言者を必要としていた。

「うまが合うんだ」とカークは言っている。「ビジネスや政治だけでなく、どんなこともグレッグ（バウツァー）に話してしまいたい」。バウツァーの事務所に所属する別の弁護士によると「カークはグレッグを崇拝していた」し、このプレイボーイの弁護士もカークに「楽しみ方」を教えるために、自分もよくデートしたり予約を入れたりしていたという。

映画とギャンブルを一体化させた「MGMグランド・ホテル」の誕生

外国からの各種融資の完済や即金での支払い、あるいは再交渉の後、カークは1971年にふたたび現金準備を積み上げた。仕上げは何百万ものインターナショナル・レジャー株の夏の最終セールだった。MGMでさえ、現金は流出額より積み上げ額が多かった。映画制作ではなくてむしろ不動産の売却によるものではあるが。同社は同年初期に、再度スタジオ内の小道具や衣装などをオークションを開いて約2000万ドルで売り払ったのだ。映画制作費は大幅に削減された。新作の興行的失敗率も70パーセントから50パーセントに改善していた。社長のジェームズ・T・オーブリーは、MGMが何年かぶりに最高の収益を上げると予測していた。

事態はカークにとって十分に期待がもてそうなものだったので、10月初めに親密なアドバイザー数名にMGMの役員たちを交えて秘密会議を開き、戦略的ブレーンストーミングを行った。テレビの無料番組に支配されるエンターテインメント市場において、MGMは映画制作をつづけながらどうやって生き残り、繁栄を手にすることができるか？　投資リスクを分散するにはどうすればよいか？　より信頼性があって安定した、成長する収益源を得るにはどこへ向かえばいいのか？

カークにはアイデアがあった。多角経営を始めたらどうだろう。**娯楽産業の映画分野とギャンブ**

ル分野を一体化させるのだ。ＭＧＭが７５００万ドルほど借り入れて自社で新たに巨大なホテルとカジノをラスベガスに建設すれば、実現できるかもしれない。内部は映画界の思い出の品々でいっぱいにする。部屋やレストラン、メニューにはスターにちなんだ名前をつける。名称はＭＧＭグランド・ホテル。大女優グレタ・ガルボが世界に向かって言った「ひとりにしてちょうだい（I want to be alone）」の名台詞で知られる、１９３３年公開の映画『グランド・ホテル』の名を取ったものだ。

往年の映画ファンの予想通り、主催のブレーンストーミング・ミーティングから出てきたジム・オーブリーの発表によれば、ＭＧＭのキャラクターのレオ・ザ・ライオンはハリウッドのストリップに移動することになった。ある者が茶化して言ったが、このライオンは新たな「（カジノテーブルに使われる）グリーンフェルトのジャングルの王」として、食事会の主《あるじ》の役も務めるかもしれない。オーブリーはこれを経営管理の用語でこう表現した。

「弊社の結論は、この規模の企業が映画事業のみに依存するのは賢明でないということです」

映画会社のＭＧＭがホテルを建設して所有し、子会社として運営しようとしていた。株主の承認が必要となるが、危ぶまれることは何もなかった。カークは株式の40パーセントを所有し、追加取得も頭に入れていた。しかも第2位の大株主エドガー・ブロンフマンも計画の全面的支援を発表した。建設費用は利付き無担保社債で調達する。株式の公募と異なり、社債による資金調達では株価は下がらない。

建設予定地はストリップの目抜き通りに面した所有地だった。当時操業を停止していたボナンザ・ホテルの建つ約6万4700平方メートルの土地で、シーザーズ・パレス、デューンズ・ホテル、フラミンゴ・ホテルに囲まれた交差点の一画だ。カークがボナンザを所有していたので、MGMは第三者の評価に基づいて彼におよそ500万ドルを支払うことになった。さらにMGMは隣接する約10万5200平方メートルの土地も175万ドルで購入し、ラスベガスのギャンブル界でカークが次に行う大きな仕事の場を用意した。

MGMグランドはインターナショナル・ホテルよりもさらに大きなものになるはずだった。数年ぶり二度目の世界最大のリゾートホテルの建設に乗り出そうとしていたのだ。26階建てで2000室を超える客室をもち、端から端まで130メートル近いカジノには1000台以上のスロットマシーンに90台のブラックジャック・テーブルと10台の大型クラップステーブルを備え、イタリア直輸入の大理石や本物のクリスタルガラスのシャンデリアによる装飾が施される予定だった。そしてふたたびフレッド・ベニンジャーが部下として現場でヘルメットを着用することになった。

カークが、国宝級の宝物に対する敬意を示していないと非難する者たちもいた。『風と共に去りぬ』でスカーレット・オハラの妹役を演じたアン・ラザフォードは、MGMがラスベガスのギャンブルに資金をシフトしていることを、超大物競走馬のセクレタリアトをドッグフード用に売り飛ばしてしまうことにたとえた。衣装や映画のセットを残すために、MGMのオークション（147ページ参照）で60万ドル費やして買い集めたデビー・レイノルズは再度悲しんだ。「懐かしい故郷へ帰ったら、破壊されていたというようなものよ」と、同じくMGMラスベガスの動きを猛烈に批判していた芸能女性記者のジョイス・ヘイバーに語っている。

カークは毀誉褒貶相半ばする人物として知られるようになっていた。ハリウッドでは芸術作品という神聖な崇拝の象徴を解体する狼藉者と非難されたが、ラスベガスでは新しいホテルが3000人を超える新たな雇用を生み出し、第一級のリゾート地として市の評価を高めるとの期待が寄せられたことから、一流の仕事ができる人物と目された。それ以上に、カーク率いるMGMグランドの投資自体が非常に大きな賭けそのものだった。彼はまさしく大金を張るギャンブラーのようで、ラスベガスのようなギャンブルの街では特に賞賛された。

「今すぐここから離れたい。どこか別のところがいい」

1972年4月15日の夕べ。新たなホテルの起工式に向かう車の流れによって、フラミンゴ・ロードとストリップの交差点付近は大渋滞が起きていた。リムジンも多数見られた。着工式の背後にはケーリー・グラントが友人の最新かつ最大のホテル事業を支持するべく、守り神のように控えていた。当時のジム・オーブリーのガールフレンドで、セックスシンボル女優として知られていたラクエル・ウェルチが花火の点火装置を押すことになっていた。

シャンパンとキャビアのパーティの場として設けられた赤と白の大きなサーカス・テントに入っ

ていく人込みにまぎれ、カークと妻のジーンはほとんど誰にも気づかれずに会場に忍び込んだ。いつもと同じように取り巻きはおらず、個人秘書のスキンヘッドで入れ墨をした元警官ボブ・ガーンのみが随行した。瓶ビールをちびちび口にするこの人物が、カークの脇を固めた。

タキシード姿の男たちであふれる部屋で、黒のスラックスに黒のブレザー、中に白いタートルネックというでたちのカークは、その引き締まった体で人目を引いた。ジーンは背中の開いた黒のドレスをまとい、メキシコのアカプルコへの家族旅行帰りできれいに焼き上げたセクシーな肌を見せつけていた。夫婦間の問題は、はた目にはわからなかった。

オーブリーとMGM役員の多くは、すでに今後の計画と建物完成予想図の検討を事前に行う非公開会議出席のためにラスベガス入りし、MGM主催パーティに顔をそろえていた。オーブリーは公にはホテル事業を支持していたが、熱意をむしろ抑えているように思えた。この映画会社のトップは引きつづきMGMを収益性の高い映画製作会社として復活させるべく、主に経費削減と資産売却からなる魔法の技を試みていたのだ。だが、その晩はそんな話はしなかった。

カークの兄のニッシュも仕事着のタキシードを着てその場にいた。ニッシュは兄弟で運営するラスベガスのレストラン兼ナイトクラブ、ニションズの経営者だった。莫大な資産家の弟は、サーカス・サーカスの株も購入ずみで、兄弟全員のためにほかにもラスベガスで投資を行っていた。

巨大テントの外では制服を着たクラーク郡保安官代理一団がセレブとビジネスエリートらの安全確保のために配置についていたが、彼ら全員を指揮するのはカークの親友で、現在は保安官であるラルフ・ラムだった。その晩、要人たちや見ず知らずの人たちで混み合うなか、カークも家族や友人たちに囲まれていた。いつものように当人を見つけるのはむずかしかった。

ケーリー・グラントが仮設ステージ上で挨拶をうながそうとしたが、カークはどこにも見当たらなかった。ラクエル・ウェルチが花火の爆発音を響かせたとき、カークは近くのバーでデザイナーブランドのドレスをまとった若い女性と談笑していたのだ。女性には「そんなにお金持ちでいらっしゃるなんてお幸せ《フォーチュン》ですね」と言われた。彼にすれば世間話は拷問《トーチャー》に近いものであり、その言葉は皮肉でしかなかった。

カークは氷なしのスコッチを片手に言った。

「金持ちになって何がいいっていうんだ。やりたいことはできない。堅苦しい格好をして銀行家たちに会いに行くのも大嫌いだ」

そして大きく悲しげな目で周りの騒がしい群集を見渡して、付け加えた。

「今すぐここから離れたい。どこか別のところがいい」

「いったいどこへ？」

「わからない。とにかく、どこかほかのところだ」

カークが自分のパーティを楽しんでいなかったことは大きな問題ではなかった。その夜、ラスベガスをその手に収めたのだから。

第10章

深淵に広がる光景

1973年晩秋、カリフォルニア州カルバーシティ

明らかになったのは、カークはなおも金融界において取り組むべき未解決事項を抱えているということだ。ドイツの銀行から受けた600万ドルの融資が一例で、この未返済分はインターナショナル・ホテル建設のために自身の署名だけで各方面から借り入れたものだった。過去の長期にわたる何度かの交渉で、銀行はすでに我慢の限界に達していた。悪意はなかったかもしれないが、払いを済ませるときだ。銀行に正式に要求されたのは、当初の合意条件の下での完済だった。

カークは自身のアドバイザー・スタッフ、すなわち個人的持ち株会社であるトラシンダ社――2人の娘、トレーシー（Tracy）とリンダ（Linda）の名をとって社名にした――の側近グループを集めた。フレッド・ベニンジャーと会計士ジム・アルジアンは、カークの控えめなMGMオフィスに向かう通路を進んだ。ビバリーヒルズからはバウツァーの法律事務所の弁護士フランク・ロスマンとテリー・クリステンセンが車で向かった。

彼らが直面した新たな苦境は、底知れぬ深い穴だった。

莫大な資産はあるが、多くはほかの融資の担保として固定されていた。かといって現金資産

600万ドルには程遠かった。ドイツの銀行の融資が債務不履行になるまで残り数週間しかない。そしてそれは底知れぬ穴の入口に過ぎなかった。

まったく健全な5000万ドルのバンク・オブ・アメリカの融資はMGM株によって全額担保されており、カークがほかのいかなる融資枠においても債務不履行に陥った場合、バンク・オブ・アメリカの融資も債務不履行となるとする条項を含んでいた。これは場合によっては、バンク・オブ・アメリカの融資を担保にするカークのMGM支配に必要な株が、たちまち危険にさらされることにもなる。

それはドミノ理論における最悪のシナリオだった。カークは600万ドルに近い額がただちに必要で、さもなければ自分と側近たちが即座にMGMの建物から追い立てられる可能性が大きく現実味を増す。債務不履行のリスクはロシアン・ルーレットに似ているかもしれない。だが、カークが動揺を表に出すことはなかった。「クラップステーブルのペリー・コモ」はこのゲームにお金を賭けるかのように、側近を集めて取るべき道を議論することにした。

部屋にいた誰かが手早く計算を行った。MGMが1ドル75セントの特別配当金を宣言すれば、すべての株主に合計1050万ドルが支払われ、カークの分も525万ドルになる。ドイツの銀行からの融資を完済するのに十分な額だ。だが物議も醸すだろう。

ホテルとカジノ事業の経営の多角化については、真価はまだ立証されていなかった。MGMグランドの開業は12月まで待つ必要があったが、すでにその時点で少なくとも予算超過となる

2000万ドルを費やしていた。愛すべき映画会社の解体と受け止められたことにも、MGMの内外でなお相当の反対がくすぶっていた。財務状況の回復は主に資産の一括売却による収益が頼りだ。つい先頃の収益額は、およそ胸を張れるものではなかった。

カークは部屋にいる若手弁護士テリー・クリステンセンに顔を向けた。クリステンセンは短気な株主が起こした訴訟を過去にも扱っていた。それはMGMグランドの建設予定地であるカーク所有のボナンザ・ホテルの土地をMGMが購入したことに対して起こされた訴訟だった。カークはこの31歳の元軍人の弁護士を気に入っていて「あの生意気な海兵隊員」とよく呼んでいた。さきほどの配当金のアイデアについてカークは尋ねた。

「なんとかできそうか？」

「もちろんです」

クリステンセンはきっぱりと言った。

「訴訟は起こされるでしょう。その過程のどこかで話がまとまるはずです。費用はさほどかからないはずです」

フレッド・ベニンジャーとジム・アルジアンはこのアイデアを支持し、全面的財務分析を取締役会に提出する作業に取り掛かった。この考えはカークには明らかによいものだが、多くの株主たちにとっても有益でなければならなかったのだ。

「レジャー分野での多角化がＭＧＭを救う」

神経を張りつめた交渉の期間を除けば、当時カークはＭＧＭ本社で決まった時間に勤務することが多かった。９時から夕方４時まで仕事をすると、オフィスを離れてテニスやジョギングなどで１時間ほど精力的に体を動かし、それからシャワーを浴びて夕食前のカクテルを楽しむ、というのが彼の快適な１日の過ごし方だった。家に仕事を持ち帰ることはほとんどなかったのだ。だからこそハロウィン直前のある晩に突然ベネディクト・キャニオンの自宅に呼び付けられたグレグソン・バウツァーは、トラブルを予感せざるをえなかった。

チーム・カークの誰もが忙しい数週間だったが、特にカーク自身は多忙を極めた。彼個人の資金繰りに対処するのとはまったく別に、ＭＧＭの海外配給事業を、パラマウントとユニバーサルを含むコンソーシアムに売却する交渉に深く関わっていたのだ。最終的な条件はキャノン・ドライブに面したビストロにおいて、テーブルの向こう側にいたパラマウント側の敏腕弁護士シドニー・コルジャックから立案された。すでにカークはユナイテッド・アーティスツ（ＵＡ）と合意に達していて、今後10年間にわたってＭＧＭのすべての国内配給を同社に譲渡する。ＭＧＭはその時点で国内に自社配給部門をもたないハリウッド唯一の大手映画会社となった。

ユナイテッド・アーティスツとの単独取引で、ＭＧＭは２０００万ドル以上の利益を得たが、エンターテインメントの世界では実質的に地位が低下してしまうことになった。『ロサンゼルス・タイムズ』紙のコラムニスト、ジョイス・ヘイバーはＭＧＭを「開店休業」と言い放ち「かつてのハリウッドのメジャー中のメジャーなプレイヤーが、今はマイナー中のマイナーな存在になった」と書き立てた。『ニューヨーク・タイムズ』紙も、代表的な映画製作会社ＭＧＭは「消滅したも同然」、と報じた。

しかし、カークはそうは考えていなかった。同社の配給事業は映画1作ごとに、あるいは必要に応じて最小限の費用で外部委託できた。加えて、ＭＧＭも現金を必要としていた。２１００室を有するＭＧＭグランド・ホテルに資金を融通しながら、映画会社として存続しようとしていたのだ。

ＭＧＭ社長ジム・オーブリーは、引きつづきマスメディアや世間に対するカークのスポークスマンとして「よい兵士であり悪い巡査」という役割を演じ、債務返済を依然迫られていると一般には思われている同社の状況についても、肯定的な見解を打ち出した。「ＭＧＭは作品の制作数は絞るものの1作ごとの品質を高めることで映画製作会社としての存在を示しつづける」としたのだ。またテレビがエンターテインメント・ビジネスの激変をもたらしたと批判する一方で、この新たなメディア・コンテンツ制作へのシフトの重要性も強調した。そして同社の新たなスローガンを繰り返し唱えた。「レジャー分野での経営多角化がＭＧＭを救う」と。

オーブリーはＭＧＭのトラブルは映画市場の変化が原因だとし、記者たちに「映画市場の底が抜け落ちた」と語ったが、これが広く懐疑的な意見を醸すことになった。『ロサンゼルス・タイムズ』

紙のエンターテインメント担当編集者チャールズ・チャンプリンは、「市場における唯一の問題は粗悪な映画が集まっていることだ。フォード社製の大型車エドセルについては市場の底が抜け落ちたが、自動車全体はそうではない」と書いている。『ニューヨーク・タイムズ』紙のヴィンセント・キャンビーによれば、オーブリーはどうすれば事態を改善させないかハリウッドに身を持って示した。「数々の安価な映画を製作したが、ほとんどどれも駄作だ」と書いている。

だが、舞台裏でオーブリーは配給資産の売却に反対し、公に弁明する方針とは真逆の主張を強く打ち出した。顕著だったのはカークがユナイテッド・アーティスツと交渉した例の件だった。オーブリーは、国内配給のこの取り決めに非常に不満を感じていて、友人たちにこう漏らしていた。

「自分が一般株主だったら、会社を訴えるよ」

カークはMGMの重役の会議室で内々にオーブリーの意見を耳にしてうれしく思ってはいた。取締役会議での反発は貴重であると思っていたからだ。だが10月下旬の晩にベネディクト・キャニオンのカークの自宅に到着したバウツァーは、カークが珍しく激怒しているのに気づいた。カークがそこで問題にしようとしたのは、MGMの経営幹部が同社の複数部署の売却に反対を続けていることをオーブリーが詳しく書き綴った手紙についてだった。それは、オーブリーが「記録に残す」ことを望んでいると明白に伝えるものにほかならなかった。

オーブリーにすれば「害が身におよばぬよう対策を立てておく」以上のことだった。カークの決断に対する直接的批判であり、指導者としての資質を侮辱するものだった。カークが求める行動規範の下では、この手紙は背信を意味した。**カークは、チームは家族と一緒で、一度決断が下されれば常に協力してやっていくことを求め、期待した。**すでにオーブリーの不十分な興行収入には失望していたが、この手紙は極刑に値する罪だ。

そもそも、カークにオーブリーを雇うように勧めたのはバウツァーだ。よって今バウツァーは刑の執行員を務めなければならない。翌日に自分の法律事務所でオーブリーを迎えて丁寧に飲み物を振る舞い、そのあと単刀直入に伝えた。

「カークはあなたに出て行ってもらいたがっています。以上です」

解雇手当は出そうもなかった。契約は握手を持って交わしただけだし、高額退職金のゴールデン・パラシュートもなければ次の雇用先も決まっていなかった。オーブリーは辞任を許され、自分でMGMでの墓碑銘を書くことが許された。「就任時に合意した任務は達成し、今後の諸計画は間もなく発表する予定です」とあらかじめ用意した声明書を読み上げた。友人たちには「最後はラスベガスのどこかのホテルでフロント係になるのではないかと心配している」と冗談を言った。

オーブリーの4年にわたる困難に満ちた在任期間に刻みつけられたのは、3500人の解雇であり、支出の大幅な削減であり、数々のプロジェクトの中止であり、いくつもの打ち砕かれた自尊心だった。この人物は「ハリウッドでもっとも憎まれている男」として不動の地位を築いた。

何年も大幅な赤字に苦しんでいたMGMを黒字に転換したが、『夜明けの舗道』『恐怖のハネムーン』『ロリ・マドンナ戦争』といった低俗で記憶に残らない数々の映画によって興行成績に負の遺産をもたらした。ひとつの例外は『ウエストワールド』で、2年以上にわたって全世界で700万ドル以上を稼ぎ出し、何十年か後にはテレビドラマ・シリーズ化もされた。

そしてオーブリーは、1973年初旬、ピーター・ベンチリーの人気小説に基づく映画の企画を却下していた。「莫大な費用がかかり、ストーリーの魅力が乏しい」当時オーブリーはそう言っていた。さらに軽蔑的な疑問も呈した。

「そのような芸当の全部をこなすサメを、いったいどうやってつかまえるんだ？」

こうして大物は逃げていった。**その後、怪物的な興行成績を収めた『ジョーズ』は、カークのMGMをすり抜けて、ユニバーサル・スタジオに富をもたらすことになった。**

特別配当金による借金返済

ラスベガスのMGMグランドが完成に近づいたころ、カルバーシティではMGMの過去の栄光をしのばせる品物の「略奪」がつづいていた。ベニンジャーが差し向けた偵察チームが、売却したり新しいホテルに展示するものを求めて、スタジオに残っている芸術品を探しまわった。同社の元重役であるピーター・バートは、これを「ベニンジャーの襲撃」と呼んだ。

同チームが見つけたのは、台本原本、アニメのセル画、昔の宣伝ポスター、衣装のスケッチやセットの設計図、歴史的に重要な写真などだ。ホテルのギフトショップに並べる記念品か、ベニンジャーが表現したように「旅行者向けのつまらないもの」もあった。最終的にMGMグランドのギフトショップ行きとなったこれらの「つまらないもの」のひとつに、伝説的映画監督ウィリアム・ワイラーが自身で注意書きを入れた、アカデミー賞受賞映画『ミニヴァー夫人』の撮影用台本も含まれていた。値の付けられないほど貴重な歴史の記録に付けられた値札に記された金額は、12ドルだった。

MGMグランド・ホテルのオープン予定日の数日前、カークの側近グループの計画どおり、取締役会は特別配当に合意した。11月下旬のことだった。ジェームズ・T・オーブリー社長の辞任を受け、MGM弁護士のフランク・E・ローゼンフェルトが投票の議長をつとめ、その後記者会見に臨んだ。

ローゼンフェルトによると、特別配当は「不要となった」資産を売却したことで可能となり、今やMGMは「よみがえり、引き締まった経営体質となって利益が出せるようになった」。また経費削減と組織の再編成によってMGMのライオンの吠え声が弱まったのではないかという指摘も払いのけた。「レオ・ザ・ライオンの吠え声が猫のような弱々しい鳴き声になることはない」ときっぱり言った。

報道は巨額の配当金について主に焦点があてられた。『ウォールストリート・ジャーナル』紙は「カークへの少し早めのクリスマスプレゼント」と報じた。『ロサンゼルス・タイムズ』紙は1株1ドル75セントは「桁はずれ」とした。

特別配当発表から10日も経たないうちに、株主による最初の訴状がデラウェア州の裁判所に提出された。12月の終わりには5件の訴訟が係争中となり、それぞれ何らかの主張が突きつけられた。たとえばハーフ対カークの訴訟（1975年、フィリップとステファニー・ハーフによって起こされた）では、特別配当は「先のことを考えずに宣言され」、カークが「財政上の利益を得ることを目的としている」と主張された。詐欺や不正行為を疑うものではなく、単に無用でリスクを伴う行為だとの申し立てだ。

衡平《エクイティ》法裁判所による初期の判決はカーク側を支持し、一部原告を棄却したうえで、株主へ損害をもたらす可能性についての申し立ては論争の余地があるとした。クリステンセンの予想どおり、この判決によって法律上のつまらない諍《いさか》いが何年もつづくことになった。

MGMから完璧なタイミングで配当金を得たカークはドイツの銀行に借金を返済し、またしても崖っぷちから無傷で逃れることができた。今や新たに活力を得て気分は高揚し、ギャンブラーは自身の最大の賭けに臨むべくラスベガスに戻りつつあった。

第11章

特別なリスク要因

1973年12月5日、ネバダ州ラスベガス

光り輝くMGMグランド・ホテルが開業初日を迎えた夜、列をなして連なるリムジンやビンテージカーに乗ってセレブやVIPたちがメインエントランスに姿を見せると、8車線の車寄せでカメラのフラッシュやパパラッチの出迎えを受けた。光が燃え立つかのようだ。ストリップにもここより明るい場所はない。2か月にわたるアラブ諸国からの石油輸入禁止によってラスベガスのほかの場所はほの暗くなっていたが、この特別な夜、MGMグランドは最大ワット数まで出力できるようにネバダ州の正式な適用免除を受けていたのだ。

スターたちのパワーもあった。ケーリー・グラントは今回も友人カークをサポートするために控えていたし、1200席のセレブリティー・ルームでその晩のオープニング・アクトを務めるディーン・マーティンの紹介も行った。歌える俳優マーティンはおなじみの酔いどれ演技を繰り出して、オーデコロンとアフターシェーブ・ローションのメーカー、フェイバージ社の顧問であるグラントを多少茶化し、「酒ローションならロックで」と気の利いたセリフを吐いた。

「ハリウッドの黄金時代を後世に伝える壮観」

往年のタフガイ俳優ジョージ・ラフトは、1946年12月27日のバグジー・シーゲルのフラミンゴ・ホテルのグランドオープンにも出席したが、この日は凶悪というよりむしろ小粋にキメていた。そして美女たちがいた。映画『あなただけ今晩は』のシャーリー・マクレーン、映画『恋愛準決勝戦』のジェーン・パウエル、テレビドラマ『かわいい魔女ジニー』のバーバラ・イーデン。だが、その晩の真のスターはMGMグランドそのものだった。巨大。華美。壮麗。MGMの名高い歴史で「もっとも壮観な偉業」であり、「ハリウッドの黄金時代を後世に伝える」ものであると『シカゴ・トリビューン』紙は称賛した。

MGMグランドはMGMの一流映画の舞台となったヨーロッパの数々の立派なホテルを思い起こさせた。**4600平方メートルほどのカジノはアメリカンフットボールのスタジアムより幅があり、世界一のカジノフロアとなった。**賭け金の最低額が50ドルの会員および大金を張るギャンブラー専用の豪華なカジノもペントハウス内にあった。

1階は300席を備える映画館で、古い映画を上映していた。2ドル50セント出せば、名作に加えてニュース映画とアニメーションを青の皮製のペアシートに座って快適に鑑賞できた。約900人収容のジーグフェルドルームは、バスビー・バークレイ監督の名作を再上映できる十分な大きさを備えていた。美食家向けのレストランの名前も、それぞれ映画のテーマと関連していた。「ジジズ」（『恋の手ほどき』から）では1958年公開のロマンチックなミュージカルの各シーンにちなんだフランス料理が出され、米国の俳優一家の名にちなんだ「バリモアズ」ではエセル、ジョン、ライオネルの肖像画の下でステーキやロブスターを食すことができた。

下の階に並んだショップには、目を見張る宝石類に指輪などの小さな装身具のほか、MGMスタジオ内の思い出の品が陳列された。映画『ベン・ハー』の中でチャールトン・ヘストンが履いていたサンダルが1000ドル未満で売られていた。ジャック・ベニーの最初のバイオリン（戦中期の代表的なコメディアン、ジャック・ベニーは、ヤッシャ・ハイフェッツやアイザック・スターンなどの名演奏家と

からんだバイオリン芸が十八番だった）は夜のカジノで注目を浴びた。2万ドルで売りに出されたのだ。

約4万4500平方メートルの屋上から下の26フロアすべてに品格と優雅さが漂い、豪華すぎると時に感じられるほどだった。**クリスタルガラスのシャンデリアが600点、フラシ天のカーペット、ぴかぴかに磨かれたマホガニー、計2100室の客室とスイートルームのすべてのドアにつけられた真鍮の星、館内のあちこちに置かれた大理石……**。

当然ながら予算枠を超えていた。そして、すべての意見が好意的というわけではなかった。

芸能記者のジョイス・ヘイバーは、まるでMGMグランド・ホテルというアイデアそのものを嫌悪しているかのようだった。彼女は先日MGM社長の座を追われたジム・オーブリーの友人で、彼を慕っていたのだ。オーブリーの「辞任」以来、多くの言葉を費やしてこの映画会社の崩壊が差し

迫っていると予言してきた。カークを瀕死の映画会社の骨をつつくハゲタカと決めつけ、このグランドオープンの晩には、ありとあらゆることにケチをつけた。

ヘイバーはディーン・マーティンのオープニング・アクトも気に入らず、ミンクの毛皮やビンテージカーで到着したハリウッドスターたちのVIPリストも大したものとも思わなかった。「過去の有名なスターたちはどこ？　廊下は暑く、部屋は寒い。壁材の白い粉じんがあちこちに見える。あら、シド・チャリシーとレナ・ホーンの等身大の写真がロビーに飾られている。名前のつづりが間違ってるけれど」

そしてヘイバーはカークが同ホテルを開業前から売却しようとしているという噂を繰り返し、費用が予算を5000万ドル以上超過していると大袈裟に言い立てた。カークに対して悪意のこもったお世辞も述べた。「彼がMGMを破壊したのかもしれない」と『ロサンゼルス・タイムズ』紙に寄稿したのだ。「だが、ホテル建設についてはとことんやり抜くすべを心得ている」と。ヘイバー女史いわく、グランド・ホテルがMGM映画のセットの中でももっとも豪勢に見えるし、映画『巨星ジーグフェルド』にぴったりだとのことだ。

カークはそういう芸能記者たちをほとんど気に留めなかったが、苦しい時期だった。輸入禁止による石油不足からガソリン価格が高騰し、ガソリンスタンドは閉鎖され、旅行に出る人は減った。全国的な不景気が迫っていたのだ。カークには耳当たりのよい言葉が必要だった。

MGMグランドの成功には、4年前のインターナショナル・ホテルのときよりもずっと多くの額をかけることになった。ダイスひと振り一点掛け。これはレジャー産業の未来におけるカークの基本的考えを試すものになるだろう。多角経営化を進めたMGMが成功し、MGMグランド・ホテルが映画会社の収益性を実際に高めることができるか、大きな賭けに決着を付けることになる。

これは特別な賭けだ。カークはこれまでなかった額のチップを賭けることになる。

大成功。2億ドル。そして次のギャンブルへ

そんな不安は長くつづかなかった。1969年のインターナショナル・ホテルの時のように、MGMグランドのショーとカジノとホテル施設の収益は空前のペースで急増した。高収益は1974年の1年間持続し、MGMにとっては記念すべき輝かしい年となった。

7歳のカークがロサンゼルスで英語を学んでいた年であり、サミュエル・ゴールドウィンとルイス・B・メイヤーの会社が合併して新たに映画会社が誕生し、「スラッツ」と名付けられた初代ライオン（有名なレオ・ザ・ライオンは7代目、1958年に登場）が訓練を受けて同社を象徴するようになった年でもある1924年以来、50年間一度も、MGMはこれほどすばらしい収益を上げたことがなかった。

その年度はホテル開業後9か月で締めることになったにもかかわらず、MGMの発表によると、**純利益は2680万ドルで前年のほぼ3倍になり、同社が1946年に打ち立てた1800万ド**

ルの記録を破った。ホテルとカジノが9か月で2200万ドルを稼ぎ出し、映画部門が年度全体で積み上げた1100万ドルのちょうど2倍の額となった。

『ロサンゼルス・タイムズ』紙ではビジネス欄の見出しに約1・5センチの大きな文字サイズで評決を下した。

「グランド・ホテルへの賭け、功を奏する――MGM、過去最高の年に」

それは数々のショーから始まった。マック・デイヴィス、エンゲルベルト・フンパーディンク、リッチ・リトル、ジョニー・マティス、ドナ・サマーなどのスターたちによって、毎晩セレブリティー・ルームは満席になった。そして『ハレルヤ・ハリウッド』というジーグフェルドルームで4月からはじまった300万ドルの豪華絢爛なミュージカル・ショーは、900席の会場に毎回平均1000人以上の客を集め、常に「立見席のみ」という奇跡を生み出した。

当時の新進気鋭のコンビ、ジークフリート&ロイは、トラなども登場するマジックショー『ハレルヤ・ハリウッド』で一躍名を上げた。ある晩のショーの後にカークはこの青年ふたりを訪ね、彼らは「魔法の3文字」を背負っていると告げた。

「M―G―Mだ。これを磨きつづけてほしい」

特に賞讃されたのは、めざましい客室利用率だった。**2100室を有する「世界最大のリゾートホテル」は、9か月間ずっと90パーセント以上を維持した。**

ホテルのせいで影が薄くなっていたが、MGMの映画部門も例年に比べてかなり好調だった。過去の栄光のおかげである。5月にはMGMミュージカルの数々の傑作からハイライト・シーンを集めた映画『ザッツ・エンタテインメント』が封切られるとたちまち大好評を博し、ノスタルジアは今も商品価値を備えていることを証明した。同作品の興行収益だけで、映画部門全体の前年の税引き前利益が2倍になったのだ。

過去の出来事に公平を期して言えば、1946年のインフレ調整後の収益が4600万ドルで1974年の時点においても歴代最高記録の座を維持していた。とはいえ、カークは波に乗っていた。ブラックジャックで言えばダブルダウン、またしても大勝負に出た。**MGMへの個人投資を50・1パーセントにまで増大させたのだ。**

さらには、ついに航空会社の所有権を手放す決断をし、ウェスタン航空株における17パーセントの支配的持ち分を同社に売り戻した。この大量売却は現金、債務証書あわせて3030万ドルに上ると思われた。カークが説明するには「自分はMGMにかなり投資してきた」ので、そちらにさらに時間を注ぎたいとのことだった。そして彼がウェスタン航空に売り戻すことで、同社は新しい支配的株主との対決という混乱を回避することが可能になった。金になる入札戦争を引き起こすのではなく、ウェスタン社経営陣と株主の大多数にすればヒーローのような存在として同社を去ったのだ。同社への7年にわたる投資によって、株式分割と配当金から、さらには航空機産業全体における経済状況が改善したことですでに利益を得ていたのだ。

ウェスタン社の投資収益でバンク・オブ・アメリカからの借入金——何よりもMGMでの彼の実

権に影響をおよぼしていた融資枠だ――の残りをすぐに支払った。この結果、自身のMGM株は借り入れ金を得るための担保から解除された。

カークの総資産はふたたび増加しはじめ、2億ドルに近づいていた。

もちろん彼は、次のギャンブルを念頭に置いていた。

「絶対にいやだ。体裁が悪い」

「湖の華々しい老婦人」は、いちかばちかの大ばくちとなった。1923年に建てられたこの由緒あるホテルとカジノは、かつては立派なものだった。原初の美しさをたたえるタホ湖北岸に建つこのカルニヴァ・ロッジは閉鎖され、立入禁止となり、裁判所が指定した管財人に管理されていたが、**カークが200万ドルの資金を出して、失われた美しさを蘇らせる計画案を示したのだ。**

このリゾートは禁酒法と違法賭博の時代に戻ったような佇まいだったが、所有者たちが繰り返した失敗の歴史が背景にあった。州境界線をまたいで建てられたこのロッジは、カリフォルニア側にはコーヒーショップ、ネバダ側には合法賭博のカジノがあった。かつてはネバダ州最大のカジノを有していたが、それはがラスベガスにやってくるずっと前のことだった。

ジュディ・ガーランドが1930年代にこのカルニヴァでガム・シスターズの一員としてボードビル（歌や踊りやパントマイムを交えたショー）公演を行った。このロッジは1937年の火災で焼失し、その後、急いで再建された。フランク・シナトラが１９６０年代初期に所有していたが、彼がシカゴのマフィアのボスであるサム・ジアンカーナと交友関係があったことで、州の賭博認可を失った。

１９７０年代半ばにカークはカルニヴァを購入するが、例によって将来に向けて計画を立てることになる。10年前にフラミンゴを購入したときの手法をそっくり再現しようとしたのだ。

新たな巨大ホテル・プロジェクト向けに管理者やスタッフの訓練所を必要としていたが、カルニヴァはネバダ州の第２の都市で「世界最大の小都市」と自ら喧伝するリノから64キロほどのところに位置していた。カークが１億１５００万ドルの融資パッケージを取りつければ、未来のＭＧＭグランド・リノはただちに新しいインターステート・ハイウェイ近くのかつての砂利採取場で建設が開始される予定だった。

カークが銀行家といくつもの新たな交渉を重ね資金獲得作戦に向けて動き出す覚悟を固めたことで、タホ湖の湖畔沿いでの修復作業が始まった。「この数年、これから起こるだろうと言ったことが言ったとおりに起こった」として、自分は約束を果たしたことをウォール街に印象づけた。

カークのアドバイザー・チームのなかには、彼が打ち解けず引きこもりがちであると思われていることで、ＭＧＭに対する投資家の信頼が揺らぐと考えた者もいた。ＭＧＭ社長ローゼンフェルトが主張するように、投資家たちはカークの考えを聞きたかったたし「生の姿を見る」のを望んだ。カークはそんなふうに受け止められるのをひどく嫌い、引きこもることはないし、それは浅はかな考えだといらだったものの、やはり自己アピールは得意でなく、どんなものにも委縮した。**自分のホテルのメリットになるにもかかわらず、宣伝イベント嫌いはその後も相変わらずで、何だかんだ理由をつけて逃れようとした。**1977年4月1日のカルニヴァ・ロッジの正式新装オープンには兄ニッシュを行かせた。カジノの再建と速やかな完全操業が実現し、ニッシュはクラップステーブルにかけられたテープカット用リボンに嬉々としてはさみを入れた。『リノ・イブニング・ガゼット』紙によると、カークは「急用」でロンドンにいるとのことだった。詳細は記されていなかったが、堅苦しい格好をして銀行家たちに会うという2番目に嫌いな業務にあたっていたのだ。その月の終わりには、ディーン・マーティンの公演とケーリー・グラントによる紹介が予定される正式なグランドオープンに出席するために、タホ湖のリゾートに飛んだ。

その年の夏までに、MGMグランド・リノは設計段階から建設段階に移行した。7月、カークとケーリー・グラントは起工式「ヘルメットパーティー」のために一緒に戻ってきた。**1000室を有するこのホテルは、ラスベガスのグランド・ホテルの半分の大きさだが、リノで最大のホテルとカジノになる。**

1973年のMGMの特別配当は525万ドルで、これによってカークはドイツの銀行に対する債務不履行に陥らずに済み、自分の王国を守ることができたが、法的な論争は1977年までつづいた。時々和解協議が行われたが、ひとつの問題に突き当たった。カークは長引く訴訟を終わらせるのにいくら支払うのか？　原告株主側の弁護士たちがカークに提案したのは、MGMの副会長、取締役、そして執行委員として同社から受け取っている報酬の一部を払い戻すことだった。

これには大きな問題がひとつあった。カークはこうした報酬をずっと受け取らずにいたのだ。**大株主として自分の投資からのみ利益を得るべきであり、自身の投資の管理を手助けして報酬を受けるのは不適切であるし、ほかの株主に対して不公平になると考えていたのだ。**自分のホテルにおける無料の宿泊や食事も受け入れなかった。トラシンダ社の経理部門から個人資金として自己負担すると常に譲ることはなかった。

だが、受け取ってすらいない報酬を差し出すようにという提案は、カークのアドバイザーのひとりにある妙案をもたらした。テリー・クリステンセンがカークを脇へ連れ出して提案したのは、MGMの取締役会に1回限りの報酬と継続的な報酬の両方を認めさせ、同社に法的に支払いが義務づけられているにもかかわらず、実際には支払われていない基金の支払いを受けることだった。「ですが、放棄することも可能です」弁護士である彼はそう言いながら、われながら抜け目のない見事な策略を思いついたと考えていた。しかし、カークは言った。

「絶対にいやだ。受け取りたくない」

「ですが、お手元には何も入りませんよ。取締役会で認められているのに、払われていない」

クリステンセンは説明した。

「いやだ。体裁が悪い」

カークは頑として譲らなかった。

「でも、ＭＧＭのためです」。クリステンセンは言い張った。何か和解の餌となるものを用意することで、結果が不確実で費用もかかる法廷闘争という超現実的なリスクは断てるはずだ。株主たちの利益になると主張することで、ようやく進展を見た。カークがしぶしぶ策略に同意した。「なんでもいいから片付けてくれ」と求めたのだ。

何か月ののちに原告株主側の弁護士団はカークが自身の報酬を返上することを正式に要求し、和解協定が成立した。１９７７年12月、カークが合意したのは、取締役会が承認した１９７４年に遡っての適用となる毎年12万５０００ドルの昇給の辞退、毎年5万ドルの報酬の断念、さらにストック・オプションを１９８１年まで見合わせることだった。クリステンセンの策略通り、「ＭＧＭの取締役会に1回限りの報酬と継続的な報酬の両方を認めさせ、同社に法的に支払いが義務づけられているものの、実際には支払われない基金の支払い」を受けたあと、カークがそれらを返上することになったのだ。

文書には、カークが過去と将来にわたる報酬のうちおよそ１５０万ドルを放棄したと記載された。これは単なる幻影にすぎなかった。カークはまだ嫌がっていたが、この計略によってＭＧＭは同社へのあらゆる罰から解放された。カークはＭＧＭのためになることをしたのだ。

第12章

パンチの応酬

1980年11月21日、ニューヨーク

札付きのガンマンのように、63歳のカーク・カーコリアンは今や危険人物として財界にその名を轟かせていた。成功を重ね、派手な投資を行うたびにほしい物を常に手にしているように思われ、評価も高まった。どこからともなく飛び出してきて人々の注目を集めることで、謎めいた雰囲気も感じさせた。

突然大手航空会社を手中に収めたかと思うと、硬直した首脳陣を手際よく刷新してしまう。手腕は伝説の実業家ハワード・ヒューズに勝り、ラスベガスの大物に成り上がった。さらにウォール街での対決では億万長者エドガー・M・ブロンフマンの一団をいとも簡単に片付け、MGMを買収した。そのあと映画の老舗MGMの名をモダンなカジノリゾート大手のシンボルに発展させた。

2億ドルを超える資産を持つ映画界の大物であるカークは、ふたつ目の映画会社に狙いを定めていた。今回の標的はMGMのライバルでマンハッタンに本社を持ち、『或る夜の出来事』や『スミス都へ行く』などの名作を手掛けたコロンビア・ピクチャーズだ。目を付けたちょうどそのとき、この映画会社は財政難や不祥事から立ち直ったころだった。非難を浴びて罷免された前社長デイビ

ッド・ビーグルマンが、一連の混乱の戦犯と目されていた。

ビーグルマンは『未知との遭遇』やウォーレン・ベイティ主演の『シャンプー』などの大ヒット作を世に送り出した。だが一方で、賭け事の損を穴埋めするために小切手を偽造したとして横領罪で起訴されていた。バウツァー社の弁護士が減刑を求めて奔走したおかげでビーグルマンは保護観察処分となり、禁固刑は免れた。コロンビアの役員たちはビーグルマンと一連の不祥事をメディアに知られることがないように、ビーグルマンを有給の停職処分としたのちに復職させ、最終的に解雇したのだ。『ウォールストリート・ジャーナル』紙がこの不祥事をすっぱ抜いた。

だが事態はハリウッドが騒然となる展開を見せる。MGMが、ビーグルマンを捨て札の山から拾い上げたのだ。

MGM社長のフランク・E・ローゼンフェルトは大ヒット作ほしさにビーグルマンを制作責任者に推薦した。グレグソン・バウツァーはカークに「社会的知名度の高いMGMがあんなうそつきの泥棒を雇うことなどあってはならない」と助言した。今ビーグルマンが刑務所に入らずに済んでいるのは、ひとえに自分の配下の弁護士たちの目覚ましい働きによるものだと。

カークは案の定譲歩し、ローゼンフェルトに言った。「そこまで強い思い入れがあるなら、ビーグルマンを迎えるのがいいと思う」。バウツァーは抗議の意思を示して憤然と出ていった。

このコロンビアで成功の立役者となっていたいわく付きの男は、チーム・カークの一員として数年間活動することになるが、最後には致命的な罪を犯し、カークの命によって解雇された。自らの地位に安住し、会社の利益を回復できなかったのだ。

１９８０年後半になると、カークのするどい視線はいまだ手中に収めていないコロンビアに注がれた。狙われたコロンビアは警戒心を抱くばかりで、恋愛など望んでいない。アメリカ司法省の反トラスト局は、映画会社同士の結婚に対して警告を発した。カークの心中を探ろうとハリウッドじゅうが躍起になった。

またジム・オーブリーのような人物を解雇して予算削減を試みるつもりか？　ギャンブルはどうなる？　新しい映画会社もホテルやカジノになるのか？　それにコロンビアが最近買収したピンボール製作会社はどうなんだ、あれもスロットマシーンのメーカーにされてしまうのか？

カークの投資家としてのすぐれた手腕は知られていたが、こうした懸念がコロンビア内の抵抗勢力を硬化させた。

経営陣の主張は「カークの手を借りずとも会社は成り立っており、パートナーなど必要ない。ましてやＭＧＭの株を約50パーセント持っている相手など論外だ」というものであったから、カークの買収戦を受けて立つことになった。カークが最初にコロンビアに投資してから2年の歳月が流れていたが、両者のあいだにあったうわべだけの慇懃《いんぎん》さなどは、完全に消し飛んでしまっていた。

晴れ渡った秋の日の朝、カークとコロンビアの役員たちはマンハッタンのミッドタウン地区にある一室にこもり、訴訟・中傷戦を繰り広げた。カークは法務チームを引き連れてコロンビア経営陣との最終決戦に臨んでいた。脅し文句と最後通牒を武器に戦う最終ラウンドで、後は司法の場に訴える以外に道はない。

　そのため、会議室のドアは閉められた。電話も取りつがない。誰も入れない。妨害は一切なしだ。側近や秘書たちは会議室の外で待機し、ただひとつの命令だけを守るよう言い渡された。

「立・入・禁・止」だ。

「緊急事態発生」

　西に目を移すと、ちょうど西海岸が日の出を迎えようとしていた。海岸が見えなくなるあたりの沖合で、フレッド・ベニンジャーがMGMグランドの取締役アルヴィン・ベネディクトとバーナード・ロスコフとともに釣りをはじめようとしていた。ここでも妨害される心配はない。3人の重役は珍しくラスベガスを離れ、ホテルや職責からも解放されて、電話もかかってこない遠洋で1日釣りをして過ごすことにした。

　MGMグランド・ホテルはいつもと変わらずゆったりとした金曜日の朝を迎えていた。手を煩わせるギャンブラーたちが前日の夜から何人かカジノに残っていた。ルームサービスの朝食を運ぶ最初のカートがエレベーターに向かう。チェックアウトのためにフロントに並ぶ列はまだそれほど長くない。空港へ向かう準備を整えたジャックとブランシェのケラー夫妻が、荷物を詰めた鞄をドア付近に置いた。これからインディアナポリスに帰るのだ。コーヒーショップで軽い朝食を取る時間は十分にある。

午前7時を少し過ぎたころ、副料理長のケニー・オーボーンは開店前のMGMグランド・デリで小火《ぼや》が出ているのに気づいた。すぐさまホテルの電話交換台に内線で知らせたが、戻ってくると火は大きくなっていた。

ニューヨークのカークのもとに緊急の知らせが入ったのは、東部標準時で午前10時半を過ぎた頃だ。第一報は走り書きのメモだった。知らせは続々と届き、電話の主は誰もがカークと話したいと必死に訴える。ただちにカークにつないでくれ。後から後から不吉な知らせが舞い込んでくる。

「緊急事態発生！　火事だ！　テレビにも出てる！　至急電話を！」

メモは山のように積み上げられた。ジャックとブランシェはすでに死亡し、さらに数十人が息絶えようとしていた。

会議室のドアは閉ざされたままだ。カークはまだなにも知らない。喧々囂々《けんけんごうごう》の会議は邪魔が入ることなくつづいた。

「カークを排除するのが御社の基本方針なんですね」

あの11月の午前、カークはコロンビアとの争いで頭がいっぱいだったが、発端は2年前、1978年の夏にカークがニューヨークの株をひそかに買い漁っていたことにある。トラシンダ・

インベストメントが、コロンビア・ピクチャーズの株を買い占めようとしていたのだ。7月の出来高と株価の変動を注視していれば、ともに約4年半ぶりの高値を付けたことに気づいたかもしれない。

11月の感謝祭直前にカークは種明かしをし、市場の動きの裏には自分がいて、トラシンダ・インベストメントはすでにコロンビア株を50万株、率にしておよそ5・5パーセントを取得したことを認めた。同時に1月に公開買付を行い、さらに20パーセントを取得する意向を明らかにした。つまり4200万ドルをかけて、MGMの競合会社であるコロンビア株の25・5パーセントを手に入れようというのだ。

カークはすばやく動き、コロンビアの者たちをすべて安心させようともした。自分は投資家であり、会社を乗っ取るつもりはない。だが役員会が求めていたのは、もっと形のあるものだ。ただの握手などではない。一見穏やかな交渉においてカークは要求をのみ「少なくとも今後3年間はコロンビア株を25・5パーセント以上買収しない」という誓約書を書いた。さらにMGMの取締役兼副会長を辞職することでも合意した。これですべてが丸く収まったかに見えた。司法省の件を除いては。

MGMとコロンビアの提携には反トラスト法違反の疑いがかけられていたが、これを突き崩す根拠として、MGMが映画にあまり力を入れていないことが挙げられた。カークの弁護士はMGMは第一に「ホテル会社」であるとし、映画は年に4～6本しか制作しておらず、「映画会社としての競争力は弱い」と陳述書で主張した。きびしい経費節減の結果、MGMはもはや「業界で大手とは見なされていない」としたのだ。

「カークがコロンビア株を買い増すのを阻止してほしい」という裁判所への要請は却下された。だがカークはすでに25パーセントの株を買っていたので、反トラスト法を専門にする当局側の弁護士がふたたび現れて訴訟を起こし、株をただちに売却するように迫った。カークはかつて証券取引委員会とやり合ったことを思い出し、苛立った。あのときはほとんど選択肢はなかった。だが、今は時間も金も味方に付けている。カークは戦う決意を固めた。

1週間にわたってつづく裁判が夏のロサンゼルスで幕を開けたが、地方裁判所のA・アンドリュー・ホーク判事は、まだ国側の弁護士が開廷のあいさつもしていないにもかかわらず、初日からこの案件を投げ出しそうになった。それでも裁判はつづいた。カーク自身も90分間の証言を行った。ホーク判事はのちにカークをもっとも優れた証人であると語っている。

「落ち着いていて、穏やかな口調でしたし、立場をわきまえ、変な誇張もしませんでした」

コロンビアの取締役で役員会のメンバー、ハーバート・アレンは、東海岸の投資銀行家で、カークによる買収に反対していたが、その誠実な人柄について証言し、株の買収が純粋に投資目的だとするこの人物を信頼すると述べた。

反トラスト法違反で訴えた連邦検事からすれば、この裁判は失敗だった。株の保有率を25パーセントにとどめるという合意にまだ縛られているとはいえ、カークはコロンビアへの投資が賢明であると今まで以上に確信していた。それに手にした株の価値を上げる方法はいくつもあるので、株を買い増す必要もない。

カークはコロンビアの経営陣に圧力をかけ、手元資金で株を買い戻すようにうながした。この戦略によって株全体の価値が上がるだけでなく、発行済み株式数の合計を減らすことでカークの保有率が上がるというありがたい副作用もあった。

一方、保有する株を買い取ってくれそうな人物も見つかり、そのなかにはカークの友人のジェリー・ペレンチオもいた。ペレンチオはテレビのプロデューサーで、脚本家のノーマン・リアのビジネス・パートナーである。この友人が所属するタンデム・プロダクションズから、カークが保有する25パーセントの株を1億6300万ドルで買い取りたいと申し出があった。だが、コロンビアの役員会はこれを承認せず、秘密裏に会社が買収されるのではないかと不信感を抱いた。

1980年5月、カークとコロンビアの不和を報じる記事が『ロサンゼルス・タイムズ』紙の経済面に躍った。エンターテインメント関連株のアナリストたちを前にコロンビア社長のフランシス・T・ビンセント・ジュニアが自分を非難するような発言をしたことに立腹し、めったに人前に出ないことで知られるカークが、ついにメディアに訴えたのだ。弁護士を通じて中傷合戦を展開していたが、今度は公衆の目の前で争いが繰り広げられた。

ビンセントの主張はカークがメディアを利用して自らの利益を追い求め、コロンビアの経営陣はその利己的な行いに振りまわされているというものだった。カークが追い求めているのは自身の利益と野心であり、コロンビアや株主のことは頭にないと言うのだ。

カークの弁護団は、ビンセントは現状維持をしているだけだと反論した。『『経営陣を守り、カークを排除せよ』が御社の基本方針ですね」と。

こうしてパンチの応酬がつづいた。

カークは今まで以上に「コロンビアはMGMの提携先として申し分ない」と考えていた。合併すれば映画会社としてのMGMの名誉挽回の近道になるし、配給事業もすぐに復活させられる。株の保有率を25パーセントにとどめるという拘束が失効するにはまだ1年以上ある。だがカークとビンセントが不和になったことで、この合意が早々と反故にされるのではないかという深刻な脅威が新たに持ち上がった。

9月下旬、**ついにカークはコロンビアの経営権を握る意向を表明した。**例の合意がまだ失効していないことについては、「失効に十分に値する諸事情が発生しました」と述べた。明言されなかったこの「諸事情」こそ、カークの目にコロンビアの契約違反と映るものにほかならなかった。

「和平協定を破ったそばから侵略しようとしているようなものだ」

その夏、MGMはふたつの会社に分かれ、リゾート・カジノ事業はMGMグランド・ホテルズという名のもとに独立した。映画事業はメトロ・ゴールドウィン・メイヤー・フィルムの看板を掲げ、カークはそれぞれの会社の所有権47パーセントを保持した。この映画会社でコロンビアに買収を仕掛けるのだ。

ビンセントは『ウォールストリート・ジャーナル』に、カークの口ぶりは「和平協定を破ったそばから侵略しようとしているようなものだ」と述べている。電撃発表を奇襲になぞらえたのだ。「早朝から爆撃と機銃掃射を浴びせている」

カークが打って出た法廷闘争の第一弾は、契約違反の訴えだ。この訴状は黒い疑惑も告発し、インサイダー取引のほか、投資銀行家のハーバート・アレンとハリウッドの往年のプロデューサー、レイ・スタークによる「影の政府」がコロンビアを密かに操っているのではないかと疑問を呈した。確かにスタークの長年のコロンビアとの関係から、『ファニー・ガール』や『追憶』といった大ヒット作は生み出されている。

カークが訴訟を起こした2日後、今度はコロンビアがカークを訴えた。こちらの訴状も黒い疑惑を含んでいて、陰謀、敵対的買収の意図、コロンビアの「経営権を握ろうとする詐欺的な計画」などが告発された。

両者に明らかになったのは、連邦判事がそれぞれ相手側の株主総会の中止を命じようとしていることだった。両者とも訴訟を受けて声明文を発表し、怒りをあらわにした。

パンチ。カウンターパンチ。打たれたら打ち返せ。まるでふたりのボクサーがロープを背にしてたがいにボディブローを打ち合っているかのようだった。法廷での戦いとしてはあまり見せ場のないまま、あざばかりが増えていく。誠実だというカークの評判も大打撃を受けた。短気なレイ・スタークが「親愛なるカーク様」と題する手紙を発し、『ロサンゼルス・タイムズ』に掲載された。低めのブローだが、これは戦いの象徴となった。

「明らかにわたしがうぶでした。あなたに好感を抱き、あなたを信頼し、あなたと側近たちの助言を真に受けたのですから」

スタークは6ページにわたる抗議文で、カーク自身がなにより大切に守ってきた個人的な信頼としてのブランドを攻撃した。くだらない中傷ではなかった。

このような無礼な個人攻撃が行われた直後、1980年11月21日金曜日の朝、カークとコロンビア・ピクチャーズの首脳陣がマンハッタンにあるコロンビアの会議室に集まった。

昼近くに休憩を取り、激論を繰り広げた者たちはようやく会議室から出て、数々のメッセージを回収した。カークには小さな手書きのメモが片手いっぱいになるほど大量に届いていた。立ったままカークは数々のメモを読み取り、その口から漏れ出たバリトンのような低い声が悲痛に響いた。

「ああ、なんてことだ」

第13章

MGMの大惨事

1980年11月21日、ネバダ州ラスベガス

MGMグランド・ホテルのオリンズ・コーヒーハウスで給仕助手の夜勤をしていたジェイソン・ローディーは、妙なにおいに気づいた。何かが焼けるようなにおいで、電気系統というよりコーヒーポットの底が焦げついているように思える。控室を確認したが、不審なものはない。点検業務のために店内を巡回するのは、夜勤ではこれが2回目だった。異状なし。ほかに気づいた人はいないようだ。肩をすくめ、忘れることにした。

午前7時、ジェイソンは急いで店から飛び出した。学校に遅れたくない。だが従業員用の駐車場に向かう途中で、いくつかある控室のどこかにヘアブラシを忘れてきたことに気づいた。走って取りに戻る。ヘアブラシはあった。「何かが焼けるようなにおい」もまだする。もう一度原因を確かめる時間はなかった。学校へ行かなくちゃ。

まだ朝食で混み合う時間ではなかったが、ウエイトレスのヴェルマ・ターナーは自分たちが配膳に使う折りたたみ式のスタンドが足りないことに気づいた。隣のデリに何台かあるはずだが、デリは8時まで閉まっている。2店で共用している調理場を見てまわった。人気《ひとけ》がなく、明かりもつい

ていないデリで光を放つのは、壁に設置された縦1メートル、横1・2メートルほどのキーノ（ビンゴに似たカード賭博）用のモニターぐらいだ。午前7時5分で、まだ誰も賭け事はしていない。

だが、モニターの向こうにある何かがヴェルマの視線をとらえた。顔を向けると、背後の電機結線から青い火花が飛び散っている。やがて収まるかもとしばらく様子を見た。だが青い火花はまた飛び散り、今度は黒い煙がもくもくと上がった。

ヴェルマが急いで調理場に戻ると、副料理長のケニー・オーボーンがブロイラーでベーコンを焼いていた。オーボーンがすぐさまヴェルマが来た道をたどっていくと、その先の壁から赤みがかったオレンジ色の炎が吹き出していた。急いで電話を見つけ、ホテルの交換台に連絡する。

「デリで大規模な火災発生」

コーヒーショップ入口の外では、イリノイから休暇で来ていた消防士が3人席に案内されるのを待っていた。ウエイトレスについて席に向かっていると、すでに座っている別の客が声を掛けた。

「今何時かわかりますか？」

「7時15分です」とウエイトレスが答える。

「ちなみに午前の、ですね」その消防士のひとりデイブ・ベショアーは嫌味交じりに言った。彼は窓のないカジノでは昼夜がわからなくなることがよくあるとすでに心得ていた。

タイル修理士ティム・コナーが開店前のデリに正面の入口から入ろうとしていたが、反対側の調理場からちょうど副料理長が報告のために出ていった。ふたりは顔を合わせていない。コナーは火事を見なくても音で異変に気づいた。

「パチパチという音がしていて、たき火のように炎が燃え上がっていました」

それから炎を目にしたが、「ろうそくの火のようにチラチラ揺らめいて」いる。**奥まで進んで三日月形のフロアに出ると、調理台から天井まで届く「炎の壁」が立ちはだかっていた。**

コナーは誰もいないレジに走って戻り、内線用の受話器をつかんでホテルの防災センターに緊急事態を告げた。

「デリで火災発生！」

「消防署に通報するほどひどいんですか？」

「そうです！」コナーは声を荒らげた。「急いでください！」。

床から天井まで届くおそろしい「炎の高潮」

MGMグランド・ホテルは、ただの美しく巨大な建築物でもなければ、うまくいっているビジネス・モデルでもなければ、大胆な事業展開や財政面の大成功を讃える記念碑でもない。ライフル・ライト・カークが大惨事から生還をはたした戦いの場だった。ウィードパッチで育ったはにかみ屋の少年が世界屈指の商人と肩を並べるまでになったことを明確に知らしめる、堂々とした声明文にほかならなかった。ギャンブラーの最大の戦利品だ。このホテルはカークの子供だった。

朝のシフトに入っているディーラーやフロント係、コック、警備員、清掃作業員が日の出とともに出勤し、カークの子供は目を覚ましていつもと変わらない金曜日の朝を迎えつつあった。カジノには前の晩の客がまだ何人か残っていて、1台のクラップステーブルや、数台のブラックジャックのテーブルのほか、あちこちにあるスロットマシーンを占領していた。

大した動きはなかったが、ルイス・ミランティーはいつものようにカジノの「空の目」から監視していた。離れた上の階の職場で中継カメラを通してカジノの様子が確認できるのだ。ミランティーは専属のレフェリーであり、カジノでもめ事が起きていないか見守る警官の役割を担っていた。フロントにはまだ客の列はできていない。金曜日は誰もが遅くまで寝ているので、チェックアウトが遅れるのが常だ。こんな早朝の時間帯は、ダイスやスロットよりオリンズ・コーヒーハウスのほうが人気だ。夜も開いているこのコーヒーハウスはカジノのいちばん東側にある。全長約128メートルのカジノはかつて「世界最大のカジノ」の異名を誇ったが、さらに3メートル長いカークのリノMGMグランドにその名を譲った。

オリンズはレストラン街の端にあり、ほかにはステーキハウスのバリモア、イタリア料理のジジとカルーソ、そしてデリが店を連ねていた。レストラン街の反対側に当たるホテル中央部には16台のエレベーターが並んでいて、26階建ての2100室あるホテルの利用客を運んでいた。

ホテルは稼働率99パーセントで週末を迎えようとしていた。多くの階で十分な稼働率を誇り、カークの子供は本当にみんなの人気者だということを裏付けていた。ホテルは確かにカークの誇りだった。それだけではない。ベガスとリノのMGMホテルを合わせた前年の税引き前利益は、3390万ドルに上っていた。

ハービー・ギンズバーグは7時15分にコーヒーショップで仕事の打ち合わせを兼ねた朝食をとることになっていたが、少し遅れ気味で、MGMグランドの駐車場の立派なゲートをくぐったのが7時15分ちょうどだった。西玄関からはフットボールコートの長さと同じくらいの距離を歩かないと、カジノの反対側にあるオリンズの入口にたどり着かない。駐車券を受け取るまですごく長く感じる。今いるのは列の6台目だし、ボーイは忙殺されているようだ。ギンズバーグはキーを差したまま車を離れ、ガラスのドアへと急いだ。

早足で歩きながら思ったのは、無様に見えずにもっと速く進めないかということだ。そこで嫌でも気づいたが、周りの様子がどうもおかしい。天井の高いカジノにうっすらともやがかかっている。エアコンの調子が悪いのかもしれない。外の気温が3度でエアコンの調子がひどくおかしくなったということはなく、換気がうまくいっていないだけかもしれない。だがそんなことは誰も気にも留めていないようだ。ギンズバーグは歩きつづけた。

タイル修理士のティム・コナーはデリの火災に気づいて消防署に対応を要請してから消火用のホースを探しに行き、大きな文字で「緊急時にはこのガラスを割ってください」と書かれたキャビネットのなかにそれを見つけた。そこは同じく開店前のバリモアとデリの中間あたりだ。コナーはそのホースに向かって誰もいないデリの客席スペースを抜けようとしたところ、**突然バーンと煙と熱**

が吹き出し、ビニールでコーティングされた客席脇の床にたたきつけられた。なんとか立ち上がり、ホースを取りに行く。

炎は依然デリの店内で燃え上がっていた。近くのオリンズには影響はおよんでいないため、客はまだ気づいていない。そのときホテルの警備員が入ってきて、一斉に全員の注意を引いた。「デリで火災発生です」と言って店から避難するよう呼び掛けた。イリノイから休暇で来ていた例の消防士たちが力を貸すと手を挙げて、消火器を探そうとしたか、デリがあるあたりはあっというまに熱に包まれ、行く手を阻まれた。

早足で歩くギンズバーグがカジノの反対側に到着したのは7時20分だった。目の前にはレストランと正面玄関のエレベーター・ロビーにつづく段の低い階段が広がっている。だがギンズバーグは凍りついた。右手のデリの入口に炎が揺らめいているではないか。その向こうにコーヒーショップから走り出す人々が見える。これは一大事だ。すぐにわかった。炎と混乱から逃れカジノの中央に向かって駆け出し、安全に状況を判断できる場所に移動した。

カジノの上の事務室にいる「空の目」の監視員ルイス・ミランティーは、ひと休みして書類を書き始めた。1時間ごとに報告書を作成しなければならない。金曜の早朝の静けさのなか、集中力がそがれるような音を耳にした。いつもとは違う。騒音ではない。やかましいというものでもない。整備士が出す音でもなく、こんなところで聞こえるはずのない音だ。激しい炎がパチパチ音を立てているように思える。

ホテルの交換台で勤務するベティー・ギリハンは副料理長のケニーから火災の第一報を受け、クラーク郡消防署に通報した。第11分署は通りを挟んでホテルの向かいにある。「こちらMGM。デリで火災が発生しました」とギリハンは伝えたが、**声がとても静かで落ち着いていたので、彼女の同僚の交換手は地元メディアも取り上げないよくあるささいなことだと思った**という。

通りを渡ってまず救護に駆けつけたのは4人の消防隊員で、そのひとりバート・スウィーニーは身長が197センチもあり、消防署では「ゴジラ」と呼ばれていた。スウィーニーは通報から1、2分後に現場に着いたものの、どうしたものか判断がつかなかった。煙は出ていないし、ホテルから避難しようと走っている人もいないので、本当に突入すべきかわからない。とりあえずフラミンゴ・ロード沿いの入口に消防車を着けた。黒いビロードのワンピースを着た女性が、ドアの外で涙を拭きながらせき込んでいる。それでも大混乱の気配はない。非常警報も鳴っていない。

ガラスのドアから突入して10メートルほど進むと、レストラン街にもっとも近いカジノの東端に出た。スウィーニーの目に飛び込んできたのは、約2メートル、天井の高さまでうずたかく立ちのぼる煙だ。消防隊員たちが一瞬立ち止まってまずどう動くべきか考えていたそのとき、怪物のような何かが立ちはだかった。

真っ黒な煙と赤みがかったオレンジ色の炎が火の玉となってデリから現れたかと思うと、天井を飲み込みながらカジノめがけて突進してきたのだ。酸素と新たなエネルギーを得て膨れ上がり、見る見るうちに巨大化していく。天井の高いカジノに入ると炎は床から天井まで届くおそろしい高潮となり、黒い煙はゴジラにもほかの消防隊員にももはや止めることができない。消防隊は命からがら逃げ出した。

ベティー・ギリハンは、ホテルの下のほうの階にある交換台から、カジノから避難するよう呼び掛ける放送をすでに流していた。上の階にあるカジノから大勢が一斉に避難し、交換手たちの耳には「ゾウの大群が押し寄せるような音」に聞こえた。

ハービー・ギンズバーグもその大群のなかにいて、あのイリノイから来た消防隊員たちに襲い掛かった火の玉から逃げていた。煙も突然下に流れてきて視界を遮り、肺が焼かれた。ブラックジャック・テーブルの椅子はひっくり返ったまま放置されているようだが、はっきり確認できない。ギンズバーグは赤いビロードのカーペットを這って進み、やっとの思いで立ち上がると、ひたすら走りつづけた。

この火の玉がインディアナから来ていたケラー夫妻を飲み込んだようだ。ふたりは朝食を取ろうとデリ近くのエレベーターのそばで待っていて、あとほんの数歩でコーヒーショップのテーブルに着くところだった。エレベーターは煙と有毒ガスの充満する小さなガス室と化し、その室内にさらに5人ほどの客を呼び込んだ。

ルイス・ミランティーはパチパチする音で異変に気づいたが、これは実は炎が壁を伝って天井に達する音で、まさにその上に彼がいる「空の目」があった。炎は瞬く間に燃え広がり、前方に煙が柱のようにもうもうと立ち上っている。ミランティーは逃げ出すが、煙が追ってきた。いつものあの裏口にたどり着ければなんとかなる。事務棟をすばやく駆け抜け、ガラスのドアを肩で突き破って重役たちの執務室に入り（運がいい重役たちはカリフォルニアの沖合で釣りを楽しんでいた）、豪華な洗面所からタオルをつかんでマスク代わりにすると、煙でだんだん暗くなっていく廊下の迷路に飛び込んだ。そこで倒れ込んでしまうが、顔の見えない警備員のひとりに保護され、建物の外に引きずり出してもらえた。

ギンズバーグは火の玉に飲まれる寸前になんとかカジノから脱出し、隣接する駐車場のゲートにたどり着いた。車はそのときは駐車係を待つ列の先頭にあり、キーは差したままだった。ギンズバーグが車を出したその瞬間、駐車係の詰め所の屋根にボンと火がついた。

美しいラスベガスの朝は7時半を迎えようとしていた。荒れ狂う怪物がカークの子供を飲み込んでしまった。数十人の客がすでに息絶え、死者はさらに増えている。すべての救急車と救急医療隊員がいつでも出動できるよう待機していた。不吉な黒い雲が突然MGMグランド・ホテルの上空を覆い、長らくつづいたカークの幸運に暗雲が立ち込めた。

すべて黒焦げになって溶け落ち、手が付けられない。

自宅にいたマイク・アガシは、遠くで黒い煙がもうもうと上がっているのに気づいた。辺りには焦げ臭いにおいが漂っている。カークの友人であり、かつてテニスも教えていたアガシは、この時ホテル内の劇場の責任者、言ってみれば執事長を務めていた。受け持ちはジークフェルド・ルームだ。急いでテレビをつけた。

現場から伝えられる第一報のニュースを見て、嫌な予感が的中した。MGMグランドだ。中継映像を観ると、煙が立ちこめるなか、ホテルの利用客が出窓やバルコニーから必死に手を振り、割れた窓の向こうで苦しそうにあえいでいる。通りの様子が延々映し出され、5台のはしご消防車が下のほうの階で感動的な救出劇を繰り広げている。ヘリコプターが上空を旋回し、屋上は有毒な煙から逃れてきた人たちであふれかえっている。

ホテルの内部はテレビカメラに映っていなかったが、救急隊員が煙の充満する階段を上り、すでに息絶えた人たちが倒れているなかを這うようにして進み、まだ脈のある人、救えるかもしれない人たちはいないか探しまわっていた。上のほうのエレベーターホールでは、煙と有毒ガスで犠牲になった5組の夫婦か恋人同士が遺体で見つかった。夫婦か恋人同士だろうと消防が判断したのは10人ともたがいの腕のなかで亡くなっていたからだ。死亡した客と従業員85名のうち、数名を除くほとんどが煙と有毒ガスの犠牲になった。中には就寝中に死亡した人もいた。

約800度の炎はほんの1分ほどでカジノやホテルの下の階にまわり、そのあいだにすべてが壊滅した。火はすぐに消え、消火するまでもなく自然に収まったが、重大な被害は下の階に集中していた。火と煙が収まると、正式な現場検証と遺体の収容が開始された。最初の通報から2時間と経っていなかった。だが**恐怖が凝縮されたこの短時間で85人が死亡し、米国史上2番目に死者数の多**

いホテル火災となった。さらに700人が負傷した。カジノは瓦礫の山と化した。MGMの名には常に痛ましい惨事のイメージが付きまとうことになった。

どれほどひどい火事だったのか、マイク・アガシは直接自分の目で確かめずにはいられなかった。午前9時半頃ホテルに向けて出発した。MGMグランドで花形とも言える役職を何年も務めてきたので、小さな町ラスベガスでは完全に顔を知られている。警官や消防隊員にも友だちがいるし、カークと個人的に親しいことも広く知られていた。手招きされて警官たちのあいだをすり抜け、立ち入り禁止のロープをくぐってカジノに入ると、まさにそこは最初に出動したゴジラたちが火の玉に足止めされた場所だった。

すべて黒焦げになって溶け落ち、手が付けられない。華やかなカジノのないMGMグランドは心臓をもぎ取られたようだ。スロットマシンは原形をとどめていたが、一列に並んだマシンは激しい熱でプラスチックと金属の塊と化し、不気味な残骸になりはてていた。至るところに煙と廃棄物と死が浸み込み異臭を放っている。

マイクは劇場をあてどなく歩きまわった。最悪の被害は免れたが、燃えなかったところにも煙や放水による被害がおよんでいる。遺体を運び出したり火事の原因を究明する作業が行われていた。

昼過ぎに瓦礫と化したカジノに戻ると、少人数の集団がフラミンゴ・ロード側の入口から入ってきた。制服を着た消防士たち、ガヤガヤと騒がしいカメラマンに加え、ビジネスマンらしき人たちもいる。そのなかのひとりは鼻と口をハンカチで覆い、異様なにおいに必死に耐えている様子だった。顔が半分覆われていても、マイクにはそれがカーク・カーコリアンだとわかった。幹部たちが周りを囲んでいる。フレッド・ベニンジャーや財務責任者ジム・アルジアンの姿もあった。

その日の午前中にニューヨークでメッセージを受け取ったカークは、コロンビア・ピクチャーズの役員らとのミーティングを退席し、ニュージャージー州ハドソン川対岸のテターボロ空港に待機させていたプライベート・ジェットに乗り込み、一刻も早くラスベガスに飛ぶように搭乗員に命じた。その約4時間後に最後のひとりとなる犠牲者の遺体が自分のホテルから運び出されると、カークは入口にたたずみ、計り知れない損失と被害者の苦しみを受け止めた。

マイクはカークと重役たちに近づき、その場にふさわしい言葉を探したが、なんと言えばいいかわからなかった。ようやく簡潔だが温かい言葉をためらいがちに発した。

「このたびのこと、本当に残念です」

カークは悲しげな目をハンカチの後ろに浮かべた。明らかに取り乱していた。穏やかに答えようとするが、急ごしらえのマスクを充てているせいで声はさらにくぐもった。「ありがとう、マイク。あとで連絡する」。そう言ってこのホテルを作りあげた男は立ち去り、自身が手にした戦利品の残骸を暗澹《あんたん》たる思いで見てまわった。

それから約2週間後、自宅にいたマイクはドアをノックする音を耳にし、戸口に出た。ジム・アルジアンだった。ホテルの上級副社長で役員会のメンバーであり、カークのファイナンシャル・アドバイザーだ。マイクはアルジアンを「カークの金庫番」だと思っていた。最近マイクが受けた税金の還付を確認したいのだという。

「なんですって？」

アルジアンの話では、カークは、マイクがホテル閉鎖によって損害を受けることがないよう万全を期したいと思っているとのことだった。ホテルは数か月で必ず再開するが、そのあいだ劇場の責任者としての仕事がなくなるマイクに手取りの月給を支払いたいというのだ。それも個人的に。

「いえいえ、結構です。貯金もありますし、それにはおよびません」とマイクは断った。

アルジアンは髪の薄い、愛想の良い丸顔におおらかな笑みを浮かべていた。室内を見渡し、この家には3人の子供がきることを見て取った。アンドレ・カーク・アガシはまだ9歳だった。

「いや、もちろんそうさせていただきます。カークの意向ですから」

その月にアルジアンは封筒を持ってふたたびマイクの家を訪れ、**以降アガシ家には毎月きっちり9089ドルの現金が友人のカークから届くことになった。**

第14章 保険を食い物にする悪人

1981年初頭、ネバダ州ラスベガス

火災から数時間後、カークおよび経営陣は、MGMグランドの再建にすぐさま取り掛かることにした。「今までにないくらい大きく、よいものにしよう」とカークは断言した。

さらに、被害者と遺族からの損害賠償請求に関しては弁護士のテリー・クリステンセンに相談し、今後のむずかしい交渉をするに当たっての優先事項をこう力説した。

「被害者の方々はわたしたちのお客さまだったんだ。争うんじゃない。寄り添おう」

だが、こうした誓いや優先事項を掲げた結果、財政面で重大な問題が持ち上がった。ホテルが加入している保険の補償限度額は3000万ドルで、火災の規模を考えると到底足りない。MGMは新年早々、傷害に対する補償を求める訴訟を数十件起こされ、**請求額は実害のある損害賠償と懲罰的損害賠償を合わせて10億ドル近くに上った。**

賠償額は途方もない金額になる可能性もあり、カークはホテルの清掃と修復費用として5000万ドルを超える額を見込んでいたが、その計画のほぼすべてが狂ってしまった。1981年初頭にはアトランティック・シティで新たなカジノを起工するつもりでいたが、着工の見通しが

まったく立たなくなった。コロンビア・ピクチャーズの買収も完了させたいと思っていたが、対立によって費用がかさんでいたし、これ以上ない険悪な雰囲気にもなっていった。

コロンビアの役員会はまた嫌がらせの訴訟を起こし、MGMの株主として損害を受けたと主張した。ニューヨークに本社を置くコロンビアはMGMグランド・ホテルの株を10株しか持っていなかったが、訴訟はメディアで大きく取り上げられた。火災の一因はホテルが建設時に安全管理を怠り、基準を満たしていなかったことにあり、火災発生により所有していた10株の価値が下がったというのだ。

重大な問題が山積みになり、数々の大きな選択を迫られたカークは、数日間現場を離れ、プライベート・ジェットでメキシコシティに飛んだ。この頃、カークの私生活も転換点にさしかかり、不安定になっていた。ジーンとはすでに一緒には暮らしておらず、公の場に夫婦として顔を見せるだけだった。メキシコには友人のイヴェット・ミミューを同伴した。

女優であるイヴェットは当時映画監督の夫スタンリー・ドーネンと別居中で、ベッドフォードドライブのカークの家で暮らしていた。話し好きで自然を愛し、歴史や美術に強い関心を持っていた。イヴェットとカークの友情はこの後何年もつづく。

カークが旅行しているあいだに、フレッド・ベニンジャーと部下たちはMGMに対する損害賠償責任追及を食い止める策を考え出した。カークと多額の被保険利益を天秤にかけるという大きな賭けで、下手をすればカークがいたるところで「保険を食い物にする悪人」というレッテルを貼られてしまうことにもなる。

ベニンジャーが見つけたのは、「遡及保険」という保険商品だ。３８３０万ドルという非常に高額な保険料を支払う代わりに、保険会社が合同で１億２０００万ドル以上の賠償金を上乗せで補償してくれる。言うまでもなくめったに利用されることのない保険で、保険業界における基本的なルールのひとつを破っている。そのルールとは、「火事になっている建物に保険をかけるな」だ。

この保険が成り立つ前提には、損害や傷害に対する支払いは何年にもわたるむずかしい交渉の末に完了することがある。一方、支払期間が長引けば、高額な保険料には利息が付き、投資利益が生まれる。保険会社が考慮していなかったのは、顧客の信用や社会的責任が会社のためになると考えるような契約者だ。カークは、遡及保険に対する利率で割り出せるような冷徹な資本主義者では決してなかった。

カークの望みは、火災ができるだけ早く忘れ去られることだった。保険会社に交渉を急いで早期決着を図るように迫った。だが、どの会社も重い腰を上げず手続きを長引かせた。カークはこの案件を自ら引き取り、保険査定員のチームを独自に編成して彼らにクリステンセン弁護士に伝えた言葉を言い聞かせた。被害者はホテルのお客さまであり、敵として扱ってはならない。自分にとっての最優先事項に金をつぎ込み、自らのポケットマネーで金銭面の決着をつけたのだ。

保険会社は仰天した。**カークは６９００万ドルを払って、ＭＧＭグランドに対して起こされていた死亡や対人傷害の損害賠償請求をすべて解決してしまったのである。それも２年も経たないう**

ちに。だが保険会社に払い戻しを請求したところ、約１１００万ドルは支払われたものの、そこでストップがかかり、それ以上の支払いは拒否された。保険会社の主張はカーク側の解決方法は不当で、支払いが性急な上に高額過ぎるというものだった。

ＭＧＭグランドは、保険ブローカーとさまざまな割合でリスクを共有していた20以上の保険会社を相手取って訴えを起こした。すると今度は保険会社側がＭＧＭを訴え、数々の建設業者をやり玉に挙げた。保険史上最大かつもっとも複雑な裁判がこうして幕を開けた。

だが根っからのギャンブラーであるカークは、自分のオッズが気に入った。こちらにはラスベガスの一般市民が務める陪審員が付いている。裁判は複雑きわまりなかったが、争点は詰まるところひとつだ。保険会社側が何よりも不服とするのは、被害者とその家族に対するカークの寛大で迅速な対応だ。確かにカークは多額の金で早急に解決した。だが、一体この国のどこに、強欲な保険会社に味方し、カークの寛大さに非があるとする陪審員がいるだろう？

投資における「敗北」からもたらされた７５６０万ドルの利益

カークはホテル火災の賠償請求を早く決着させるよう保険査定員たちを急かす一方で、コロンビアとの交渉における膠着状態をどうにか打開して経営権を完全に買収しようとした。25パーセントの所有権を市場に捨て売りすれば、株価は下がったかもしれない。防衛策として売れば、コロンビアの経営陣にとっては脅威となったかもしれない。あの経営陣が、団結してこの買収を阻止しようとしていたのだ。

カークの読みは、コロンビアに株を売り戻すと申し出ることで、取引を最大限うまく進められ得るかもしれないということだった。そうすれば、株価が上がるだけでなく、役員会や経営陣の権限も強化される。カークと激しく争ってきたコロンビア側はすぐに同意した。

コロンビアの株を売却したことは、カークにとってそれまでの投資家人生における数少ない敗北となった。だが、財政面では必ずしも損にはならなかった。カークは1株当たり平均17ドル50セントで購入していたが、コロンビア・ピクチャーズは20ドル増しの37ドル50セントで買い戻したのだ。**コロンビアの買収失敗は、結果として正味7560万ドルの利益をもたらした**のである。

その金を手に、カークは新たな映画会社の買収に乗り出す。当時トランスアメリカの傘下にあったユナイテッド・アーティスツ（UA）だ。トランスアメリカと言えば、トランス・インターナショナル・エアラインズを買い取ってカークに巨万の富をもたらした金融サービス大手だ。UAはちょうどこの頃ある映画が芸術的にも商業的にも大失敗してメディアの酷評を受けた上に社内でも批判が上がり、窮地に陥っていた。

4400万ドルをつぎ込んだ西部劇巨編『天国の門』がMGMグランド・ホテルの火災が発生した週末に公開されたが、劇場には客が入らず、方々から激しい批判を浴びたのだ。監督のマイケル・チミノは演出過剰や自己満足といった批判の矢面に立たされた。興行収入がわずか350万ドルにとどまったことで、UAや「失敗作」の共犯者たちがアメリカじゅうのニュースで取り上げられた。『天国の門』の失敗があまりに悲惨だったので、ハリウッドそのものが崩壊するのではないかとすらささやかれた。

1981年の春には、トランスアメリカが降りると言い出した。容赦なく繰り返される広報活動の失敗や、映画業界そのものから足を洗いたいというのだ。カークが求めたのは配給網のほか、『ジェームズ・ボンド』や『ピンク・パンサー』や『ロッキー』ほかUAが手掛けているシリーズ物の映画だ。だが加えて強く望んだのが、『風と共に去りぬ』『ドクトル・ジバゴ』『ベン・ハー』『2001年宇宙の旅』など、UA配給のMGM作品の権利再取得だ。

UAとその古典映画のラインナップをMGMの系列に加える取引には、現金と無担保社債を合わせて3億3800万ドルかかると見られた。当局にかけられた反トラスト法違反の疑いが晴れるのを待つあいだ、カークとイヴェットはプライベート・ジェットでふたたび旅行に出掛けた。今度の行き先はハワイだ。ふたりは、スペイン人歌手チャロが「ガーデン・アイランド」と呼ばれるカウアイ島に借りている海辺の別荘で穏やかなひと時を迎えるのだ。

ここで、スコーシーがカークの人生に飛び込んできた。友人によると、スコーシーはおませで人を思いやる気持ちにあふれた子犬で、体に模様はなく、耳は大きく垂れて、感情豊かな目をしていた。毛色は黒で、血統は不明。だが、**スコーシーには飛び抜けた才能があった。カークを笑わせることができたのだ。**そしてこの子犬は自分が子供のころ飼っていたペットを思わせた。

スコーシーはチャロの別荘に毎日必要品を届けるリース業者の犬で、いつも一緒に連れられてきていた。カークはこの犬が来るたびにおやつをこっそりあげていた。1週間もすると、スコーシーは到着と同時にジープから飛び降りて、カークのそばに駆け寄ってくるようになった。

やがて島を離れてビジネスの問題に取り組まねばならない時が来ると、カークはリース業者との交渉を開始した。スコーシーをビバリーヒルズの自宅に連れて帰りたい。金額は明らかでないが、業者は対価を要求し、検疫を済ませたあと、旅費もカークに持ってもらって南カリフォルニアに飛び、スコーシーを直接送り届けたのだ。

スコーシーがかわいくて仕方がないカークは、ベッドフォードアベニューの自宅に戻って愛犬を迎える準備に取り掛かった。一緒に遊んだハワイのチャロの別荘の芝生を再現しようと、庭にあったプールを埋めて新たに芝生を敷いた。1か月後、スコーシーは邸に到着し、アメリカ屈指の大富豪の愛犬として新しい暮らしを迎えることになった。

誰も見たことのないカークのスピーチと「世界一安全なホテル」

その後の数週間で修繕を終えたMGMグランド・ホテルは、夏に予定されている営業再開日に向けて速やかに準備を進めた。最初のグランドオープンと同様、セレブリティ・ショールームにディーン・マーティンを迎え、司会はケーリー・グラントが務める。地元の記者たちはそろそろ営業を再開すると知っていたが、正式な事前発表はなかった。全米をカバーするメディアは招待されていなかったのだ。

ホテルの扉を多くの訪問客とギャンブラーたちに向けて8か月ぶりに開く前日の朝、カークは経営陣とともに全社会議に臨んだ。会場となった球技用の体育館は1000人近くの従業員を十分収容できる広さだ。従業員の多くはカークとエレベーターで乗り合わせても気づかなかったろう。

こんなエピソードがある。MGMグランドの若いフロント係が、電話でボーイフレンドとちょっと喧嘩をしていたためカークを待たせてしまった。丁重に謝って予約者名を訪ねると、返ってきた答えは「カーク・カーコリアン」だった。フロント係はおそれおののいたが、カークはほほ笑んで心配ないと伝えた。

「まあ、こういう日もあるさ」

全社会議などただでさえ珍しいのに、カークは会場じゅうの誰もがかつて見たこともないことをした。立ち上がってスピーチをしたのだ。

「ホテルを再開すると、わたしはみなさんに言いました。それも前より大きくてよいものにすると。そして今みなさんにご理解いただきたいのは、ここを運営するだけの十分なお金が銀行にあるということです。何も心配はいりません」

次の日、つまり1981年7月29日水曜日の夜、MGMグランド・ホテルは至るところに最先端の防火技術を備えた宿泊施設として営業再開した。だが、再開時にはファンファーレはなかった。

まばゆい照明も横断幕も赤いカーペットの上を歩く著名人の姿もなかった。ただひとつロビー・フロントに「グランド・イベントにようこそ」という掲示があるだけで、それ以外はどこを見渡してもグランドオープンを祝うものは何もなかった。

地元メディアの事前報道では、新装開店したＭＧＭグランドは「世界一安全なホテル」として紹介された。至るところに消火用スプリンクラーがあるだけでなく、26階すべてにコンピューター制御の煙・火災探知機を備えている。当時はラスベガスじゅうが火災防止に向けた改革のさなかにあり、きびしい新基準に合わせようと、さまざまな設備が取り入れられつつあったのだ。

その夜、公式の司会を務めたケーリー・グラントは来賓や記者に対し、今夜は26階に泊まることができて「幸せ」だと強調した。最上階でも身の危険はまったく感じない。ＭＧＭグランドの役員として、今回の火災がいつまでもホテルの名声に影を落とすことはないと思っている。

「ＭＧＭは超ビッグネームなんです。オーラが失われたなんて少しも思いません」とグラントはリノ・ガゼット・ジャーナルに語っている。

グラントが新聞に語った自信満々のコメントに、盟友カークが自社ブランドの未来に向けた最大限の熱い祈りが凝縮されていた。**カークはこのブランドに崇拝にも似た気持ちを持ちつづけており、MGMを「魔法の3文字」と呼んでいた。**控えめなグランドオープンから数か月後にＭＧＭグランドは業績を回復し、この熱い祈りに応えることができたように思えた。

「勝てるかな？」「勝ちますよ」

カークとジーンは1982年6月に正式に離婚を申請し、年末にはロサンゼルス上位裁判所で淡々と離婚手続きに入った。別居中のふたりが離婚調停の交渉をはじめる頃には、カークはアメリカでもっとも裕福な人物のひとりに挙げられていた。その富の概要が経済誌『フォーブス』が新しくはじめた特集「フォーブス・400リスト」に公開されたのだ。カークは400人中224位で、**個人の純資産は1982年秋時点の推定で1億3300万ドル**に上っていた。

第1回となるこのリストには、ほかにニューヨークの不動産開発業者でのちに第45代アメリカ合衆国大統領に就任するドナルド・トランプや、40歳そこそこの事業家テッド・ターナーの名もあった。ターナーはアトランタに本社を置くスーパーステーションWTBSや、ターナー・ブロードキャスティング・システムズを所有していた。世界初となる24時間放送のニュース専門チャンネルCNNも立ち上げている。

カークはすでにターナーに目を付けており、ターナーが所有するエンターテインメント専門のケーブルチャンネルにMGMやUAの映画作品を売り込めるのではないかと考えていた。1983年の初頭にカークはアトランタに飛び、21歳年下の威勢のいい起業家にまず会ってみることにした。

ターナーは映画会社と対等の提携関係を結ぶことに、少なくとも気持ちとしては乗り気だった。

熱弁を奮い、協力する利点を力説した。WTBSがMGMの新作を宣伝し、MGMは娯楽コンテンツを決められた分だけWTBSに提供する。ターナーは壮大な計画や構想を語り、よい面だけを強調した。ニュース専門チャンネルCNNの運営がきびしくなっているという事実に触れることはなかった。

カークは実際にターナーに会って、そのアイデアとエネルギッシュな人柄に感銘を受けたが、若く予測不可能な面に不安を覚えた。そしてターナーとビジネス上の関係を結ぶのはまだ早いと判断した。だが、この若者は気に入った。次にターナーに注目したのは、数年後にアトランタの新興ケーブル・テレビ局が大手テレビ局CBSに敵対的買収を仕掛けようとしているとのニュースを耳にしたときだ。これはまた威勢のいい話だ。

カークは1984年から1985年にかけて、ターナーがCBSに仕掛けた派手な戦いにふたたび注目していた。同時期にカークが闘っていた裁判はラスベガスでヤマ場を迎えようとしていた。グレグソン・バウツァーの強い薦めもあり、MGMグランドは保険金不払い事件を専門とし、陪審員の評決を何度も大差で勝ち取っていると噂される南カリフォルニアの腕利き弁護士ウィリアム・M・シャーノフを雇った。

カークは初日から早期決着を望んだ。法廷で宣誓宣言などしたくない。証言もいやだ。ストレスを抱えたり訴訟で時間を無駄にしたりするくらいなら、喜んで何百万ドルでもテーブルの上に積んでやる。腕利きのシャーノフを投入したのは、傷が小さいうちに決着をつけようとカークが保険会社に圧力をかけたかったからだ。

裁判そのものの費用が何百万ドル——弁護士への報酬を含めると少なくとも1日35万ドル——はかかると見込まれる上、8か月から10か月はつづくと見られた。訴訟が複雑になったのは、双方がたがいに訴訟を起こし、それが組み合わさった結果、当事者の人数が増え、49もの弁護団が結成されたからだ。ラスベガスにそれほどの数の弁護士や関係者を収容できる法廷はない。

連邦裁判所はすべての関係者に費用を負担させ、ネバダ大学ラスベガス校のキャンパスに一時的な裁判所を作ることにして、それが大学の新しいバスケットボール場の近くに完成した。費用は毎月関係者が分担で負担する。こうして陪審員の選定が目前に迫り、まだひとりの証人も証言していないうちから、キャンパスに出現した仮設裁判所の建設・運営費はすでに50万ドルに上った。

シャーノフの考えでは、断固支払いに応じない保険会社は不平不満を垂れるギャンブラーと変わらなかった。すべてにおいて「読みを誤っている」とこの弁護士は指摘した。裁判が始まる6週間ほど前からシャーノフはホテルの17階にあるスイートルームを占領し、そのなかに弁護団のための「作戦司令室」を設置した。そこで100万ページを超える書類の山に囲まれて、シャーノフとともに作業に当たったのが、有無を言わせない態度で知られるバウツァー社の若き弁護士パトリシア・グレーザーだった。

仮設裁判所に顔を出すことはなかったが、カークは弁護団を時にランチに誘った。「詳しいことを聞かれることはありませんでした。裁判の話になると、質問はいつも決まっていました。『勝てるのか？』」と。

費用がかかる裁判を阻止し、玉虫色の評決を避ける努力を水面下でつづけた結果、保険会社側からさまざまな和解案を引き出すことができたものの、どの会社も支払い額は2000万ドル前後から決して動かさなかった。カークの弁護団はわざわざボスに相談する必要はなかった。カークは和解金の額をすでに決めていたのだ。金額は経営陣のほか、目をかけていた元海兵隊員のテリー・クリステンセンをはじめとする腹心たちに事前に知らせていた。

カークは少なくとも5000万ドルを保険会社から追加で受け取りたいと思っていた。10セントでも安くては駄目だ。はったり《ブラフ》ではない。

特設の裁判所ではラスベガスのポール・ゴールドマン判事――法服の下に拳銃を忍ばせていた――が裁判長を務め、陪審員の選定が1985年3月上旬にはじまった。和解案で示される支払い額が徐々に上がっていった。ウィリアム・シャーノフはこの協議には参加せず、裁判の準備に専念していた。陪審員の評決では支払い額は1億ドルを優に超えるという自信がシャーノフにはあった。ここで注目を浴びれば、自分の仕事にプラスになる。

だが、保険会社側の弁護士は、カークが被害者らに支払った金額は「天文学的」であり、課税対象である懲罰的賠償が支払いに含まれることを隠すために金額が粉飾されたとの主張をつづけた。これは事実ではない。この保険会社側の抗弁は時が経つにつれて弱くなっていくように思われた。

同情すべき被災者のことを慮ろうとしているにもかかわらず、その支払いを渋り、手続きを遅らせようとする保険会社側は、一般市民が務める陪審員の前でたたかれるだろう。シャーノフは裁判の開始を今か今かと待ちながら、冒頭陳述に磨きをかけた。

裁判開始を目前にした週末、カークは弁護士のパトリシア・グレーザーに電話をかけた。「ちょっといいかな？」。実は電話をかけたのはこれが1時間で5回目だったが、弁護士たちに自分と話す余裕がないことは重々承知だった。この瞬間、ギャンブラーは有利な評決が出るオッズを最後にもう一度だけ確かめたかったのだ。

「パティ、わたしたちは勝つかな、それとも負けるかな？」

カークの質問を聞くと、女性弁護士は目の前で自分の人生がぱっと光るのを感じた。わかっている、どんな評決であれ、5000万ドルに満たなければ敗北だ。

「勝ちますよ」と、パトリシア・グレーザーは一抹の不安も感じさせないように答えた。

弁護団は誰もが同様に勝敗の確率を見込んでいた。シャーノフおよびバウツァー社の弁護士は7対3の確率で勝つとみんな思っていた。どうやら保険会社側も同じように見ていたようだ。

シャーノフが堂々と入廷して立ち止まり、冒頭陳述をしようと意気込んでいたその時、パトリシア・グレーザーから前の晩に和解が成立したというニュースが飛び込んできた。**保険会社側は合計で8750万ドルを払い戻すと言い、そのなかにはすでに支払われた1150万ドルも含まれていた。**交渉でカークが強硬な姿勢を見せたことで、7600万ドルがそっくり追加されて受け取る形で和解できたのだ。

翌日、双方の弁護士がポール・ゴールドマン判事とともに特設の裁判所でパーティを開いた。シャンペンが惜しげなく振る舞われ、ロック・ミュージックが流れている。記念のTシャツを着ている者もいて、胸元にはラテン語の文字「nusquam tibi nimium insurance(保険は多いに越したことはない)」が躍っていた。シャーノフは物足りなさそうだった。陪審員の評決が出れば、何百万ドルも上乗せすることだってできたのに。カークは大喜びだった。証言に立つ予定がすべてキャンセルされたのだから。

和解後のパーティは和やかだったが、保険業界にカークの友人ができたわけではない。とはいえ、また大きな賭けに勝った。ギャンブラーはこれ以上ない大きな興奮を手にした。

第15章 ひと振り100万ドルのダイス

1983年春、フランス、リビエラ

カークは毎年恒例の国際映画祭に出席するため、フランスのカンヌにいた。この年はマーティン・スコセッシ監督、ロバート・デ・ニーロとジェリー・ルイス主演の映画『キング・オブ・コメディ』が新作として上映され、受賞の栄誉にあずかる映画界の大物に交じってベティ・デイビスの姿も見られた。カークに同行したのは、裕福なテレビプロデューサー、ジェリー・ペレンチオだ。ふたりはともにカリフォルニアの農園で少年時代を過ごし、ともに大富豪になった。サンホアキンバレーから長い道のりをへて、ここまでやって来たのだ。ふたりは自分たちのことを好んで「フレズノ・キッズ」と呼んでいた。フレズノはサンホアキンバレーにある都市だ。

映画祭開催に時機をあわせるようにして、コートダジュールに大きなギャンブル場が誕生するとかねて噂されていたが、ラナプール城近くに新たに建てられたローズ・ホテル内のカジノがグランドオープンした。オーナーはジェリー・ルイスのアメリカ人の友人プレストンとローレンスのティッシュ兄弟だ。ジェリーはふたりをボブとラリーと呼んでいた。

カークは新しいカジノを視察し、ティッシュ兄弟にカジノ・オーナー流の験担ぎをしてあげたいと思った。

これはカジノ・オーナーのあいだで広く行われている儀式のようなもので、カジノを開店日の夜に訪れ、ギャンブルで大損してそのオーナーの幸運を祈るのだ。敬意を表して行われる親善の証という意味では、新築祝いの贈り物に似ている。

その夜、カジノでペレンチオから紹介されたカークは、考えていることをラリー・ティッシュに伝えた。

「賭けをしたいんです」とカークは言った。

「クラップステーブルに100万賭けて、ダイスひと振りで勝負したい」

根がやさしく、常に周りに気を遣おうとするラリーは、なんと言えばいいのかわからなかった。

カークがつづけた。

「勝つか負けるかです。わたしは負けたいと思っています。このホテルの幸運を願って賭けをしたいから」

もちろん、オッズがカジノに有利なことは皆がわかっている。それでもカークが100万ドルを賭けると申し出たということは、カジノも100万ドルを賭けるということだ。だからこそ、いつも礼儀をわきまえているカークは許可を願い出たのである。ラリーとカジノのマネージャーはふたりだけで話し合うためにその場を離れた。

カジノ側は受け入れたが、ふたつ返事というわけにはいかないようだった。

「お受けしますよ、カーク。ただし、あなたのために、です」とラリー・ティッシュは答えた。

「それに、ジェリーはわたしたちの友人ですからね」

カジノのマネージャーはカークに小さなオレンジ色のチップを渡した。なんの数字も書き記されていない。だが、これから約30分、このチップはまさに100万ドルの価値を持つことになる。

カジノのフロアにはクラップステーブルが4台並んでいる。スコッチ・ウイスキーを注いだロック・グラスを受け取り、カークはペレンチオ、ティッシュ、抜け目ないマネージャーとともにテーブル1に着いた。テーブルアクションを観察してから、どこに賭けるか決めるのだ。

ペレンチオはカークとの付き合いがもう何年にもなる。フレズノ・キッズはたがいに趣味があった。ともに飛行機乗りで、ボクシングとテニスが好きだ。ペレンチオは1950年代にアメリカ空軍でジェット機のパイロットをしていた。スポーツ興行の仕事もしていて、1971年にマディソン・スクエア・ガーデンでともに無敗のヘビー級選手モハメド・アリとジョー・フレイザーが激突した「世紀の対決」も企画開催した。さらに1973年にヒューストンのアストロドームで行われたテニスの「性別間の戦い」の仕掛け人もペレンチオだ。この試合では女子選手のビリー・ジーン・キングが男子選手のボビー・リッグスに勝ち、当時テニス史上最高の視聴率を誇った試合となった。そんなペレンチオも見たことがないのが、カジノ・オーナーであるカークがクラップステーブルで賭ける側に座る姿だ。

カークはじっくりと、それぞれのテーブルを数分間ずつ見て、それから動き出した。ダイスの動きだけではなく、どのテーブルの観客に誰がいて、どんなふうに賭けているかも観察しているようだ。30分近く経ってからテーブル3に戻ると、緑色のフェルトで覆われたフィールドを囲む観客がいちばん興奮している。シューターは女性で「ダイスをメチャクチャ激しく振っている」とペレンチオは思った。誰もが大声で騒ぎ、熱くなっていく。これこそが、カークが自分のクライマックスを演出するために選んだ舞台だった。

仲間に向かって顎で合図をし、カークは準備が整ったことを伝えた。カジノのマネージャーがディーラーの補佐役とピットボスに歩み寄って耳打ちし、カークがオレンジ色のチップに100万ドル賭けていることを伝える。ペレンチオは驚きのあまり立ち尽くし、ふたりの友人が100万ドルのダイスひと振りをめぐって相対しているのをただ見詰めるしかなかった。

カークはオレンジ色のチップをドント・パスのバーに置いた。

お色気たっぷりのシューターが勝ちつづければ、テーブルに着いた賭け客のほとんどが喜びに満ちた勝利者になれるだろう。そしてカークは少なくとも理屈の上では喜びに満ちた敗北者となれる。シューターが7を出して負ければ、カークは意図しない勝利者となる。

カークは楽しそうな表情を浮かべているが、本心は測りがたい。平然とテーブルを見詰めている。誰とも目をあわせない。

シューターは手のなかでダイスをカラカラと鳴らし、観客の興奮したどよめきを一身に受けてテーブルにダイスを投げ出した。象牙製のダイスは緑のフェルトの上で跳ね、テーブルの低い壁を縁取るようにせり出している部分に当たって跳ね返った。ふたつ目のダイスが止まり、審判が下る。

セブン！　クラップス！

カジノはカークに100万ドルの借りができた。負けようと思っていても負けられないこともあるのだ。

カークが好んだコーヒー、乗っていた車

カークとジーンはその年の夏に離婚し、約29年の結婚生活に幕を下ろした。娘のトレイシー（24歳）とリンダ（18歳）はもう大人だ。すぐに再婚したジーンのために、カークは信託基金を設定した。ロサンゼルス上級裁判所はこの記録を封印し、ふたりの信託契約が公の目に触れないようにした。ジーンはビバリーヒルズ近郊の上流階級向けの区域でその後も生活することになった。

カークは60代半ばになり、何億ドルという財産も手に入れ、プレイボーイぶりもすっかり落ち着いたようだ。1980年代半ばまでイヴェット・ミミューと交際をつづけ、ゴシップ欄を賑わせるのは彼女とチェイセンズやモートンズやマ・メゾンといったレストランで食事をすることぐらいだった。ふたりはハリウッドヒルズの近くに住んでいて、イヴェットは自宅で樹木を栽培していた。ペルシャ原産のマルベリーの苗木を育てていて、なった実をカークに届けた。

カークに再婚の意思がなく、ふたりの関係は冷めていった。のちにイヴェットは、不動産会社オ

ー・クウッド・コーポレート・ハウジングの創業者で、世界的に知られた写真家であり環境保護活動家のハワード・ルビーと再婚する。イヴェットは新しい夫とともに、よき友人としてカークと付き合いをつづけた。

1980年代初頭、カークは付き人兼健康管理のアドバイザーを雇ったが、この人物には専属のシェフ、旅行時のボディーガード、ヨットのスチュワード、プライベート・ジェットの客室乗務員となんでも任せることができた。ロン・ファラヒという男で、歳は40くらい、以前は化粧品メーカーフェイバージの社用ジェット機で乗組員として働いていて、そこでケーリー・グラントと知り合った。

カーク・ジェットでのロンの初仕事は、ディーン・マーティンをはじめとするフランク・シナトラの友人を、ロナルド・レーガンの大統領就任式のためにワシントンDCまで送り届けることだった。シナトラが余興を任されていたのだ。カークがロンを雇う際にした質問はたったひとつ、「で、ケーリー・グラントと知り合いなんだって?」だった。当初、ロンは客室乗務員として雇われたが、業務範囲は瞬く間に広がった。

カークは常に健康に気をつけていて、定期的な運動を欠かさなかった。毎日ジョギングをし、テニスに打ち込んだ。過食を避け、酒はたしなむ程度にし、不眠症に苦しんでいたが、早寝早起きを心掛けた。

ロン・ファラヒは容姿端麗なうえにエネルギッシュで、俳優を目指してウエイター、バーテンダー、掃除機の販売員などの職を転々としていた。イランのテヘラン出身の移民で、ボディービルダーでもあった。ファラヒの指導のもと、カークは特に上半身の強化をはかるウエイトトレーニングに取り組んだ。このトレーニングで鍵となるのがふたつの鉄製のハンドダンベルで、ファラヒが特注してひとつ約8キログラムのものが作られた。カークはこの重りを家でのトレーニングに使っていたが、旅行先にも持っていくようになった。

カークの「ゴー・バッグ」――服や日用品に加えて旅先に持参していた荷物――には、一風変わったものが入っていた。ふたつのハンドダンベル、ファーバーウェアの電動コーヒー・メーカー、フォルジャーズの粉コーヒー1缶。ファラヒは雇われてすぐに気づいたが、**カークは毎朝同じコーヒーを飲む。ちょうどいい温度で、濃過ぎず、薄過ぎず、ブランドはいつもフォルジャーズ。**

カークの付き人として、ファラヒは時間の管理もした。カークは病的なまでに時間にうるさいくせに、何年も前からロレックスの金時計を身に着けなくなっていた。宝石類をはじめ、富を見せつけることを極度に嫌ったのだ。ブレスレットもしなければ、金の鎖も身に着けず、小指に指輪もはめない。バンドを外したタイメックスの腕時計をズボンのポケットに入れておくか、それがなければファラヒか誰かに時間を聞いた。

運転手は雇わずに自分で運転し、フォードのトーラスとチェロキーのジープ、ごく普通のアメリカ車を車庫に入れていた。ビバリーヒルズ周辺でランチの予約があるときは歩いていき、取り巻きやボディーガードを連れていくことはなかった。

ＭＧＭの支配株主として新作映画の非公開上映会にいつでも足を運ぶことができたが、自分のフォード・トーラスに乗って友人とウエストウッド・ビレッジ近辺の映画館に行くのを好んだ。プライバシーが守られ、列に並んでいても誰にも気づかれない状況で、自由を謳歌した。そしてダイスのひと振りに１００万ドルを賭ける自由も手にしていた。

第16章

テッド・ターナーの時限爆弾

1985年夏、ジョージア州アトランタ

テッド・ターナーの頭のなかは、昔から常に避けようとしてきたことでいっぱいになっていた。弁護士だ。だが50億ドルかけて巨大メディアCBSの経営権を握ろうという企ては、自分を追い出すために経営陣が買収防衛策《ポイズン・ピル》を持ち出してからというもの、まるで期待できないものになりつつあった。訴訟しか選択肢がないときもある。そんな折、電話が鳴って意外な話が舞い込んできたのだ。

電話の相手はカーク・カーコリアンだった。

「テッド、ちょっと話せないかな？ 映画産業から徐々に手を引こうと思っているんだ。MGMフィルムを買収する気はないか？ MGM／UAを分割して、UA（ユナイテッド・アーティスツ）だけわたしが持つということでもいいかもしれない。ドレクセル・バーナムにいる社債の天才マイケル・ミルケンと組んでマーケットを試すことにしたから、最高値を付けてくれた人にMGMを売ろうと思ってね。でも、ここで相談なんだ。きみが今すぐ動くなら、思いどおりにしてくれていい。つまり、すばやく動いてよい値を付けてくれるなら、競争せずに入札できるというわけだ」

ターナーにしてみれば、MGMフィルムとその膨大な映画のラインアップを手にすれば、アメリ

カの新興業界であるケーブル・テレビ業界を瞬時に、しかもほぼ丸ごと手中に収めることができる。そうすればテレビ・ネットワークや映画会社といったコンテンツ制作者による縛りから解放され、業界から締め出されずに済むし、手頃な価格で番組を調達することもできる。

MGM／UA制作のアニメには、『トムとジェリー』や『ルーニー・テューンズ』のスターであるバッグス・バニーとポーキー・ピッグ、さらに季節限定の特番のキャラクター、グリンチなどが登場し、それだけでも24時間のアニメ・ネットワークを回すには十分だ。MGMを買収して手に入るのはただの野外撮影用地をはるかに超えるものだ。『オズの魔法使い』の舞台である「オズの国」や、『風と共に去りぬ』に登場する農園「タラ」、パール・バックの『大地』そのものが手に入るのだ。ターナーにとっては、星や月を買うのに等しかった。

カークの提示額は15億ドルぐらいだが、いくらであっても現金払いで、付帯条件はなし、契約締結後の変更もなしで、2週間以内に話をまとめなければならない。時計の針が動き出した。

大きな戦利品を求めてすばやく動くことに、ターナーの冒険心がうずいた。ヨットマンでもあり、数年前に国際大会アメリカズカップでうまく風をとらえて優勝したターナーは、難題に食いつく「ブルドッグ」を自称していた。同時に『風と共に去りぬ』を所有できるかもしれないと思うと、南部人の誇りも強く刺激された。だが、預金を含めて10億ドルもの大金はない。にもかかわらずCBSと泥沼の戦いを繰り広げたいま、カークのように実際に取引しようとする人物とのやり取りに危険な誘惑さえ感じたものの、爽快感を禁じえなかった。

夢を追うにはリスクが大きすぎると不安を覚えたかもしれないが、それは一瞬頭の片隅をよぎっただけに違いない。自身のギャンブラーの気質によって、ターナーはすでに人生を変えるほどの大もうけを夢想していた。加えて「追い風が吹いているときに尻込みして夢を追わないなら、大きな夢に何の意味がある？」と自問したかもしれない。事実、ターナーは熱意を隠すことはなかった。

ビバリーヒルズでカークは電話を切って椅子にもたれ、ターナーの熱意あふれる反応を味わっていた。答えを聞いた瞬間、ターナーが飛行機の予約を取ってロサンゼルス空港に来るつもりだとわかった。明らかに取引に乗り気だった。確信がなかったのは、ターナーがうまく事を運べるかどうかだ。

ターナーに電話をしたのは、ひとつにはMGMフィルムをウォール街に引き戻すためにカークが数か月前から動き出していたことがある。不安定な経営や芳しくない業績が20年近くつづいていたが、このMGM／UAが秘めていると思われる重要な価値――両社がこれまでに制作した膨大な映画のことである――を利用しない手はないと考えたのだ。合併した2社で過去に作られたアメリカの映画の35パーセントを所有しており、これは他社の2、3倍に当たる。

カークは、ここまでは出せるという額を提示した。MGMの元役員ピーター・バートの言葉を借りれば、そんな「天文学的な額」を払う大馬鹿者はいないし、払える者もいないというのがハリウッド財界の予想だった。**だが、実際誰も映画のアーカイブの市場価値を試すことはしていなかった。**今がその時だ。

「あっちには『トップガン』があるのに、うちは『ボトムガン』じゃないか！」

両者の2週間にわたるスピード交渉がはじまったとき、MGMの株は1株約9ドルで売られていた。ターナーとの取引でのカークの提示額は1株約28ドルだ。総額は15億ドルを少し切る程度になる。マイホームを新たに買ったはいいが天文学的なローンを背負う者のように、MGMを買収することで、ターナーは膨大な借金を抱え、利子のみで支払い能力を超えてしまうと思われた。

カークがユナイテッド・アーティスツ（UA）を4億8000万ドルで買い戻すことに同意したため、買収に必要な借入金は10億ドルに減ったが、MGMが抱える負債を引き受けたため、ターナーはさらに7億ドルの負担が求められた。ターナー・ブロードキャスティングの借金を含めると、これで実に**20億ドルもの赤字がその双肩にのしかかることになる。**

テッド・ターナーを含めて誰ひとりMGMの資金をどうすれば調達できるかわかる者はいなかった。ターナーとMGMの新たな合弁会社には十分な収益がなく、これほど大規模な負債の利子を支払うことができない。ターナーは投資銀行ドレクセル・バーナム・ランベールのマイケル・ミルケンに助けを求めたが、ミルケンはすでにカーク側の取引に着手していた。

異例中の異例と言えることだが、ミルケンはカークの了承を得て、ターナーの資金調達を支援することに同意した。ドレクセルの職員が両陣営に割り振られ、アーサー・ビルジャーがターナーの代理人を務め、ケン・モリスが別にカークのチームを担当する。それぞれがミルケンに報告を上げ、カークとターナーが承認する。ドレクセルは「大きな自信」をのぞかせる書簡を1枚提出し、ターナーの買収資金を調達できる見込みを示した。こうしてドラマが幕を開けた。

ターナーはカークが設定した2週間後の締め切りまでに600ページに上る同意書にサインし、買収は非公開で進められた。だが合意を交わした後になって、ターナーは弁護士と会計士40人からなるチームの派遣を要請し、MGMの帳簿や監査報告書に不備がなかったか調査させた。そこでまず指摘されたのが、封切りを目前にしたMGMの新作映画数作が失敗に終わる可能性だった。そして指摘は的中する。

テッド・ターナー体制となったMGMは毎月収益を上げるどころか、初めから月平均1500万ドルの赤字を計上することとなった。初年度の営業損失が未確定だったため、ターナーはさらに1億ドルの負債を抱えることになった。多額の負債を返済できるのかすでに懐疑的になっていたターナーの側近たちは、カークの口車に乗ってひどい取引をしてしまったと内輪で不平をもらした。ハリウッドからウォール街に至るまで、こうした不満はもはや社会的な非難にも発展し、ターナーの支払額が高すぎるとの声が高まった。「あの支払額は法外ですよ！」とある投資アナリストは『ロサンゼルス・タイムズ』紙に語っている。

MGMの取引にターナーがサインした1か月後、ドレクセルは高利回り債になかなか買い手が付かないことを認めた。表向きターナーは楽観的な姿勢を崩さなかった。ミルケンの忠実な側近ビルジャーとモリスをネタにしたジョークも飛ばしている。平均的な身長であるふたりを、自身がオーナーを務めるプロ・バスケットボール・チーム、アトランタ・ホークスの選手で身長180センチ未満と小柄ながら大活躍するスパッド・ウェブになぞらえ、「きみたちは投資銀行界のスパッド・ウェブだな」とほめちぎったのだ。だがターナーは非公式にさまざまな問題を一手に引き受けてMGM買収のパートナー探しに奔走し、NBCや大手メディア企業のバイアコムのほか、USAトゥデイを発行するギャネットの創業者アレン・ニューハースあたりに話を聞いてもらった。

MGM買収を確約してから5か月経っても、ターナーは取引成立の資金を工面できずにいた。ドレクセル・バーナムも決められた分の高リスク、一般的にはジャンク債と呼ばれる利回り債を売りさばくことができていない。

ミルケンの要請を受けて夜通し交渉したカークは、「合意後の変更なし」というルールを緩め、ターナーの取引条件変更に同意した。前払い金を減額するため、ターナー・ブロードキャスティング・システムがカークに優先株を発行する。これにより、買値2億ドルを負債に充てることができる。**カークは事実上、買い手のために自ら資金援助をすることにしたのだ。**

目前まで迫っていた期限が1985年末まで延期されたことで気を取り直したミルケンのチームは、例のジャンク債の売り込みをふたたび開始した。だがMGMの興行成績は赤字つづきで、投資家の信頼は失われる一方だ。ターナーはパラマウント・スタジオがヒットを独占しているのを見て苦言を呈した。

「あっちには『トップガン』があるのに、うちは『ボトム《どん》ガン《底》』じゃないか！」

年末を迎えても決着の見通しは立たなかった。投資家の協力は得られず、ドレクセル・バーナムの売り込みはまたも失敗に終わった。ターナーはMGMに片足だけ突っ込んでいるような状態だった。1985年のクリスマスを目前にして、ターナーはカリフォルニアに飛び、カークに面会してさらなる猶予を願い出た。

「世界中の誰よりも借金を抱えている」

カーク・カーコリアンは誰であろうと一貫した姿勢を貫こうとし、取引は握手を交わした時点で成立し、その時点で交渉は終わっていた。やり直しは利かない。条件変更もなし。再交渉もなし。カークと何年も交渉した者のなかには、「そっちにだって明らかな例外があったじゃないか」と言う者もいるかもしれない。

例えばスタンリー・マリンによると、サーカス・サーカスの財政支援をすることで合意したカークは、後になって何度も条件の追加を求めてきたという。

「お兄さんを雇えと言ってきたんです。それから所有しているフィッシング用のボートを買ってくれと。結局、先方へのローンの返済が終わるまでそういうことがつづきました。しかも、その後フレッド・ベニンジャーが出てきて、返済を早く済ませるために追加料金を払えと言われました」

だが、数十年にわたってタフな取引をまとめてきたカークでも、正式な合意をこれほど大幅に、しかも頻繁に変更するよう求められたのは、テッド・ターナーとの取引が初めてだった。2回目に修正された合意条件が書面で簡潔に発表されたのは、1986年1月だった。

カークは提示額を1株20ドルに下げて総額を12億5000万ドルほどとし、ターナーの前払い金は3億ドル以上減額された。カークがユナイテッド・アーティスツ（UA）を売却後に買い戻すことはすでに想定されており、その額は4億7000万ドルほどで決着する見込みだった。譲歩の見返りとして、カークはターナー・ブロードキャスティング・システムの優先株を受け取る。この株の配当率は14パーセントにもなり、2年目から現金または普通株の形でカークに支払われる。

新たな条件によって取引は維持された。だが、ターナーにとっては時限爆弾をポケットに入れることに同意するようなものだ。期限が来れば配当を支払うか、所有する会社の一部をカークに差し出すしかない。『ロサンゼルス・タイムズ』紙の見出しが、ターナーのジレンマを端的に表現している。

「ターナー、MGM取引で自社を失う？」

MGMの売却が最終的に決着したのは1986年3月下旬で、最初の合意から8か月が過ぎ、債券の売却失敗は2度におよんだ。最終的にはカークがいつになく柔軟な姿勢を示し、買い手のために資金を自ら工面したことでターナーの意図を汲んだ取引が無事成立した。

「あの取引で、カークはこれ以上ないほどフェアでした」とミルケンはのちに語っている。

「相手にとってもフェアな取引になるよう、常に気を配っていました」

そしてカークが辛抱強く対応したことがドレクセルの利益にもなったし、ミルケンたちのチームは公衆の面前で醜態をさらさずにすんだ。

だが、その影でテッド・ターナーは推定19億ドルにも上る巨額の債務を背負うことになった。「世界中の誰よりも借金を抱えている」とターナーはもらした。もはや自慢に近い言葉に聞こえる。この瞬間、ターナーは世界の頂点にいた。カークのおかげで、ターナーは映画会社を所有する大富豪になった。アメリカ一巨大な古典映画コレクションを手に入れたのだ。『風と共に去りぬ』もターナーのものだ。南部の子にはこれ以上ない宝だ。

だが、ポケットのなかの時限爆弾は依然時を刻みつづけていた。

第17章

海上での埋葬

1987年初頭、デンバー

電話が鳴り、レズリー・マローンが思ったのは、今は夜中だということだ。まだ暗い。手探りで受話器を取る。電話口からゆったりりしたジョージアなまりが聞こえたので、すぐさま夫に受話器を渡した。「あのアホなお友達よ」と思わず皮肉を込めて言ったのは、今が山岳部標準時で朝の5時半だったからだ。

「もしもし?」

「ジョン! なんとかしてくれ!」

出し抜けにそう切羽詰まった声を出したのは、アトランタのテッド・ターナーだ。

「なんとかしてくれ!」

「は? なにをしろって、テッド?」

「なんとかだよ! そうしないと、CNNがKNNになっちまう!」

「KNN? なんだ、そのKNNって?」

ターナーは受話器に向かって大声を上げた。

「カーク・ニュース・ネットワークだ！」

テッド・ターナーは窮地に陥っていて、焦っているのが伝わってきた。MGMをめぐって10億ドルを超える規模の契約をカーク・カーコリアンと結んで1年近く経つが、ターナーはいまだに負債にあえいでいた。あと数週間すれば、カークへの配当が第1回目の支払い期日を迎える。それが手元にないのだ。このままでは、義務をはたすためにターナー・ブロードキャスティング・システムを解体しなければならないかもしれない。

ことさら不安に駆られたこの冬の朝、ターナーが電話をかけていたのは、新興産業ケーブル・テレビ業界のもっとも有力な競争相手、ジョン・C・マローンだった。マローンはテレコミュニケーションズ社のCEOで、ターナーの財政事情に大きな懸念を抱いていた。MGMの取引を終結したTBSが危険な状況にあることは、ケーブル・テレビ業界じゅうに知れ渡っていた。ターナーのように強力で独立心のある事業家の没落を望む者は、業界に誰ひとりいなかった。

ターナー側の望みが絶たれたような状況は、カーク側にとっても決して好ましいことではなかった。カークはCNNなどほしいと思っていなかった。そしてテッド・ターナーを気に入っていた。

チーム・カークの思いは複雑だった。ターナー・ブロードキャスティングのいちばんおいしい部分が手に入れば、エンターテインメント帝国をケーブル・テレビ業界にまで拡大できる願ってもないチャンスになる。しかもほとんど労力がかからないし、リスクもない。必要なものは何もない。ただ座って、ターナーが負債の重みでつぶれるのを見ていればいい。

「何もしなくていいんです」テリー・クリステンセンはカークにこうアドバイスした。
「みんなでテニスでもしに行きましょう。何もしなくても結果は同じです」
問題はカークだった。やはりターナーがうまく切り抜けることを願っていたのだ。
「あいつにはつぶれてほしくない」とチームのメンバーに言った。
「テッドはいいやつだ。言い訳はしないし、正しいことをしようとしている」

1986年3月に元々の取引を締結した際、カークがユナイテッド・アーティスツ（UA）を買い戻すことで合意したため、ターナーが投資する現金は事実上5億ドル近く減額された。さらにMGMの野外撮影用地の余剰地もロリマー・テレピクチャーズ社に1億9000万ドルで売却した。

MGMを買収して2か月も経っていなかったが、もっと多くの現金がなければターナーがいずれ破産することは明らかだった。カークはふたたび映画業界に参入し、3億ドルを提示してMGMの映画とテレビ番組の制作部、さらにはそのホーム・ビデオ事業部、それにMGMのロゴをふたたび手に入れた。**つまり売却の数週間後に、MGMをレオ・ザ・ライオンともども何もかも丸ごと《ロック・ストック・アンド・レオ・ザ・ライオン》買い戻したのだ。**それも売値に比べればはした金のような値段で。

MGMの経営権を握ったのはほんの一瞬だったから、ターナーは「役を餌にして新人女優をお持ち帰りする暇もなかったよ」とうそぶいた。

ハリウッド関係者のなかには、カークが実際はターナーの願いをいくつも聞き入れた上で、高く売ったものを安値で買い戻したとは考えない者もいた。ターナーは10億ドルで、いちばんほしかった『風と共に去りぬ』をはじめ、貴重な映画のコレクションを手に入れたのだ。

14パーセントの特別配当金が付いたＴＢＳの優先株がターナーの夢を脅かしていたが、この優先株はアメリカじゅうのケーブル・テレビ事業者の利益も脅かしつつあった。ジョン・マローンは眠気から覚めると、切羽詰まって電話してきたターナーに迫る本当の脅威に焦点を絞り、すぐさま行動に移した。

それから数週間のうちにマローンは積極的にキャンペーンを展開し、投資家から5億5000万ドルを集めてＴＢＳの負債をまかない、ターナーの時限爆弾から信管を抜くことに成功した。株の保有率が下がったのでマローンや同業者への影響力は弱まるものの、急成長中のＴＢＳの社名にターナーの名は残った。これによって1980年代の終わりに、ターナーは億万長者になる。この取引はもちろん、カークにとっても満足のいくものだった。

『ＵＳ』誌はカークの純財産は約6億ドルと見積もり、「ハリウッド一の金持ち」と書き立てた。一方、ＭＧＭの没落を嘆く記事は、カークを「ハリウッド一の嫌われ者」とした。

ＭＧＭの再生と『レインマン』

友人たちは気づいていたが、カークは、再建し、業績も最高潮にあったＭＧＭグランド・ホテルへの興味を失いつつあった。取締役会をすっぽかし、提案をすることもなくなった。かといって不平をもらすわけでもないので、経営陣は変化に気づかない。

気づいた友人たちは驚きはしなかったが、ある日突然、ピンボールやスロットマシーンの製造を手掛けるバリー・マニュファクチャリングが、ラスベガスMGMグランド・ホテルとリノMGMグランドのふたつを5億5000万ドルで買収することに同意し、うち1億1000万ドルは借金でまかなうというニュースが飛び込んで来た。

この取引によってバリー・マニュファクチャリングはMGMの名前とロゴを3年間ホテルに掲げ、独占的に使用できる権利を得た。さらに、火災の賠償請求や訴訟がまだつづいていてバリー・マニュファクチャリングがその債務の肩代わりを拒否したため、カークが個人的に負担することで合意した。個人株主は1株当たりカークより20パーセント多くの配当を受け取っているのに対し、当のカークがこの差を埋められるのは法律上の問題がカークに有利な形で決着したときだけだ。

「こんなこと、誰がするんでしょう」。後にMGMの競合会社でコロンビア株を買い占めようとするトラシンダ・インベストメント社長に就任するテリー・クリステンセンはいぶかしげに言った。

カークは映画業界に舞い戻った。MGM／UAは再編されたものの、ロリマーに野外撮影用地を売って宿無しになっていたため、ビバリーヒルズのサンタモニカ通りから少し入ったところにあるオフィスビルに移転した。カークはまた新たな難題に挑むことになる。MGMはかつての姿をほとんどとどめていない。その真の価値はすでに奪われており、MGM／UAを廃虚から建て直さなければならない。

最初に手を着けたのは歴史をよみがえらせることだった。ロリマーの創業者リー・リッチをはじめとする幹部候補を説得し、かつてルイス・B・メイヤーとアービング・タルバーグが率いた会社のかじ取りを任せようとした。だが、収拾が付かない事態となり、思わしい結果は得られなかった。それでも運が巡ってくることもあった。

ユナイテッド・アーティスツ（UA）が暖めてきた比較的小規模な映画の撮影開始がゆっくり迫ってきていて、予算を取るにはカークの承認が必要になる。この企画はふたりの兄弟が主人公のロードムービーで、ひとりは強欲で自分のことしか考えていないヤッピー、もうひとりは自閉症でサヴァン症候群という設定だ。ヒットをうかがわせるような要素は何もなかったが、すでにダスティン・ホフマンの主演が決まっており、トム・クルーズも重要な役柄で出演する可能性は十分ある。ちょうど経営陣の再編が難航し、カークも映画業界での見通しが立っていなかった時期だったので、なかなかゴーサインが出なかった。かといって、ボツにもならなかった。UAのリー・リッチはカークに2500万ドルの予算を打ち切られないようにした。そして完成にこぎ着けた。

この『レインマン』はアカデミー賞の作品賞と主演男優賞を手にした。興行収入は全世界で3億5500万ドル。この大ヒットで、MGM／UAはハリウッドの表舞台に返り咲いた。経営陣の混乱はつづいたが、ビバリーヒルズのオフィスはカルバーシティより通いやすかった。

この頃カークは曲がりくねった道を上った丘の上にあるワンダパークという敷地内に居を構えていた。そこには実にたくさんの住居があった。カークはこのうちのいちばん大きな家をポップス・

デュオのソニー＆シェールに売却した。ふたりが1975年に離婚したあとには買い戻している。**1980年代の初めにはシルベスター・スタローンに売り、スタローンが大規模な改修を終えたあとにふたたび買い戻している。**その家にはプールとテニスコートがあり、プライバシーも守られていた。カークは周りの住宅も数軒買い上げて、自分で選んだ友人は別として、近隣に人が住めないようにした。

2軒目の家は小さめで、敷地面積は約250平方メートル、ハリウッドヒルズにあるこぢんまりとしたコテージよりもやや大きい程度だ。だが、カークは言った。

「ベッドルームもリビングルームもキッチンもある。ほかになにが必要なんだ？」

この家はとりわけプライバシーが守られていて、敷地内にあるふたつのテニスコートのうち、よいほうがあった。独り身のカークにとっては申し分ない住処だった。週末はここで気の置けない友人たちと存分にテニスができたし、真剣に競い合ったあとにはおいしいランチを楽しんだ。そんなときは付き人のロン・ファラヒがいつもシェフを務めた。

カークがワンダパークの家でのディナーに好んで招いたゲストは、丘をひとつかふたつ越えたところに住んでいた。ケーリー・グラントと妻のバーバラだ。グラント夫婦がイギリスに通じていたこともあって、シェフのファラヒはヨークシャー・プディングに初挑戦した。グラントには上出来と喜んでもらえた。

グラント夫妻はカークのプライベート・ジェットの常連でもあった。夏にはグラントの娘ジェニファーやカークの娘トレーシーとリンダも連れて、家族ぐるみでアラスカの海岸沿いを長期間旅行してまわった。

グラントは、カークは「すばらしい男」であり、物事を慎重に見極め、私情を挟まないたたき上げの男と認めていた。一方のカークはケーリーを「真の友人で、謙虚でよい人」で、「とても頭の切れる」ビジネスマンだ周りに言っていた。特にMGMフィルムやMGMグランド・ホテルの役員会における仕事ぶりを高く評価していた。

だから1986年11月のある日の夕方、グラントの妻バーバラから受けた緊急要請は大変衝撃的なものだった。

「カーク、プライベート・ジェットをアイオワ州のダベンポートに向かわせてくださいませんか？ケーリーの具合がよくないんです」

「最後のお別れだから手を貸してほしい」

82歳のグラントはこの日、ダベンポートの市街地にあるアドラー・シアターで開かれる「ケーリー・グラントと過ごす夕べ」というフォーマルなイベントに出演予定だった。ダベンポート市を含むクワッド・シティーズで毎年開催されるフェスティバル・オブ・ツリーズの一環として行われることになっていたこのイベントは、すでにソールドアウトになっていた。

グラントは午後のリハーサル中に体調を崩し、ブラックホーク・ホテルのスイートルーム903号室に戻って休んでいた。

ショータイムになってもグラントは気分がすぐれず、出演できないとのアナウンスがされると、タキシードに身を包んだ来客たちから失望のため息が漏れた。

ホテルで、彼の容態が悪化していた。バーバラが救急医療隊員に連絡したのは午後9時頃。そのあとすぐにセントルーク病院からカークに電話をかけた。一刻も早くグラントをロサンゼルスに帰して主治医に見せるのがいいだろうかとふたりは話し合った。カークはジェットの乗務員を呼び出そうとした。

それから2時間とたたないうちに、乗務員に中止の連絡を入れた。ケーリー・グラントが亡くなったのだ。重度の脳卒中だった。世界は映画界の大物を失い、カークは親友を失った。

カークは涙もろい男だった。だから葬儀が嫌いだった。おいおい泣いたり鼻をすすったりする姿を人に見られたくなかったのだ。

だがグラントの妻バーバラと娘のジェニファーに、最後のお別れだから手を貸してほしいと説得された。3人はケーリーの遺灰が入ったつぼとともに、ボートでサンタモニカ湾に出た。

厳かな空気のなか、おいおい泣いたり鼻をすすったりする姿を誰にも見られることのない沖合で、カークはケーリー・グラントの家族とともに、親友の遺灰を穏やかな青緑の太平洋にまいた。

第18章

億万長者のひとりとして

1988年12月7日、アルメニア・ソビエト社会主義共和国、スピタク

地震に襲われたのは正午近くだった。20秒だけだった。生き延びた人々が覚えているのは、人間の悲鳴に加えて、目に見えないとてつもない力で引き裂かれていく壁や屋根や建物全体から吐き出される、この世のものとは思えぬキーンと響き渡る音だった。町や村は倒壊して瓦礫と化し、多くの人々の即席の墓となった。**20秒で5万人もの命が奪われたのだ。**何十万人もの被災者が家を失い、腹を空かせ、寒さに震えた。10万人以上もの重傷者に、救急医療隊は対応できない。壊滅状態と人々のはかりしれない窮状が報道されると、世界じゅうから同情と援助が寄せられた。

ソビエト連邦国外のアルメニア人最大のコミュニティの本拠地である南カリフォルニアでは、国外離散者たちの教会や慈善団体がただちに援助活動を開始した。共同で活動する者たちもいたが、ほとんどは単独で活動した。何十年にもわたってつづく古くからのライバル意識によって、アルメニア系アメリカ人がまとまって対応することはないと思われた。

彼らがそろってもっていたものがひとつあり、それはカークの電話番号だった。さまざまな団体の代表者が、ひとりまたひとり、アメリカでいちばん裕福なアルメニア人カーク・カーコリアンと

の個別の面会の約束を取りつけた。それぞれが何百万ドルもの寄付を求めた。学校を建て直すために、病院を建てるために、住宅建設のために、アルメニアのためになることをするために。ある聖職者はこうしたことをすべて実行できる、5000万ドル相当の贈り物をしたらどうかと提案した。「何か大きなものです」と彼は言った。「新しい街を建設するのです。カーク・シティが生まれるかもしれません！」

だが、この売り込みはむしろボディブローを打ち込んだ。カークは目立つのをひどく嫌い、どんなものにも自分の名前がつくことを望まなかったのだ。**カークの惜しみない寄付にはふたつの特徴が見られる。気前のよさと、匿名性だ。**1950年代の古いテレビ番組「ザ・ミリオネア」のように、カークの寄付に関しては出所が彼だと絶対に特定されないことがきびしく求められた。建物にも道路標識にもカークの名前を付けてはならず、彼に敬意を表するための晩餐会を開いてはならず、ごく簡単に感謝の意を公にしてもならず、気前のよさが巷で噂になることさえご法度だった。**「慈善の見返りを求めたら、それは慈善にならない」**とカークは友人たちによく言っていた。

シャイな億万長者のクールな救援劇

地震後すぐ、カークは3つのアルメニア人の慈善団体にそれぞれ100万ドル近い寄付を密かに行った。いつものように完全に名を伏せることを求めた。だが、今回はその秘密主義が裏目に出た。カークはアルメニアの窮状にまったく関心がないと思われてしまったのだ。カークの密かな寄付を知らないアルメニア系アメリカ人向けのある新聞に、世界一裕福なアルメニア人が何もしないと批判を受けることにもなった。

カークは悔しさを押し隠そうとした。だが同時に決意したのは、独自の運営チームを備え、カリフォルニアの慈善団体に適用されるさまざまな法の下で運営される、もっと目に見える形の慈善団体を作るということだった。

こうして何も知らないがゆえの批判に刺激されて生まれたのが、カークの持ち株会社トラシンダ・インベストメントから分離独立したリンシー財団だ。トラシンダ、リンシー、どちらの社名もカークの娘トレーシーとリンダの名前をかけあわせている。リンシー財団に当初寄せられた寄付金の半分は、時価約1億1000万ドルと評されるMGMの株式で占められた。

数か月後、1989年に入ってもなおカークがアルメニアの地震で被災した人々に有意義な支援を行う最善の方法を模索していたところ、カリフォルニア州グレンデール在住のシリアのアレッポ生まれのアルメニア系アメリカ人ジャーナリスト、ハラート・サスーニアンから連絡を受けた。

サスーニアンは40年前にカークの友人で株式仲買人であるジョージ・メイソンによって創刊されたアルメニア系英字週刊紙『カリフォルニア・クーリエ』の発行人を務めていた。サスーニアンは扇動者のようなところがあり、自身のコラム欄では概してトルコ人を非難し、アルメニア人の大量虐殺においてトルコの果たした役割を公式に認めることをうながし、アルメニアの政治の腐敗に対して改革を訴える内容の記事を書きつづっていた。カークは彼の意見を欠かさず読んでいた。

1989年の初め、カークが一時期興味を示したのは、新聞王ハーストが所有する攻撃的なロサンゼルス第2の日刊紙『ロサンゼルス・ヘラルド・エグザミナー』紙の買収だ。サスーニアンに電話をかけ、その新聞社のCEOを務める気があるかどうか確かめたのだ。だが、39歳のサスーニアンはためらった。代わりに「自分より有能な」出版業の経営者を引き抜くのに手を貸すと申し出たのだ。カークはそれを受け入れず、この話は打ちきりにし、結果『ヘラルド・エグザミナー』紙は数か月後に廃刊になった。

1989年も後半のある朝、ハラート・サスーニアンが1日の始まりに目を通した記事は、地震の救援物資が合衆国じゅうの物置やガレージや倉庫にトン単位で積み上がっていることを伝えるものだった。甚大な被害をもたらした地震から約1年経つのに、ますます増える救援寄付物資の山をアルメニアの困窮する被災者に届ける組織的輸送網が整備されていなかったのだ。

サスーニアンが決意したのは、そのことについて記事を書く以上のことをすることだった。**カークのオフィスに電話をかけたのだ。**カークの友人ジョージ・メイソンを通して本人との面会を求めた。地震援助の提案に関する話であるとして、詳細は語らなかった。反応は速かった。

「ミスター・Kはオフィスでお待ちします。午後1時までにお越しを」とメイソンは言った。

ハラート・サスーニアンはカークが寛大であると確信していた。リンシー財団設立とその莫大な寄付についてのニュースが雄弁に物語っている。だが、それ以前にカークがアルメニア人支援の寄付をしていたことをサスーニアンは知らず、この人物に一体何を期待していいのかよくわからなかった。この大投資家はアルメニアの政治に無関心で、母国については料理のことくらいしか頭にない「シシカバブ・アルメニア人」として、自分やほかの活動家が切り捨ててしまう人物にも思えた。これは試金石だ。サスーニアンが提案しようとしていたのは、すでに政治がからんだ多額の費用のかかる災害救援だ。

ウィルシャー大通りに面したカークのビバリーヒルズのオフィスで、受付の女性がハラート・サスーニアンに会議室のドアを指して言った。「あちらでお待ちです」。

サスーニアンがドアを押し開けて部屋に入ると、長テーブルを囲んで男性4人が待っていた。カーク、ジョージ・メイソン、ジム・アルジアン、カークの新しい財務担当の重役アレックス・イェメニジアンだ。全員、着席していた。サスーニアンが立ったままどの椅子に座るのがいいか考えていると、カークが大きな声で言った。「ハラート、きみの考えは?」。この日の午後はむだ話はしないらしい。サスーニアンは着席し、アルメニアへの空輸をはじめることを提案した。

飛行士であり、チャーター便専門航空会社の元経営者であるカークは、すぐに話に乗った。サスーニアンの提案内容はこうだ。リンシー財団とほか6つのアルメニア人慈善団体がアルメニア人連合グループとして団結し、貨物輸送機を1機チャーターして、35万ドルのチャーター費は分担する、そして協力して寄付物資を飛行機に積めるだけ詰め込む、過酷なコーカサスの冬が急速に近づいていることも頭に入れておく必要がある。カークは話を遮った。

「貨物機にかかる経費を分担するのか？」。ハラート・サスーニアンはうなずいた。

「それぞれ5万ドルほどか？」。サスーニアンはまたうなずいた。

「ほかの団体はこの話に同意したのか？」

「まだ頼んでもいません」。サスーニアンは答えた。カークのかすかな笑みを目にしたような気がした。

「ほかの団体とはまだどことも話していないのか？」

「妻にも話していません！　わたしがここに来ていることも知りません」

カークはそこで満面の笑顔を浮かべ、質問を変えた。

「いいかね、ハラート、アルメニア人というのは、誰もがみなほかの者と足並みをそろえて踊るとは限らない。ほかの団体が受け入れると、どうしてわかる？」

「わかりません。ここに来たのは、あなたが関心をおもちになるかどうかを確かめるためです」

「そしてわたしに5万ドルを出すよう求めていると。ほかの者たち全員と同じように？」

サスーニアンはまたうなずいた。

「そうか……」カークはそう言うと、身を乗り出した。部屋じゅうのすべての目が彼に向けられた。「代案を出そう。**わたしが空輸にかかる全費用を支払う。飛行機もわたしがチャーターする。きみの仕事は、ほかの全団体と協力して、その飛行機をいっぱいに満たすことだ**」。

カークがサスーニアンに許可を与え、カークは活動に参加している、そして集められる限りの資材と救援物資を責任を持って送り届けるとほかの慈善団体に伝えてよいとした。サスーニアンが立ち上がって出ていこうとすると、もうひとつ付け加えた。

「なあ、わたしはこの考えが心から気に入っているんだ。とても気に入っているから、ほかの団体が応じなくてもここに戻ってきてくれ。一緒にやろうじゃないか、きみとわたしで」

だが、カークが個人的に引き受けた役割のおかげで、団結は苦もなく成功した。全団体がアルメニア共同基金（UAF）の旗印の下で一体となって協力することに同意したのだ。つづいてUAFはカークの側近イェメニジアンの指揮下で動き出した。アルメニア人が協力して働くという願いがようやく実現したようだった。彼が強調したのは、リンシー財団以外の6つの慈善団体も最初から理解していることだった。**「話し合いの余地がない唯一のものは団結だ」**と。

1989年12月1日、気温20度ほどの晴れた日、チャーターされたボーイング707型機1機が500万ドル分の救援物資パッケージを積み込み、ハラート・サスーニアンを乗せ、ロサンゼルスを飛び立って、アルメニア・ソビエト社会主義共和国の首都エレバンに向かった。

「アルメニアが援助を必要とする限り、空輸をつづけてくれ」

サスーニアンはブラスバンドやチアガールが迎えてくれると期待していたわけではないが、驚いたことに、食料や薬や防寒着を載せたパレットを荷下ろしする手伝いには誰ひとり現れなかった。

フォークリフトの運転手は作業員用の休憩室でテレビのメロドラマを見ていた。彼は「便宜料」、つまりは賄賂100ドルを期待していたが、サスーニアンは払うのを拒んだ。喉から手が出るほど必要とされている物資の最初の30トンに便宜料などがかかれば、増収賄のせいでほぼ確実に今後の輸送が危うくなる。サスーニアンはテレビの前でフォークリフトの運転手と向き合い、「5分やる。それで動かなければ明日はこの仕事はあんたのものじゃなくなるぞ」と完璧なアルメニア語で警告し、にらみ合いを終わらせた。

数日後、地震からちょうど1年経ち、アルメニア北部の吹きさらしの山の斜面に設けられた家を失った人々のキャンプに、サスーニアンは食料の入った箱をもって向かった。トラックの隊列が止まると、地面に90センチほども雪が積もっていた。そこで暮らす多くの家族は、凍った地面に杭で固定したぼろぼろのテントが連なる集落で身を寄せあっていた。

サスーニアンはマイナス20度を下まわっているかもしれないと思いながら、ひとりの援助隊員と連れ立って最初のテントに歩いていった。そこにいたのは4人家族で、テントにいくつも開いた穴から吹き込む冷たい風に震えていた。食料の入った箱を差し出したが、男性は受け取ろうとしなかった。北風と同様、自分のテントでは歓迎できない招かれざるよそ者として、怪しみ、戸惑い、警戒しているようだった。

サスーニアンはアルメニア語で話した。

「食料です。アメリカからの贈り物です」

男性はそれでも動かなかった。だが、泣き出した。サスーニアンも泣き出した。突然、テントにいる全員が涙を流していた。箱には命を救う料理用油、粉ミルク、缶詰の食品、冬用の衣類が入っていた。そんなふうに事は進んだ。キャンプからキャンプへ。

ロサンゼルスに戻ると、ハラート・サスーニアンはただちに活動の報告をすることにした。数々の出会いや、人々に感謝されて受け入れられたことを伝えた。「任務完了です」と断言し、次は何をしたらいいかたずねた。

「アルメニアが援助を必要とする限り、空輸をつづけてくれ」

カークのわずか1文の返事により、**20年におよぶ10億ドルもの救助取り組みがはじまった**。カークが関わることで、アルメニア救援活動は1948年から1949年に合衆国政府に支援のもと行われた歴史的なベルリン大空輸作戦以来、単一国家に対する最大規模のものとなった。

アルメニア空輸の規模と継続期間だけでも、カークがはたした役割を隠しつづけることはできなくなる。カークの慈善行為についての情報が、合衆国とヨーロッパのアルメニア系アメリカ人コミュニティ全体に広がった。寄付者としてカークが要求するのはふたつだけだった。**絶対に自分の名前を記念碑のようなものに出さないこと。アルメニア人が常に一体となって働くこと。**

大打撃を受けた母国のいたるところで、アルメニア人はカークを聖人のようにとらえた。その名前が口にされるときは、畏敬と誇りが込められた。隣国アゼルバイジャンには石油があるかもしれない。「だが、我々にはカークがいる」と感謝の言葉を述べるアルメニア人もいた。

億万長者リスト入りを切望したドナルド・トランプ

カークは国際的なビジネスの世界でも広く注目を集めていた。アメリカの富裕層の上位400人のひとりとして、『フォーブス』誌のその年のリストに載ったのだ。リストに載っている多くの大物たちと同様、カークもこの人気雑誌の特別記事を、有用性も確かさも疑わしく、プライバシーに立ち入るものと考えていた。**自分が裕福だと宣伝することに何の利益も見出せなかった。**『フォーブス』誌の調査員に直接協力もしなければ、この雑誌が書き立てた自分の財産の概算を肯定も否定もしなかった。

1989年の『フォーブス』誌のリストには、カークにまつわる思いがけない慶事もともなっていた。今や彼はアメリカ人の億万長者66人のひとりであると示されていたのだ。推定の純資産は12億9000万ドル。ほかに初めて1989年のリストに名を連ねた億万長者に、投資家のマイケル・ミルケン、マイクロソフトの創業者ビル・ゲイツ、トランス・ワールド航空（TWA）の会長カール・アイカーン、複数のホテルとカジノの株をもつティッシュ兄弟がいた。

その中で特にラリー・ティッシュはリヴィエラに所有するカジノがカークの「ダイスのひと振り」で100万ドルの損失を被ったこともあり、『フォーブス』誌の特集にまるで関心も示さず、否定的な態度も示した。このアメリカ人の富裕層上位400人のリストを、役に立たない上に意味がなく、「まるで必要ない」と切り捨てたのだ。ざっと目を通し、そのあと脇へ放り出したという。

一方でドナルド・トランプはロビー活動さながらの運動をした結果、その年の大富豪の上位に躍り出た。彼は億万長者としてリストに載ることを切望してやまない人物のひとりで、1989年には純資産17億ドルと推定されてその仲間入りを果たした。

だが、『フォーブス』の編集者たちは、その年の半ばには億万長者リストからトランプをあっさり放り出した。1990年5月に理由を明らかにしたところによると、トランプが提供した不完全な情報に欺かれていたのだ。不動産業を営むこのニューヨーク市民の資産に、正味の価値を大幅に減らす負債が加えられていることがわかったのだ。1990年秋に次のリストが公表されるまでに、『フォーブス』はアメリカの富裕層上位400人のリストからトランプを完全に外した。**未来の合衆国大統領の当時の純資産は、編集者たちによると「ゼロ寸前」だった。**

トランプは『フォーブス』のリストから降格されたことをかなり悪く受け止めた。同誌を激しく非難し、元経営者の故マルコム・フォーブスを「とうとう墓からわたしに仕返しした」と責め立てた。

当時、トランプの事業による利益の評価額を落としたのと同じ経済的要因のいくつか――賭博業の収益の顕著な足踏み状態と、不動産価格の下落――はカークの純資産にも影響を及ぼしたが、わずかな影響のみで済んだ。カークは引きつづき億万長者のひとりとしてしっかり足場を固めていた。

マイケル・ミルケンにとって、億万長者のリストは深刻な個人的問題を覆い隠してくれるものだった。ミルケンは証券法違反を含む重罪の容疑で起訴され、配下のドレクセル・バーナム・ランバート社は倒産の危機に瀕していた。彼はそれより軽い容疑6件の罪は認め、約6億ドルの罰金を支払うことになった。

未来の億万長者テッド・ターナーは、ミルケンを守ろうと立ちあがった。公に発表したところによると、カークとのMGMに関する取引を成し遂げるのをミルケンが助けてくれたとし、彼のことを金融の天才だとほめちぎった。「万一あの男が刑務所に入るなら、そのときはわたしも同じ刑務所の隣の房に入りたい」とターナーは言った。

ミルケンは連邦刑務所で22か月間服役したが、ターナーが実際に付き合うことはなかった。出所後、ミルケンはふたたびカークと昼食をともにしたり、時々テニスを一緒にしたりした。

「差し上げよう」

1990年代を通じて、カークとリンシー財団は、エリザベス・ドールが総裁に昇進したアメリカ赤十字社の重要な後援者になった。エリザベスの夫ボブ・ドール上院議員（共和党、カンザス州選出）は、議会におけるアルメニアの主張――あのアルメニア人大虐殺の事実を合衆国が公式に認めることも含まれる――のもっとも有力な代弁者だった。

ドール上院議員は、シカゴの著名なアルメニア系アメリカ人の外科医とも非常に親しかった。第

2次世界大戦の終戦間近、ドールはイタリアで片腕を押しつぶされてしまうが、このドクター・ハンパー・ケリキアンのおかげで、負傷したその腕を切断せずにすんだのだ。移民であるこの医師は、若い兵士ドールの父親のような存在になった。ドールが上院議員になる頃には、ケリキアンもカークもアルメニア系アメリカ人のコミュニティの重要人物になっていた。

「おふたりに親しくなっていただきたいと思いまして」ドールはふたりを引きあわせて言った。

カークは長年政治家には限られた時間しか割かなかったが、友人の議員には例外を作っていた。その内のふたりは上院のライバルだった共和党のドールと、民主党でネバダ州選出のハリー・リードだ。

あからさまな政治的指針がないため、アメリカ赤十字はカークが好んで寄付する対象になった。寄付の依頼は単刀直入に話をもちかけられるほうがよいというカークの好みを、エリザベス・ドールは早いうちに認識した。初めて直接に懇請したのは電話を介してだった。アメリカ赤十字がルワンダ虐殺の生存者を支援する緊急支援基金を立ち上げようとしていることを説明したのだ。

「わたしにどうしてほしい？」

カークはたずねた。こうした電話を受けたときのお決まりの返事だ。

「わたくしどもでは200万ドル必要としています」とドールは言った。

「差し上げよう」

こんなに簡単だなんて！　赤十字の総裁は夢中で感謝の思いを口にした。やがてこう言った。

「カーク、あなたにはわたくしどもを支援してくださるかもしれない裕福なご友人方がいらっしゃいます。たずねてみてはいただけませんか、わたくしどもに……」

「待ってくれ」とカークは遮った。「どうもきみは200万ドル以上必要としているように聞こえる。本当はいくら必要なのかね？」。

「実のところは400万ドル必要です」

「差し上げよう」

カークが絶対にしないことがひとつある。対象がなんであれ、友人に寄付を求めることだ。顧問弁護士で友人のクリステンセンは言った。

「頼まれればカーク自身が何百万ドルでも寄付するでしょう。でも、誰かにわずかな額でも寄付するよう頼むくらいなら、自分の右腕を切り落としますよ」

第 III 部

伝説創生

「危険を冒さずに得る勝利は、
栄光のない勝利のようなものだ」
ピエール・コルネイユ
（フランスの劇作家）

第19章

打席に立つベーブ・ルース

1990年9月、カリフォルニア州ビバリーヒルズ

ある日曜日の朝、カークにはできるだけ早く取りかかりたい新たな投資計画があった。アレックス・イエメニジアンに、ワンダパークの家に金融と法律に関するアドバイザーから成るチームを召集するように言っておいた。何もかもが謎に包まれていた。だが、仕事の後には昼食が出てテニスをすることになっていた。イエメニジアンだけが、これから起ころうとしていることをわずかながら知っていたが、秘密厳守を誓わされた。

ベアー・スターンズ社のセンチュリーシティ支店長マイケル・テネンバウムは、マリブから車を運転して来なくてはならない。彼はすでにラスベガスの主なプロジェクトにおいて、カークの代弁者を務めていた。さまざまなプロジェクトのなかで、**テネンバウムとベアー・スターンズ社が7億ドルの資金を調達して建設しようとしていたのが、ラスベガスにおけるカークの次の巨大リゾートであり、まったく新しい、かつてない規模のMGMグランド・ホテルだった。**

当然ながら、日曜の朝でもテネンバウムは問題なく時間を割くことができた。なにしろ相手はもっとも裕福なクライアントだ。この億万長者をもっと知ることができるなら、どんな機会もありが

たかったし、丘の頂にある屋敷でテニスをするというくつろいだ雰囲気が与えられるのであればなおさらだ。妻と連れ立ち、2頭の大型犬も連れていくことにした。

テネンバウムは50代の初めで、カーク同様、テニスに熱中していた。スキーもするし、コロラド州ベイルに前衛的な5階建ての「ガラスの城」を発注して建てた。8年生（中学2年生）で学校を中退したクライアントとは違い、ハーバード大学から経営学の修士号を優等で取得している。

例によって、カークは雑談で時間を無駄にはしなかった。昼食のテーブルを囲んで全員が着席すると、開始時刻の午前11時を1分過ぎたところで会議を始めた。

「みんな、なぜここに集まってもらったか知っていると思う」とカークが口を開くと、全員眉をひそめ、「いいえ！」と声をそろえて言った。

「誰にも言うなと言われたから、何も話していませんよ」とイェメニジアンが急いで口を挟んだ。

カークは話を再開した。

「ああ、そうだったな。**ここに集まってもらったのは、わたしがクライスラー株の9・9パーセントを買おうと思っていると知ってほしいからだ**」

彼は、直ちにこの自動車メーカーの株を買いはじめるつもりだった。最終的な目標は、2200万株だという。6か月の間、イェメニジアンはカークの指示で、クライスラーの金融統計に密かに目を光らせていた。データ収集は極秘事項である上に、カークが関心を持っていること自体が注意を要するので、イェメニジアンはこの6か月間、この自動車絡みのビジネスについては誰とも話すことはなかった。カークには**「ミシガン州の上を飛ぶのも禁止だぞ」**とまで言われた。

ダイニングルームでのカークの発表に、参加者は呆然と沈黙した。彼は反応を待った。テネンバウムが思いきって、ためらいがちに反応した。

「いやあ、あそこはかなりひどい状態ですよ」

当時のクライスラー社の株は、ほかの誰の購入推奨リストにも載っていなかった。保守的な投資家向けリストにも、億万長者向けリストにも、投資収益率に関心のあるいかなる者に向けたリストにも。この合衆国第3位の自動車メーカーは、何十億ドルもの債務、何十億ドルもの財源のない年金負債を抱え、明らかな評価改善の見込みもなかった。

テネンバウムは、これはとんでもない投資を考えたものだと思ったが、カークに敬意を表し、「ベアー・スターンズ社のすべての資源」の提供を熱心に申し出た。

「巨大なチームを組んで全国津々浦々を一から掘りこして徹底的に調べ上げて、クライスラーに関してわれわれに出せる最高の評価をお持ちしましょう」

カークの表情のない顔には、喜びもいらだちも表れていなかった。テネンバウムのほうに身を乗り出し、その前腕に手を置いて言った。

「きみに頼みがある」

「カーク、あなたの望みならなんでも」

「ベアー・スターンズがクライスラーについて本当に評価を出すというなら、そのまま……控えておいてもらえないだろうか？」

カークの穏やかな拒絶に、テネンバウムは顔を平手打ちされたというか、賢明な助言を否定されたように感じた。上司である証券会社ベアー・スターンズ社の会長アラン・「エース」・グリーンバーグと電話で話した際に、テネンバウムはカークの厚かましさに不満を漏らした。グリーンバーグは同情せず、部下の上級幹部をたしなめた。

「ベーブ・ルースにバットの持ち方を教えることなどできない」

カークのクライスラー株取得作戦は、10月にゆっくりと探知されることなく開始された。それは11月もつづいた。12月になり、トラシンダ社が2億7200万ドルを払ってクライスラーの9・8パーセントを取得したと報じられると、デトロイトとウォール街に衝撃が走った。

クライスラーの重役たちは、乗っ取りに対する防衛策を実行に移すべく緊急会議を召集した。株価はひと晩で62セント跳ね上がった。カークの1日の紙上利益は1265万ドルにもなった。

投資界の大方はとまどっていた。一体カークは何をしようというんだ？　73歳のカークの主張は、クライスラーの経営を乗っ取るつもりなど微塵もなく、消極的投資家として購入するというものだった。だが、さらに株を買う可能性は否定しなかった。

「魔法の3文字」とMGMグランド社の設立

大口投資家として自動車製造業に進出していく一方で、カークは映画事業から撤退する準備を進めていた。イタリア人投資家ジャンカルロ・パレッティと彼の所有するフランス最古の映画会社パテ・コミュニケーションズ社が、MGM／UAの買収に現金で13億ドル支払うことに同意していたのだ。資金源は不明で、1年近くかかってようやくパレッティは融資パッケージをまとめ上げた。にもかかわらず、この知らせは必ずしも歓迎されなかった。

当時1990年の秋頃までは、ハリウッド評論家たちはアメリカの映画産業への外国からの侵入について気をもんでいた。すでにソニーがコロンビアを支配し、ルパート・マードックのニューズ・コーポレーションがフォックスを所有している。カークのMGM／UAの運営について批判するハリウッドの人々は、この映画会社が今度はまた別の外国人に売られると嘆いた。

ハリウッド、ウォール街、デトロイトを動揺させた後、カークはラスベガスに戻り、そこでさらに別の大きな動きのために身辺を整理しようとした。いつものように、長期的な目標については、ほとんど人に話さなかった。

数年前にわずかながらその姿を示したカークの最新のとてつもない計画は、MGMグランドのバリー・エンターテインメント社への売却に追加されるもので、ほとんど知られていない付帯的取引も付随していた。チェスの達人のように、カークは将来の多くの動きを見越していた。

バリーがMGMの名前を保持するのはわずか3年だ。3年経つと、カークはMGMを取り戻そうと考えた。ホテルの名前、ロゴ、ライオンに対する自分の権利を守るため、140万ドルの小切手もすでに用意していた。

3年の中断を経て、ラスベガスのホテルとカジノの事業にも戻った。最初に手に入れたのは、ハワード・ヒューズが残したコレクションの価値ある不動産ひと組、サンズとデザート・インだ。**1987年にふたつ合わせて1億6700億ドルを支払い、亡くなった億万長者がラスベガスに所有していた最後の遺物を手に入れた。**20年前に隠遁をつづけていたこのライバルに奇妙な戦いをしかけられ、街から追い出されようとしたこともあったから、その人物が隠れ家としたペントハウスを所有することで、個人的な満足も得られた。

MGMグランドのロゴとヒューズのふたつの不動産を手に、カークはMGMグランド社を設立した。その後この新会社への投資を、もとのホテルがバリーに売られたときにMGMグランド株を所有していた記録のある人たちに開放した。この申し出を利用した人はごくわずかだった。ほとんどの投資家はカークの言う「魔法の3文字」の魅力に相変わらず気づいていなかったが、またしても彼はMGMブランドそのものに価値を見出す。

カークは1989年にシェルドン・アデルソンに1億1000万ドルでサンズを売却し、ベアー・スターンズ社を頼ってデザート・インを2億ドルで売り込もうとした。ある日本の共同企業体が熱烈に購入を申し出たので、アレックス・イェメニジアンがカークに代わって交渉した。

アルゼンチン生まれのアルメニア人でUCLAで会計学を学んだイェメニジアンは、1989年半ば頃にチーム・カークに加わって以来、とんとん拍子に出世し、チーム第一線の交渉担当のひとりに成長した。だが、学ぶことはまだ山ほどあった。それに経験も浅く、少なくとも多少の心もとなさは感じていたので、日本人の買い手と契約に達したことを深い安堵と喜びをもって報告した。契約の正式な手続きは明日行われると、うれしそうなカークに告げた。

ところが、翌朝いちばんに状況は複雑になった。ずっと好条件を提示する新たな買い手が現れたのだ。現金で1500万ドル増しで、契約の付帯条項はなしだ。ふいに、日本人との取引が色あせて見えてきた。イェメニジアンはカークに電話をかけた。

「どうしましょう？」

「日本の共同企業体の買い手と約束はしたのか？」

「何もサインはしていません、まだ……」

「サインしたのかどうかなど訊いていない。取引に同意したのかどうかを訊いている」

「ええ、しました」

「だったら、なぜその件をわたしと話す必要がある？」

電話はいきなり切れた。

だが、日本人との取引は、その日のうちに決裂した。実のところ、第1次湾岸戦争に起因する急な経済の下降に直面し、どちらの取引も消えてなくなったのだ。全国的な景気後退により、商取引も不動産市場のさらなる不調が、国じゅうでゆうに1年以上つづくことになる。

デザート・インの売却は棚上げされたまま1993年に入り、ようやくその年に1億6000万ドルでITT社に売却された。カークが1986年にホテル2軒分として支払ったのとほぼ同額だ。億万長者にとっては、ささやかな利益だった。イェメニジアンが手に入れたものは、値段の付けられない貴重な教訓だった。それは、最初でも最後でもなかった。

アレックス・イェメニジアンは、かつてMGMグランドの解雇されたある重役と退職手当について話し合った後、カークに和解に向けた話し合いを再開するよう指示された。

「話し合いが不十分だ。条件がよすぎる」

カークに向かってイェメニジアンは言った。「金の話はしていません。なにが公正か話したんです」。だが、イェメニジアンも認めているが、苦労して勝ち取った当初の要求額を倍にすることを会社が認めるかどうかを訊いてくるように送り返されたときは、いささか悔しい思いをした。

ヤンキー・スタジアムより大きいカジノ

一方で、カークはラスベガス・ストリップに面したほかの場所に投資していた。1989年にマリーナ・ホテル&カジノを買い、その後トロピカーナ・カントリー・クラブとゴルフ・コースを手に入れたことで、さらに約4000平方メートル以上を地所に加えた。カークの壮大な未来図が明かされたのは、1年以上後に開いた記者会見の場だった。25年間において3度目になるが、またも世界最大のリゾートホテルを建てようとしていたのだ。

カークはマリーナ・ホテルで開かれたこの記者会見には出たが、質問はすべて重役たちに答えさせていた。ところが、会見が終わると記者たちに囲まれた。

「本当に世界最大のホテルを建てるのですか？」

カークは笑みを浮かべ、手を振って質問を遮ろうとした。

「客室の供給過剰について懸念はありますか？」

カークは人混みやマイクやカメラに落ち着かない様子で、おびえてすらいるようだった。ドアに向かって動き出したかと思うと駆け出し、それを押し開けて逃げ出そうとした。鍵がかかっていた。

UPI通信の支局長で、賭博に関する記事を長く書いているマイラム・ボーダーズは、『ラスベガス・レビュー・ジャーナル』誌のハワード・スタッツのほうを向き、予言した。

「あの人、二度とこの手の報道陣向けのイベントはしないわね」

彼女の言うとおりになった。

工事現場に最初に建てられたのは巨大なものだったが、それは駐車場にすぎなかった。これから建つのは架空の「エメラルドの町」をまさに実物にしたようなものだ。緑色のガラスに包まれ、すべてが新しいMGMグランド・ホテルは、「オズの魔法使い」をモチーフにし、ハリウッドをイメージするテーマパークを併設していた。

新しいMGMグランドはどれほど大きかったか？　カジノだけでも、ヤンキー・スタジアムのグラウンドより大きかった。**開業時には客室5005室、レストラン8店、バーとカクテルラウンジ5店、小売店23店、さらにマディソン・スクエア・ガーデン・ウエストを思わせる、大規模なコンサートやボクシングの試合の開催用に建てられたMGMグランド・ガーデン・アリーナも併設される。建設費は1日平均100万ドルで、ホテルの最終的な価格はきっかり10億ドルだ。**

ケーリー・グラントは亡くなったが、バーブラ・ストライサンドは戻ってきた。1993年のオープニングの夜に行われたニュー・イヤーズ・イブ公演は、ラスベガスの砂漠でいちばんの人気イベントになった。ストライサンドにしても20年ぶりのコンサートで、グランド・ガーデン・アリーナの全席が完売した。

新MGMグランドがラスベガス・ストリップに開業する頃には、カークは『フォーチュン』誌のインタビューでは「ささいなこと」と言及しているものの、クライスラー株の購入も再開していた。この自動車会社の株に対し、**新たに4億ドル増資した**のだ。同社の取締役会に自分の部下をひとり加えるようにすでに圧力もかけていた。さらにもっと積極的に株価を押し上げるようにうながそうとしたのだ。

カークは会社を去るクライスラー会長リー・アイアコッカと新妻ダリエンとも親しくなった。アイアコッカがクライスラーの取締役会にうながされて退職すると、カークは彼をMGMグランドの取締役会に加えた。1992年の夏には、カークのヨット、オクトーバー・ローズ号に乗ってイタリアン・リビエラを旅し、数日一緒に過ごした。

その船旅にカークが連れていったのが、かつて女子のプロテニス選手の上位10人に入ったことがある、すらりとして活発なリサ・ボンダーだ。このアスリート女子はのちにダリエン・アイアコッカにひそかな願望を打ち明ける、いつか世界一裕福な女になる……。カーク・カーコリアンの妻になる、と。

1982年にジーンと離婚して以来、カークの女性関係は時折ゴシップ記事になっていたが、かなりおとなしい書かれ方だった。もうひとつ長くつづいたイヴェット・ミミューとの関係が終わってからは、ケーリー・グラントの未亡人バーバラと一緒にいることをたびたび記事にされた。

ケーリー・グラントが脳卒中によって死亡した9か月後、伝説的ゴシップ・コラムニスト、リズ・スミスのコラムに、バーバラ・グラントは「ケーリーの親友のひとり、カーク・カーコリアンと再婚するかもしれない」との記事が掲載された。また『ハリウッド・リポーター』誌には、このカップルがフランス南部で一緒に別荘を探していると書かれた。実際ふたりはワンダパークのカークの屋敷でしばらく一緒に暮らしていたことがあったし、バーバラはカークが日常的に小型犬のスコーシーに夕食のテーブルから食べものをやることに対して不満を漏らしていた。

カークは当時70代で、結婚に興味はなかった。彼の恋愛関係に常に起こり得る最悪の事態は、結婚式の鐘が鳴るのではないかという憶測が公に噴き出すことだ。そのせいでカークの男女関係は一度ならず終わりを告げている。とはいえ、友情はつづいた。後にバーバラ・グラントが再婚するにあたっては、彼も客や友人のひとりとして喜んで迎えられた。

カークは自分のプライバシーを大切に守っていたため、恋愛関係にある相手に、自分の私生活と仕事のどちらについても口外しないことを誓う非公開契約書へのサインを求めるようになった。カークの末娘と年齢の近い26歳のリサ・ボンダーは、伝えられるところによると私生活にまつわることをめぐっては波乱のスタートを切ったという。

ふたりはオクトーバー・ローズ号に乗り、ウィンブルドン選手権目前の時期に、フランスのリビエラ沿岸で休暇を過ごしていた。ボンダーはすでに女子テニスの巡回トーナメントを離脱して、その数か月後に2歳の息子が生まれる。当時は離婚と子供の養育権について係争の真っ最中だった。

タブロイド紙のゴシップ専門コラムニストの大御所「スージー」はカークとボンダーの関係を暴露したが、同時にボンダーがカークの忍耐力を試しているとも伝えた。ボンダーはウィンブルドンにいる昔のテニス仲間に電話をかけ、億万長者のヨットで最高の時間を過ごしていると自慢していたのだ。

「これがカークの気に触ったのだ。おだやかに言っても」とその人気女性コラムニストは書き立てた。さらには、ボンダーがなにより人々の記憶に残っているのは、テニスの大物選手クリス・エバートを一度破ったことであり、「口が軽いこと」であると暴き立てた。

第20章

やっかい者のアイアコッカ

1995年4月11日、ニューヨーク

クライスラー会長ロバート・イートンは、毎年恒例のニューヨーク・モーター・ショー参加のため、ニューヨークにいた。翌朝ショーで紹介する予定の自社の1996年型ミニバンが、この年のジェイコブ・ジャビッツ・コンベンション・センターでのイベントの花形になるのはほぼ確かだった。リムジンに乗り込むと、運転手から伝言を渡された。

「すぐに電話を」

クライスラー社に最初に2億7200万ドル投資してから5年近く、カークはクライスラーの取締役会および経営陣にいささか煙たがられる存在になっていた。カークが「配当金を増やせ」「株を買い戻せ」と圧力をかけつづけるなかで、確かに株価は改善していた。だが、その株価も企業価値に比べれば低いままだった。

イートンには大いに喜ばしいことだが、クライスラーは四半期につき10億ドルを余剰金として現金で蓄えてきた。「緊急用資金だ」とイートンは言った。だが、カークには用心のし過ぎとしか思えなかった。この億万長者は自分の考えがましだとして、デトロイトの自動車産業をめぐってこれ

までに企てられたきわめて大胆不敵な計画のひとつを密かに口にしていた。全国第3位の自動車メーカーを個人的に買収するのだ。

カークの部下はイートンの部下と話をしてきたが、イートン側はカークの熱意を削いだと思っていた。しかしまったくそんなことはなかった。カーク側のトップ・シークレットであるプロジェクト・ベータは、まだ活発に稼働中だった。カークの消極的投資家時代は終わりつつあった。

イートンはウォルドーフ・タワーズに会社の借り上げている9室ある住居に戻ったが、部屋のなかをただ行ったり来たりして2時間ほど過ごし、ようやくカークに電話をかけた。ニューヨークは午後7時半で、単独で最大の投資者と電話がつながったとき、イートンの周りには誰もいなかった。

「ロバート、わたしたちの部下が話し合ってきたことは知っているだろう。こちらとしては会社に付け値をつけようと思うのだがね。1株50ドルになるだろう」

カークは穏やかなバリトンの低い声で言った。

「資金は調達できているのですか?」とイートンは訊いた。

「ああ、そのことに関してプレスリリースを出すつもりだ」

カークが口にした朝の発表で、すべてが説明される。歴史にはその晩のやりとりのすべては記録されていない。実際、この会話をしたふたりだけの当事者は、わずかにだが、はっきり異なる内容を語ることになる。カークは電話を切り、弁護士のひとりに言った。

「ロバートとはとてもうまくいった。完全に支持してくれている。あちら側の連中は認めないだろうが、想定どおりにいった」

イートンは買収について特に逆らうようなことはしないとカークは受け取ったのだ。それによって友好的ではないかもしれないが、敵対的にはならないだろうと。

だが、イートンの説明によれば、カークには「いいですか、わたしたちはこの件であなたと協力することはできません」と伝えたとのことだ。買収は強く反対されると伝えようとしたのだ。だが、それはそう伝わらなかった。

翌朝のジャビッツ・センターで、クライスラーのモーター・ショー担当チームはパニックに陥った。イートンがいなくなったのだ。新しいミニバンを披露することになっていたのに、現場に姿がない。ウォルドーフにもいない。クライスラー社が26億ドルかけて再設計したミニバンがプレゼンターなしでステージに上がろうとしていた。「一体イートンはどこにいるんだ？」と、ひとりの広報部員が疲れはてた表情で誰にともなくたずねた。

当の上司はその頃、緊急協議のためにデトロイトに向かっていた。

カークによる228億ドルの買収提案は、しばらくして先任の広報部員がプレスリリースを読み上げる形で壇上から発表される。リー・アイアコッカがMGMグランドの取締役会の一員に名を連ね、さらにクライスラー買収における主要な投資者となることが明らかにされた。

バン！　ジャビッツ・センターは突然、叫び声と喧騒に包まれた。記者たちは公衆電話を求めて走り、ニュースは世界じゅうに広がった。ウォール街ではクライスラー株が13ドル跳ね上がり、その後も活発な売買がつづいた。

ジャビッツ・センターでは、クライスラーの役員たちはほかのすべての者たちと同じように何も知らされておらず、完全に不意をつかれ、仰天した。混乱の解消には数日かかった。

クライスラーの裏切り

その朝、ベアー・スターンズ社では、アラン・「エース」・グリーンバーグがニュースを聞くなり、電話をつかんだ。投資のベーブ・ルースとこれほどの規模の取引が？　関わらないわけにはいかない。発表から1時間後にカークと連絡がついた。

「必要なら、あなたを手助けできる人材をそろえた完璧なチームを組みます」

カークの返事は心がこもってはいたが、曖昧だった。

「様子を見ていてくれ」

トラシンダ社の重役に転じ、クライスラーとの取引においての表向きの代表者のひとりにもなった会計士アレックス・イェメニジアンは、その日お昼近くになってからラスベガスからマスコミや投資アナリストや銀行家と電話会合を行った。デトロイトでロバート・イートンと大勢のクライスラーの重役たちは黙って耳を傾けていた。

カークの部下イェメニジアンは上司をクライスラーの株主の偉大な擁護者として褒めちぎった

が、聞いている者たちはもっと重大な疑問に答えるように迫った。カークはどこから228億ドルを調達するつもりなんだ？

答えは驚くほど曖昧だった。資金の一部はクライスラーから、イートンが緊急時に備えている現金から出すことになっていた。だが、金銭上の支援はほとんどが今後手配されるとイェメニジアンは認めた。公表を急いだのは情報漏れの危険を避けるためと言っているようにも思えた。

だが、クライスラーの人間には、論拠の浅薄さを告白しているとしか聞こえなかった。大きな投資銀行や富裕な外国人投資家の明白な支援がないのであれば、クライスラーには「求められずになされた提案」と呼ぶものを退けるために、一戦交える覚悟は十二分にある。チーム・カークはその言葉の使い方が気に入らなかった。友好的には聞こえないし、受け入れる意志も感じられない。何かがおかしかった。

その上さらに、ブルームバーグ・ビジネス・ニュースが、カークはベアー・スターンズ社をすでに雇っていたと報じた。カークのコックピットのひとつで警報ベルが怒涛のように鳴り響いた。カークは相談役の面々にたずねた。誰がエースを雇った？　とまどった視線が返ってきただけだった。エース・グリーンバーグが愛想のいい記者にしゃべり過ぎたに違いない。イェメニジアンはグリーンバーグを探し出して、繰り返し伝えた。「われわれはまだ君を表に出す用意ができていない」。何もせずに見ているんだ、頼むからジャーナリストには近づかないでくれと彼に忠告した。

この慌しい午後に株式市場が閉じたとき、クライスラー株は1日で25パーセント近く上がっていた。カークの1日の紙上利益は3億4200万ドルだった。計算すると、24時間の収益の割合は1時間約1400万ドルということになる。だが、それで幸福は買えなかった。

朝までにさらに警報が激しく鳴り響いた。クライスラーの取締役会は、次の声明を満場一致で承認した。「当社は売り物ではありません」。プレスリリースでイートンはさらに1歩進め、カークの取引に「クライスラーの経営陣はまったく関与していないことを明確」にした。

やっかいな気配が漂っていた。ひどくやっかいなものだ。チーム・カークは裏切りを察知した。クライスラーはこの取引を歓迎されないと表現しようとした。身をかがめて臨戦態勢を取ろうとしたのだ。しかも、カークを悪役とみなした。あるいはその朝『ニューヨーク・タイムズ』紙に書かれたように「この国でいちばん狡猾で、いちばん無慈悲な企業乗っ取り屋」の役柄を与えられた。

こんなふうになるはずではなかった。カークはいつもどおり平静さを装っていたが、冷酷な人間と見なされたことでひどく落胆し、密かに苦しんでいた。だが、表立って非難することはなかった。とはいえ、自分のチームに対しては、「敵対的になるはずではなかった」と漏らしている。

「誰もが彼のような株主をもつべきだよ」

78歳になろうとしているカークと、彼よりも著名な投資のパートナーで70歳のリー・アイアコッカは、どちらも移民の息子で、かなりおかしなふたり組と思われていた。内気な投資家とカリスマ性のあるセールスマンだ。ふたりは1989年に飛行機に関することで出会っている。

クライスラーはジョージア州を本拠とする人気ビジネス・ジェットのメーカー、ガルフストリーム社を手に入れており、カークは投資先を探していた。カークの同社への関心からは――投資家としても顧客としても――何も生まれなかったが、1990年に自動車産業が不景気に転げ落ちると、わざわざアイアコッカと自動車の話をしに行った。デトロイトに飛んだのだ。

「彼は727型機に乗ってきた。あの巨大な飛行機に、カークだけが乗っていたんだ」

アイアコッカは『ロサンゼルス・タイムズ』紙のインタビューのなかで回想している。クライスラーの株価はそれまでの1年間1株20ドル辺りをうろついていたが、この頃は10ドル近くまで下落していた。倒産しそうなのかとカークは尋ねた。会社の将来性は？

アイアコッカは10年前に議会を説得し、債務保証として15億ドルの支出を承認させたセールスマンだが、不景気を乗りきるクライスラーの能力、開発中の立派な新製品の生産ライン、収益の上がる未来について、夢中で話した。アイアコッカは言った。いいえ、倒産の心配はまったくありません。

カークがベアー・スターンズ社のアナリストに投資の仕方を、つまりはバットの持ち方を教えてもらう必要がなかったのは、これが理由だった。**知る必要のあることはすべて高い地位にいる友人から聞けばよかったのだ。**クライスラーは前途有望だった。カークが1990年に最初にクライスラー株2億7200万ドル分を買ったことで、ようやく投資界における同社の名声が高まった。

「あれですばらしい関係がはじまった」と、アイアコッカは自分たちのした買収提案の直後の興奮冷めやらぬままに言った。

「カークは一度もクライスラーの株を売っていない。誰もが彼のような株主をもつべきだよ」

だが、ふたりの提案が激しい抵抗に遭うと、ただちにその友情に緊張が生じた。アイアコッカは歴史にも例を見ない大胆不敵な私有化に向けた動きを通じてクライスラーの価値を釣り上げたことで、ある種の英雄として熱烈に称賛されるものと考えていた。ところが、かつてカークを無慈悲な企業乗っ取り屋と呼んだ『ニューヨーク・タイムズ』紙の社説が、アイアコッカのこともさんざんにこき下ろしたのだ。アイアコッカが「無茶な」買収の提案においてはたした役割を、「輝かしい経歴に破壊的で身勝手な幕引きをした」とみなし、結果としてクライスラーに負債を積み上げさせ、その未来を危険にさらすことになると書き立てたのだ。

イースターの週末を過ごしていたパーム・スプリングスから、かつてクライスラーの頂点にいたアイアコッカは、自身のPR攻勢を開始した。全国の自動車およびビジネスに関する書き手に向け、自分たちの行おうとした独創的な取引を擁護し、名指しはしないがカークのチームに属するふたりの会計士が戦術を誤ったとして非難し、過小評価されていたクライスラーはほかの誰より先に自分とカークに乗り込んでもらえたのだから運がいい、とそれとなくほのめかした。

だが、アイアコッカは『デトロイト・ニュース』紙に対し、これは「カーク・カーコリアンの取引」であるとも話した。カークは今も現金を必要としているし、「彼は資金調達に拍車をかける必要がある。まだ資金がないのだ」とのコメントが一面に28ポイントの大きな太字の見出しで記されたことで、さらに事態を煽り立てた。カークには資金調達の手配に「10日の限定期間」しかないし、できなければ計画は失敗するだろうとアイアコッカに吹聴され、はからずもカークは融資元を探すのに不必要な期限を課されることになった。

ラスベガスのトラシンダ本社から噴き出した悪態はまったく記録には残されていないが、アイアコッカは即刻呼びつけられた。イースターの午後を家族と過ごす予定は取り消された。カークに強く言われ、アイアコッカはニューヨークへ向かうことになった。恨みがあろうとも、チーム・カークの一員として取引のための現金をかき集めるのに手を貸し、「拍車をかける」ために。

「からかっているのか？」

投資アナリストたちは、カークとアイアコッカの取引に対するクライスラーの攻撃的で効果的な反応、つまり防衛策としての新たなポイズンピルの用意や、取引に占める割合にかかわらずあえて資金調達に協力するいかなる銀行とも縁を切るという脅し、ベアー・スターンズ社の同業他社との率直な会話を含むさまざまな戦略を注視した。

以前の新たなMGMグランド・ホテルのために10億ドル近く調達したことで、エース・グリーンバーグはブルームバーグ・ニュースの記事で関心の的になっていた。だが、クライスラーは独自の影響力をもっていた。グリーンバーグのベアー・スターンズ社はクライスラーの社債40億ドルを運用し、過去5年にわたって1000万ドルの手数料を受け取っていたのだ。クライスラーの弁護士がいつでも指摘できる利益相反だ。その上、ベアー・スターンズ社の代わりはいくらでもいる。グリーンバーグはそう察した。

イースター後の水曜日、アレックス・イェメニジアンがニューヨークで銀行家たちと会う準備をしていた午前7時、ホテルの部屋の電話が鳴った。グリーンバーグだ。太平洋標準時の地域から来たトラシンダ社の重役にとっては、ひどく早い時間だった。だが、グリーンバーグは弁護士たちやさまざまな対立について抱えているジレンマを詳しく話し出した。グリーンバーグはたずねた。

「こちらからクライスラーの弁護士に連絡して、そちらとはまったく取引がないと言ったら、異議はありますか？」

「もちろんありませんよ」とイェメニジアンは肩をすくめた。

「事実ですから」

2時間後、『ウォールストリート・ジャーナル』紙のある記者がアレックス・イェメニジアンに接触し、ベアー・スターンズ社が取引から手を引いたことを暴露する記事を載せると話した。ただし、陣営が否定するなら別だ。

「からかっているのか？」

イェメニジアンは激高した。手を引くことなどできない、向こうはこの取引にはまったくかかわっていないのだからと説明しようとした。にもかかわらず、同紙はベアー・スターンズ社の離脱を報じた。イェメニジアンの見たところ、グリーンバーグはカークをダシにして自らの非難を免れようとしたのだ。

イェメニジアンはグリーンバーグに電話をかけ、最後に一度怒鳴り散らした。こうして、ベアー・スターンズ社はカークにとっては、死んだも同然になった。投資のベーブ・ルースは二度とグリーンバーグのためにバットを振ることはない。たとえイェメニジアンが、この件についてなにか言わなければならないとしても。

だが、鬱憤を晴らしても事実は変わらなかった。世間の目にベアー・スターンズ社の撤退と映ったことは、カーク側に吹いていたごくささやかな風向きは大いに陰りを見せることになった。半世紀のあいだに誠実に金を貸してくれたバンク・オブ・アメリカだけは、この取引を検討することをいとわなかった。少なくとも、もうひとつ別の大手銀行が現れるまで待たなければならないが。

時間はどんどん過ぎていった。アイアコッカの区切った10日の期限がやってきて過ぎ去った。クライスラー社は61行もの別々の銀行に広がる与信限度額80億ドルを保留することで優位に立とうとした。カークは国外にも協力者を探し求め、株主の票を得るため色を付けて1株55ドルで買うことをロバート・イートンに提案させようとした。買収の専門家とも会った。広報活動のコンサルタントを雇った。あきらめることはなかった。紙上利益が10億ドルに迫っても、持っているクライスラー株をまったく売らなかった。

クライスラーはカークが手を引いてくれる価格があるのかどうかを見極めようと、ひそかに働きかけることを考えた。彼の所有する3600万株を買いとるにはいくらかかるのか？　強欲な「乗っ取り屋《グリーンメーラー》」とみなされることに腹を立て、カークはイートンの名前を口にするときは必ず冒瀆的な言葉を付けるようになった。

イェメニジアンはこのひそかな予備交渉について公表した。カークは「ほかのすべての株主が同様の条件を提示されない限り、いかなる価格でも売らないだろう」と『ウォールストリート・ジャーナル』紙に告げたのだ。

クライスラーと投資界を揺るがせてから7週間後、カークはクライスラーに対して当初提示した付け値と、さらに値を上げた1株55ドルを撤回した。トラシンダ社が出した短いプレスリリースによって、買収劇は幕を閉じた。だが、カークは15億ドル分あるクライスラーのポートフォリオのうち、ただの1株も売らなかった。それが何を意味するか、イートンにはわかった。カークは手を引くつもりはない。

クライスラーの砦は、ふたたび猛攻撃にさらされることになる。

夢は「最後のミセス・カーク」になること

2か月後にふたたびこの件に着手すると、カークはバンク・オブ・アメリカから受けた8億ドルの融資によって調達した資金で、新たに7億ドルでクライスラー株を購入したと自ら表明した。今や持ち株は5500万株に達し、14パーセントをわずかに越えた。またかつてのクライスラーの重役ジェリー・ヨークに、IBMのCFO（最高財務責任者）の座を離れるよう熱心に頼みこんでいた。「あの（ここに必ず罵り言葉を入れて）男、イートンのやつ」をヨークと交代させることを提案するのだ。

そうこうするうちに、チーム・カークはリー・アイアコッカをほぼ締め出していた。アイアコッカのひんぱんな不満の訴えは、「クラップステーブルのペリー・コモ」の寛恕の域を超えるレベルに達していたのだ。公平を期すれば、アイアコッカは執念深いクライスラーの役員によって大打撃を受けていた。クライスラーにとって不利益なことをしたとされ、アイアコッカのストック・オプションの約4500万ドルが無効にされたのだ。

カークが新たに雇った広報係の女性に割り当てられた仕事は、アイアコッカの電話を——時間に関係なく——すべて受け、起こっていること、あるいは起こっていないことについて、彼が怒りに任せて長々と話しつづけるのに、一心に同情の気持ちをもって耳を傾けることだった。女性の任務はさらに広がり、アイアコッカに記者には近づかないようながすことも求められた。ビジネスの世界でクライスラー買収戦における重圧が高まりつづけるなか、カークとアイアコッカいずれの私生活も複雑さを増した。ダリエン・アイアコッカは離婚訴訟を起こし、彼女は夫が最初に提示した400万ドルでの和解を拒んだ。

カークはテニスとヨットの旅のパートナーだったリサ・ボンダーと4年間一緒に過ごしたが、口論することが増え、たがいの存在が次第に疎ましく感じるようになった。だが、**カークが何よりいらだったのは、彼女が世界一裕福な女になるために自分を利用していると友人たちに吹聴していることだった**。カークは1995年の30歳の誕生日に5カラットのダイヤモンドの指輪を贈り、彼女に2か月後に出ていくように告げた。ボンダーと前夫のあいだに生まれた6歳になった息子は、ダリエン・アイアコッカと一緒に暮らしはじめた。

こうしてクライスラー買収において疎遠になったアイアコッカとカークは、たがいの恋愛パートナーとも疎遠になったが、その女性たちが約9か月一緒に暮らして親友になり、それぞれが洞察した多くのことを語りあった。ボンダーはダリエンに、夢は「『最後のミセス・カーク』になること、そうなればいつか『それ』が全部自分のものになる」と言っていたという。

「それ」——カークの財産だ——は、折よくクライスラーの株価が安定して上がっているので、月に1000万ドル単位で増えていた。

1995年の年末までには、株価を上昇させようとするカークの戦略がなかなかの効果を上げる一方で、買収の試みは失敗する運命にあることは明らかになりつつあった。このギャンブラーはどちらも終わらせるときだとわかっていた。ただ、手を引くには微妙な演出が少しばかり必要だった。

カークとロバート・イートンは——両陣営の助言者たちの忠告に反して——ひそかにふたりきりで会って最終的な妥協案を探ることで同意した。イートンはカークのビバリーヒルズのオフィスから歩いてすぐのところにある豪華で由緒あるビバリーウィルシャー・ホテルのスイートルームを予約した。

クライスラーは、さらに株を買い戻すことに同意することになる。それによって配当金がふたたび増加するだろう。カークはクライスラーの取締役会に席をもつことも可能だった。ジェリー・ヨークではないからだ。ヨークは目下の経営陣に脅威とみなされた。カークはこの件について考えなくてはならなかった。ヨークこそ彼の大本命だったのだ。

「そうだな、ロバート、そうすることもできるかもしれないな」とカークはついに同意した。

「ただ、相当高くつくぞ」

イートンは買い戻しにさらに10億株を追加することに同意した。そしてそのように進められた。だが、カークはクライスラーにアイアコッカに対してかつて無効にしたストック・オプション4200万ドルを戻すように求めたが、これは断固拒否された。半分ならどうだ？　イートンは肩をすくめた。それはなんとも。

1996年2月、正式な交渉はミシガンに移された。この件はヨークに任せてカークはフロリダへ飛び、そこでヨットに乗って最終的な条件が決まるのを待つことにした。取引の重要な要素は整っていた。拡大された株の買い戻し、配当金の増額、カークのクライスラー株購入と株主総会の委任状獲得戦の試みの5年間の停止措置のほか、トランシンダ社の重役ジム・アルジアンがクライスラーの取締役会に席を得る。アイアコッカは無効にされたストック・オプションの半分を取り戻すが、無批判契約書に署名せざるを得なくなる。すなわち批判に関する5年の発言禁止命令だ。

取引全体が突然ぐらついたのはそのときだ。激怒したアイアコッカは例の異議を唱えられたストック・オプションの最新の最高限度額を反映する5300万ドルを望み、口をつぐむことを求めるいかなる契約書にも署名しようとしなかったのだ。

取引全体がアイアコッカの自尊心にかかっている状態であったが、カークはオクトーバー・ローズ号から彼に電話をかけて落ち着かせ、改心させようとした。最終的には怒りを押し殺してその3200万ドルの差額は自分が個人的に補償すると言った。きみは求める金を手に入れることになる、とカークは言った。友情の終わりのように聞こえた。だが、違った。

カークが昔から備えていた辛抱強い特徴のひとつで、友人たちに何より好感をもたれていたものに、恨みをあまり引きずらないということがあった。**恨みを溜め込まないのだ。「仕事だからな」と言って先へ進むのが常だった。**カークとアイアコッカはその後数か月にわたりダブルデートをつづけていた。そしてイートンの名前からも罵り言葉が消えた。それ以来、ふたりはカークとボブと呼びあいながら何度か食事をともにした。

カークはもう一度買収を試みて失敗したが、想像もつかないような利益を出して手を引くことになった。**クライスラーとの交渉がすべて終わったとき、当初の投資金額を越える約27億ドルを得ていた。**

第21章

彼女はあくまで固執した

1996年夏、カリフォルニア州ビバリーヒルズ

この年の早い時期にクライスラーを狙った試みが儲けは出たものの失敗に終わると、79歳のカーク・カーコリアンは、億万長者であったが有意義なやりがいを失っていた。口説き落とせそうな女性もいなければ、眼前に立ちはだかるかのような買収案件も、業績は芳しくないが救済したいと思う企業もなかった。あてどなくさまようような春を過ごした。だが、夏には昔の「恋人」の腕に戻った。ひどく困窮して経済的に頼る当てのない、かつて所有していた会社MGM／UAに。

この映画制作会社が1990年にジャンカルロ・パレッティのパテ・コミュニケーションズ社と合併したことで、誰もが大きな痛手をこうむることになった。ただし、カークは別で、14億ドルの売り上げの大部分を得て手を引いた。後でわかったことだが、パレッティは銀行家たちに賄賂を使ってこの取引に融資させ、その後は自らの贅沢なライフスタイルを支えるために会社を丸裸にしたのだ。フランスの巨大銀行クレディ・リヨネは、機能障害に陥っている映画会社と、25億ドルをゆうに越える手形とともに取り残された。この銀行がMGM／UAを市場に戻したとき、カークは映画ビジネスで三度目の勝負をしようと列の先頭に立った。

その7月、カークは恋愛面でも落ち着かなかった。元女子プロテニス・プレーヤーのリサ・ボンダーとの5年つづいた関係を終わらせようと努力をつづけていたが、彼女にふたりの関係を決定づける最後の言葉としての「さよなら」を受け入れることを拒まれたのだ。ふたりはその頃も時折週末を一緒に過ごしていたが、そんな彼女に告げられたのは、国を横断して引っ越す準備を整えたということだった。

カークはMGMを買い戻すのに必要な8億7000万ドルの小切手を書くのとほぼ同時期に、ボンダーのために現金を引き出した。**ニューヨークで「やり直す」にはとにかく現金が必要だと求められたのだ。**ニューヨークで「やり直す」そのささやかなものは、合計100万ドルの銀行の帯封を巻かれた大量の100ドル札だった。

カークは自分で使う現金を常にたっぷり手元に置いていた。クレジットカードが大嫌いだったのだ。「あれを使うと、どこに行っても記録を残すことになる」と不満を漏らしていた。それでも初めてクレジットカードを作ろうとしたときがあって、その際は財務顧問のジョージ・メイソンとアンソニー・マンデキックとともに申請した。ふたりは承認された。カークは却下された。現金頼みのせいで、消費者信用履歴が残っていなかったのだ。

カークはスタイルを変えることはなかった。日々の私的な出費は現金で支払いをつづけ、ランチやディナー、ビバリーヒルズ・ホテルのポロラウンジで頼むカクテル、駐車場の係に渡すチップなどもすべてその場で支払いを済ませた。100ドルのチップも当たり前だった。

どこに行くにもズボンのポケットに100ドル札を何枚も丸めたものをいくつも突っ込んでい

た。街なかでは5000ドルから1万ドル分の束になった。国外に行くときは少なくとも5万ドルは突っ込んだ。ビバリーヒルズとラスベガス、どちらの家の金庫にも現金がごっそり詰め込まれていて、多くは100ドル米札で15万ドルから20万ドルほどが用意されていた。

リサ・ボンダーは家に金庫を持っていなかった。そもそも一生住める家も持っていなかった。相変わらずダリエン・アイアコッカと一緒に暮らしていた。そういう状況だったから、100万ドルを得て当面の警備の負担が生じた。彼女はウェンディ・ファラヒ（ロン・ファラヒの妻で、カークの身の回りの世話係兼健康に関する指導者を務めていた）に、サンセット大通りにある自分の使っている銀行まで車で送ってくれるよう頼んだ。ふたりは友人同士で、どちらも社交的で愛想がよく、年も近い。ウェンディは、ボンダーの7歳の息子テイラーの面倒もよく見てくれていた。

銀行に行くと、やたらに気が利く支店長にテーブルがひとつ置かれた個室に案内された。部屋の外に武器を持った警備員がひとり立っていた。そこで100万ドルとふたりきりで向きあった女性たちが気づいたのは、100個のレンガのような現金はボンダーに用意された貸金庫のスペースには簡単に収まらないということだった。並べ替え、積み直し、詰め込み、紙で巻かれた束の最後のひとつを押し込み、ひと運動するようなことになり、警備された部屋を出る頃にはめまいすら覚えていた。

しまい込まれたその100万ドルがニューヨークでのボンダーの新生活にあてられることはなかった。彼女は東部には引っ越さなかったし、カークは気にもしないようだった。約3週間後の8

月、彼はボンダーをフランスのリビエラのヨット・クルージングに誘った。ボンダーが31歳になる10月には、ウェストウッドにあるお気に入りのレストランのひとつ、マッテオズでのバースデイ・ディナーに連れ出した。11月にはカークのプライベート・ジェットでマウイ島に飛び、リッツ・カールトンの1泊5000ドルの豪華なスイートルームで感謝祭を過ごした。

ふたりのハワイでの和解は、突然終わりを告げた。またしても諍いがはじまった。ボンダーは結婚の願望にあくまで固執したのだ。カークはというと、そのことは話もしたくなかった。いきなり席を立って乗務員を呼び出すと、飛行機を飛ばして家路に着き、取り残されたボンダーは自力でカリフォルニアへ戻るしかなかった。

「頭がからっぽの美人の、どこがいいっていうの？」

1991年にカークとボンダーを結びつけたのはテニスだった。以前MGMグランド・ホテルとラスベガス・カントリークラブでテニスのエキスパートとして働き、この年にはテニスのスター選手ジミー・コナーズのコーチを務めたローニー・クールがふたりを引き合わせたのだ。何年か前、ジェリー・ペレンチオのプロデュースで全国でテレビ放映された「男女間の戦い《バトル・オブ・ザ・セクシーズ》」で、ボビー・リッグスは女子テニスのスター選手ビリー・ジーン・キングに敗れたが、その際にリッグスのマネジメントもした人物だ。

　このクールが、ワンダ・パーク・ドライブに面した丘の上のカークの家で週末に長時間行われるテニス・マラソンに、あるときリサ・ボンダーを連れていった。身長が180センチ近い、頭の回転が速くて強烈なフォアハンドを繰り出すこの金髪の女性は、カークの週末のテニス仲間たちのたちまち人気者になった。

「彼女は楽しくて、愛想がよくて、チャーミングで、テニスの腕は抜群だったよ」とロン・ファラヒは思い出す。ファラヒはカークの右腕で世話係でもあり、そうした週末のテニス会ではいつも料理人としても働いていた。そして1991年3月、ボンダーはカークと交際をはじめた。**カークは73歳、ボンダーは25歳だった。当時ボンダーは、家具ビジネスで蓄えられた財産を相続するトマス・クレイスと結婚して3年経っていた。**クレイスとの間に生まれた子テイラーは2歳になったばかりだった。

　結婚して妊娠する前、ボンダーは女子のプロテニス・プレーヤーの上位10人に入っていた。10代の頃、東京で行われたトーナメントで伝説的プレイヤー、クリス・エバートを破ったこともある。1984年には最盛期を迎え、パリで行われた全仏オープンでは準々決勝まで勝ち上がり、この年の後半にニューヨークで行われた全米オープンでは4回戦まで勝ち進んだ。

　カークのテニス仲間はボンダーのテニスと仲間意識に好印象をもった。カークが彼女に好意を抱いていることは明らかだった。だが、カークに歯に衣着せぬ物言いをする姉のローズは、ボンダーをまるで気に入らなかった。彼女はアルメニア人ではないし、まだ人妻だし、ずいぶん若い。ローズは一度、バカにするような言い方で弟の交際に反対した。

「あの頭がからっぽの美人の、どこがいいっていうの？」

「わたしを笑わせてくれるんだ」とカークは答えた。

ユーモアがあることは、カークがデートしたり結婚を考えたりする女性に共通する特徴だ。元妻のジーンは、中でもとびきり勇ましいひとりだった。ある退屈なビバリーヒルズのディナー・パーティーでのこと、カークやケーリー・グラントや、ケーリーの当時の恋人でイギリス人の写真家モーリーン・ドナルドソンが出席していたが、同じく生粋のイギリス人のジーンはおしゃべりに飽きていた。男性たちはスコッチと葉巻を楽しむために居間に引き上げていた。裕福な女性のひとりが自分の家の料理人たちの至らないことに不満を漏らしていた。ジーンはロンドン訛りで口を挟んだ。

「お宅の料理人にスポッティド《ほくろのある》・ディック《ペニス》を作らせるべきね」

「え？　今なんて？」

相手の女性はたった今耳にしたことがとても信じられず、聞き返した。

「お宅の、料理人に、スポッティド《ほくろのある》、ディック《ペニス》を、作らせる、べきね！」

ジーンは先ほどよりゆっくりと、訛りの強い言葉をひと言ずつ繰り返した。

モーリーンもウィンクしてそっと肘で突き、調子を合わせた。

「でも、濃い青紫色のぶつぶつがなかったら、スポッティド《ほくろのある》・ディック《ペニス》じゃないわ」

そう言って、思わせぶりにつづけた。

「どういうことか、わかるわよね？」

とりすましたビバリーヒルズ社交界の婦人たちで埋まったテーブルは、一瞬敵意に満ちたような沈黙に包まれた。やがてジーンはスポッティド・ディックとはイギリスのレーズン入りプディングのことだと説明した。全員が面白がったわけではない。だが、むだなおしゃべりに対するこの手の切り返しを耳にしたら、カークは喜んだことだろう。**自信に満ちたユーモア上手な女性が、いちばん好きだったのだ。**

イヴェット・ミミュー、バーバラ・グラント、プリシラ・プレスリーほか、カークのそれまでのロマンスの相手は、聡明で、目を見張るほど美しく、分別をわきまえていた。そして、リサ・ボンダー以前に現れた女性たちは誰ひとりとして、カークとの関係に世間の注意を引くようなことはひと言も口にしなかった。

ゴシップ・コラムニストのスージーがボンダーとの関係がはじまった頃にほのめかしたとおり、ボンダーは、カークが安穏としていられないくらい、いろいろなことを話してしまった。さらに悪いことに、ダリエン・アイアコッカやほかの友人たちと話している際にも、「カークは豊かな財産を自分にもっと分けてくれてもいいのに」とぼやくことがあった。これは、カークが用心深く守っているプライバシーの侵害であり、ボンダーは彼の信用を失うことになった。

別れたあと何か月もカークが相変わらずボンダーに贈り物を与え、旅行に連れていき、銀行の帯封の巻かれた100ドル札で100万ドルを気前よく与えているのは、友人や家族には矛盾しているように思えた。だが、ボンダーはただこう説明した。

「あの人はわたしの面倒を見てくれたし、わたしもあの人の面倒を見たのよ」

カークがリサ・ボンダーと付き合い出してかなり早い段階から約束していたのは、ボンダーがテイラーと離婚するためにただちに住居を移動したいなら、彼女と息子のテイラーを金銭的に援助するということだった。そして彼自身の礼節感から、とにかく引っ越すよううながした。だが、決して結婚は申し込まなかった。結婚しないままで十分満足していたのだ。ボンダーとの5年間、それはまったく変わらなかった。1997年の初めまでにふたりの関係は完全に冷えきってしまい、リサ・ボンダーがカークに結婚の請願を受け入れてもらえる可能性は急速にしぼんでいった。

それでも、ボンダーは固執したのだ。

詐欺まがいの「妊娠作戦」と新しい恋人

若い頃でさえ、カークは子供をもうけるむずかしさにいらだちを覚えていた。子供のいない結婚生活は、最初の妻ペギーとの9年間において強く落胆したことのひとつだった。ジーンとは5年かかったが、トレーシーをもうけた。そしてさらに5年間時間をかけてみたが子宝に恵まれず、リンダを養女に迎えた。

当初、カークはボンダーに「かなり前に精管切除をした」と言っていたが、のちに実は不妊症であると告げた。

ボンダーがある友人に告げたのは「解決策がある。カークの不妊症を克服できるし、結婚の約束も取り付けることができる」ということだった。ボニー・グラスマンには、「ロサンゼルスで体外受精を行うあるクリニックを見つけた」と話した。そのクリニックで妊娠し、カークには「赤ちゃんはあなたの子だ」と告げればいいのだ。

ラスベガスの有名レストラン、ピエロズ・イタリアン・キュイジーヌの経営者フレッド・グラスマンの妻ボニーは——夫婦ともにカークの共通の友人だ——その考えに賛成しなかった。ボニーはボンダーの計画を「詐欺まがいで、道徳的に間違っている」として会話を打ちきったという。

1997年の春までには、カークと和解できる望みはないとさすがのボンダーも認めざるをえなくなった。1日何時間も友人たちに電話をかけて、どうしたらカークの愛情を取りもどせるかくよくよ思い悩むこともあった。だが、カークは動じない。ボンダーは友人で社交界の名士アン・デュポンに「カークのいない人生なんてほとんど生きる意味がない」とすら言った。カーク自身にも同じようなことを言い、ひどく不安がらせた。

ボンダーは、なおカークをしつこく追いまわした。カークがプライベート・ジェットを置いているヴァン・ナイズ空港の運航管理室に問い合わせれば、彼の移動予定が把握できた。乗務員が標準的に使う飛行ルートもよく知っていて、友人たちと電話しながらカークが今どこにいて、行き先がどこであろうと、何時に着くかをあっという間に計算してみせることもあった。

ボンダーに追いかけられているような気がするし、彼女が突然思いがけない時間や場所に現れるような気がすると、いつしかカークはこぼすようになった。

4月、カークに結婚の申し出を「最終的に」拒絶されたボンダーは、またしても精子バンクのことを考えていた。アン・デュポンには、テイラーには弟か妹が必要だと言った。だが、ボンダーも楽しもうとしていた。南カリフォルニアの不動産業で巨額の資産を相続したハリウッドのプレイボーイ、スティーブ・ビングと付き合いだしたのだ。ある日、高級なホテル・ベルエアーでのアンを連れたあるダブルデートの最中、ビングとこっそり抜け出してすばやくセックスに興じた。

その頃だった。ボンダーは、アメリカのビジネス史上もっとも偉大な取引交渉人のひとりであるカーク・カーコリアンに、取引交渉の策略を仕掛けることを決めたのだ。

人生を先に進めることに同意するが、物質的援助が必要だ。言ってみれば、いざというときのための準備金だ。ビバリーヒルズのアンジェロドライブに売り出された家がある。その家には手を入れる必要がある。**カークに400万ドルもらえれば、160万ドルでその家を買い上げて改装する。**残りはわたしの人生推進資金になる。ボンダーはそう考えた。

カークは同意した。ボンダーに満額の400万ドルを渡すが、契約書——弁護士のテリー・クリステンセンの用意する、法的拘束力のある非開示に関する契約書だ——にサインしてもらうことになる。仕事上の関心や個人的なことなど、自分に関して知っていることはすべて他言しないと約束するものだ。ボンダーはこの秘密保持契約そのものも秘密にしておかねばならなかった。ふたりはこの取り決めに関して握手するだけではすまなかった。「最後の羽目はずし」として、1週間ふたりで一緒に過ごしたのだ。

カークは決して立ち止まることなく、6月下旬にMGMグランド・ホテルのブラウン・ダービーで、聡明で目を見はるほど美しく、はっきりものを言う別のブロンド女性を夕食に誘った。このウーナ・デイヴィスは、サンディエゴの北にある豊かな海辺の村ラ・ホーヤ出身だ。彼女もテニスをするし、離婚していて、経済的に自立し、人に抜きん出ようという気持ちもかなり強かった。

ウーナ・デイヴィスとカークが出会ったのはふた夏前のことで、デイヴィスがテニスのエキスパート、ローニー・クールの共通の友人たち何人かと車で北に向かい、カークの週末のテニス・マラソンに参加したときのことだ。テニスをして笑い声を上げ、ロン・ファラヒの用意したプールサイドでのビュッフェ形式の昼食を楽しんで1日過ごした後、カークはビバリーヒルズのミスター・チョウで夕食をとろうと、全員を連れ出した。カークは、何か所も継ぎが当てられたバタースコッチのような黄褐色のやわらかなコーデュロイ仕立ての上着を着ていた。デイヴィスは声を上げた。

「あなたの上着、すごくいいわ！」

カークの目は、どうやらそのあとひと晩じゅう彼女に釘づけになってしまった。

彼女に最初に出会ったときにカークは70代後半に差し掛かっていたが、体は引き締まり、たくましかった。肌は自然に日焼けしていて、黒髪がどころどころまじったふさふさの白髪の前頭部を膨らませて後ろに流していた。話せば謙虚で控え目で、まるで少年のように人生に対する情熱を示した。「あの人、すごく面白くて、魅力的で、やさしくて感じがよくて。大物実業家だなんて誰も思わないよ」。最初の数回の出会いについて、デイヴィスはそう話している。

気楽に会話をして気楽に笑う心地よいリズムをお互いに持っていると気づいたのは、ブラウン・ダービーではじめてふたりきりでデートしたときのことだ。夕食後、カークはデイヴィスを彼女の部屋のドアまで送っていき、おやすみと言った。

「それだけだったわ。そういう紳士的な人だったの」

1回のデートが2回目のデートにつながった。今度はシーザーズ・パレスに入っているスパゴだ。このときデイヴィスが気づいたのは、カークがやってくると人だかりができてしまうことだった。

「あの人が入ってくるとお店全体が揺れるみたいだった」

デイヴィスが目にしたのは、人々がレストランのあちこちから駆けつけて、彼に挨拶し、席に案内し、どんな望みでも言ってほしいと嘆願する場面だった。

「カークはなんだかバツが悪そうだった。いつだってひとりの無名の人でいたかったのよ」

そうした騒ぎが起こらないようにするために、カークは裏手にあるMGMグランドの通用口のそばにいつも車を停めた。ここに停めれば路地を歩いていってフードコートを通り抜け、大勢の人から挨拶を受けることなく、ひいきのレストランにたどり着ける。ある晩、いいムードになり、白いトーラスの車内でデイヴィスとふたり、十代のカップルのように抱きあって戯れた。

コンコン。ホテルの警備員がカーク側の窓を叩いた。

「そういうことをされては困ります。出ていってください」

警備員は命じた。「上司」に向かって話しているとはまったくわからなかった。だが、カークは決して本当のことを言わなかった。それどころか、まったく口を開かなかった。だが、怒り狂っていた。移動しろという命令にしたがう彼の右の拳が固く握り締められ、上に向けられていることにデイヴィスは気づいた。

「あの人、今にも殴りかかりそうだった！」

時にカークは、恋にほとんどのぼせ上がっているようだった。また別の夜、ホテルで一緒に夕食を取ろうとデイヴィスを車で迎えにいったところ、めずらしく遅くなって渋滞に巻き込まれてしまった。そこで機転を利かせて中央分離帯に乗り上げて交通渋滞をガーッと突き抜けようとしたが、タイヤがパンクし、車がうんともすんとも動かなくなった。

札束から100ドル札を何枚か引き剥がしてひとりの見物人に渡すと、車の処理を頼み、デイヴィスとのデートに遅れないようにその場をあとにした。

そうした最初の頃のデートから、さらに回数を重ねていった。それは新たな美しい友情のはじまりのように見えた。姉ローズもウーナ・デイヴィスを気に入っていた。

だが、突然、カークからの電話がとだえ、ふたりの交際は終わった。「おしまいなんだって思ったわ」デイヴィスは肩をすくめた。その夏の終わり頃、ローニー・クールから連絡があった。カークがたいへんなことになっていると彼は告げた。滅入っている。ひとりで座ったまま、じっと壁を見つめてる。ウーナ、電話をして元気づけてやってくれないか？

「まあ、何があったの？」

「元恋人のせいだ」とクールは言った。

「リサ・ボンダーだよ。妊娠してる。カークの子だと言ってる」

第22章

ライフル・ライト、マイク・タイソンを受け入れる

1997年6月28日、ネバダ州ラスベガス

大勢の人々がMGMグランド・ホテルに続々と入っていく。人々は国じゅう、世界じゅうのありとあらゆるところからやって来た。ボクシングで最大級のイベントが、その土曜日の晩グランド・ガーデン・アリーナで行われる予定で、チケットは完売した。最大級の入場者数、最大級の賞金、最大級の興行。カーク・カーコリアンと彼のホテルにとって非常に重要な夜だった。

その晩、カークは言うまでもなく裏口から入って迷路のように入り組んだ裏通路を経由し、厨房を抜けて自分の主催するイベントにこっそり入っていった。この通路を行けば、おしゃべりしたり歩きまわったりしている記者たちを間違いなく避けられる。とにかく、席を見つけて大勢のなかに溶け込んでしまおう。

メインイベントは、ヘビー級のディフェンディング・チャンピオン、イベンダー・ホリフィールドと、世界ボクシング協会のタイトルマッチでタイトルを失ったチャンピオン、「アイアン」・マイク・タイソンの再試合だ。ウィリアム・フォークナーの小説に絡めて「響きと怒り」と銘打ち派手に宣伝されたこの一大決戦は、ボクシングの収入記録を塗り替え、スポーツファン1万8187人

をカジノに取り込み、ボクシングにとってもギャンブルにとっても特別な一夜になる。

　何年も前、グランド・ガーデン・アリーナを構想していた頃、カークはこんな夜を夢見た。ラスベガス・ストリップのリゾートホテルに、はじめて室内ボクシング会場が設計、常設される。フレッド・ベニンジャーおよび財務担当者たちは疑念や抵抗を示したが、カークはＭＧＭグランドの当初の計画に含めることを主張した。「フレッド、アリーナを作るぞ」。彼は断言した。そのアリーナを自身のマディソン・スクエア・ガーデン・ウエストと考えたのだ。

　ようやく「従業員専用」の聖域から出て、満員のアリーナに入っていった。お気に入りの席に落ち着いた。テニス仲間のローニー・クールもそこにいた。ふたりの席はリングサイドの特等席などではない。階段席最前列のほうが試合はよく見える。トップ・ロープのすぐ上に目線が合わせられるからだ。加えて友人たちに打ち明けたのは、リングサイドの席に座る連中は「注目を集めたいだけだ」ということだった。自分は違う。

　試合は5月初旬に予定されていた。タイソンが4月のトレーニング中に片方の目の上に切り傷を作ってしまい、7週間以上も遅れた。頭突きを受けたのだ。

　さらなるドラマもあった。この試合でタイソン陣営はレフェリーのミッチ・ハルパーンの交代を要求する。ハルパーンは前回１９９６年11月のホリフィールド対タイソンの試合を担当していた。11ラウンドでテクニカル・ノックアウトを宣言して試合を止めたばかりか、試合全体をとおしてひんぱんに繰り返された頭突きはすべて「偶然によるもの」と裁定し、タイソン陣営をいらだたせた。ネバダ州アスレチック・コミッションはレフェリーの交代を拒んだが、結局ハルパーンが自主的に降りた。

このタイトル戦は、MGMグランドで予定されている一連のタイソンの試合6戦の5戦目になる。当時、タイトル戦の取り決めは物議を醸し、カークが直接介入する必要があった。**契約条件の交渉が行われたとき、タイソンはインディアナでレイプの有罪判決を受けて、まだ服役中だった。**

ライフル・ライト・カークはタイソンにもう一度チャンスを与えることに異存がなかったが、MGMグランドの経営陣の一部は明らかに渋っていた。一部重役の判断は、家族向きの旅行先として打ち出す株式公開企業が、有罪判決を下されたレイプ犯とそんなに強くビジネス上かかわるのは、マーケティング戦略上問題があるというものだった。

だが、カークはボクシングのファンで後援者というだけではなかった。かつて自身もボクサーだったから、家賃や食事のために戦うとはどういうことかわかっていたのだ。**カークと両親を養う数ドルを家に持ち帰るために兄がリングに立ってパンチを食らっていたことを決して忘れなかった。**

そして高く評価したのは、痛い思いをしたり、屈辱を感じたり、あるいは自力で立ってスタミナが切れるまで戦えなかったりすることによって示される、男たちの真の勇気だった。貧しさや不十分な教育や町の人々の低い期待から逃れようとして戦うすべての喧嘩早い子供たちに、自分を投影していた。**それだけでなく、ボクシングのビジネス面には大金が絡むこともわかっていた。**

だが、プロモーターのドン・キングとMGMグランドの重役たちのあいだで繰り返された一連の契約交渉は、1995年3月についに暗礁に乗り上げた。キングは「あなたのところの上層部の」重役たちは合意する意志がないらしいとカークに告げた。「正々堂々と話し合わなかった」と不満をもらし、そんな取引に嫌気が差しているようだった。

タイソンの若い共同マネージャーのひとりローリー・ホロウェイは、MGMの重役たちの態度をもっと露骨に表現した。「連中はこんな感じだったよ、『我々は前科者なんぞにそんな大金をやるつもりはない。今まで一度もそんなことをしたことはない』ってさ」。カークが直々にかかわっても、MGMグランドの経営陣は動かなかった。カークは常に自らの株式公開会社の幹部を威圧することはないようにしていたし、例外はなかった。だが、タイソンに関する契約は望んでいた。

試合に関する交渉が行き詰ったのは、カークが並はずれて忙しいときだった。クライスラーの株式を上場させるために買収計画を立てていたのだ。だが、マイク・タイソンの試合を取り付けることがMGMグランドにどれほど重要なことかを示すために、クライスラーとの取引で重要な役割をはたしたアレックス・イェメニジアンと連絡を取った。

ビバリーヒルズからの呼び出しを受けたとき、イェメニジアンはトロントにいた。

「どれだけ早く戻れる？」

カークはいつものような気遣いはせず、いきなり切り出した。イェメニジアンがその日午後遅くの便をいくつか挙げると、遮って言った。

「違う、どれだけ早くここに来られるのかと聞いている」

イェメニジアンは直ちに察し、「飛行機をチャーターします」と言って空港へ向かった。

数時間後、大陸を半分以上横断したイェメニジアンがトラシンダ社の会議室に入っていくと、カークとドン・キングのほか、MGMグランドの社長ロバート・R・マクシーと副社長のラリー・J・ウルフが着席していた。イェメニジアンがカバンを置くか置かないかするうちに、カークが立ち上がり、MGMグランドの代表たちをしたがえてドアのほうへ向かった。キングとイェメニジアン以外は全員出ていこうとした。

カークのイェメニジアンへの最後の指示は簡潔だった。「実現させるんだ」。ドン・キングは交代を歓迎した。真夜中過ぎの早いうちに、イェメニジアンとキングの間には、誰にとっても都合のいい2ページの申し合わせ覚書ができあがった。タイソンはまもなく出所し、1億ドル以上保証されて6試合を戦う契約をすることになる。

この契約でドン・キングはMGMグランド・ホテルの第2位の大株主になった。1500万ドルの価値のある60万株は、6戦目で価値が倍になるというカークの保証付きだった。

タイソンは出所してオハイオに戻ったので、カークは自分のプライベート・ジェットを送った。タイソンとマネージャー数名はドン・キングと合流し、カークのラスベガス・カントリークラブの家で昼食をとって雑談に興じた。タイソンはすでにカークのお気に入りのボクサーになっていた。

タイソンの荒っぽく野獣めいた戦いぶりに、カークは「あいつが勝つよ、街で誰とけんかをしても必ず」と言った。とはいえ、**ようやく顔を合わせたときに感心したのは、タイソンがボクシング**

の歴史に造詣が深いことだった。カークが個人的に作っているスクラップブックに目をとおし、ライフル・ライト時代のプロボクサーについても話ができた。この昼食の給仕をしたロン・ファラヒは気づいた。

「ミスター・Kはすっかり心を奪われていた」

タイソンをMGMグランドに連れてくる契約をし損ねたことが、あるいは重役のマクシーとウルフが数か月後に辞職する一因になったかもしれない。社長のマクシーはタイソンの最初の試合の少し前に、理由を公にすることなく辞任することになる。カークはイェメニジアンを後任に据え、イェメニジアンの後任にラリー・J・ウルフが据えられた。

タイソンのトレーナーたちが確信したのは、MGMグランドの大幅な人事刷新は、交渉時に自分たちが無礼に扱われたという思いを汲んでいるということだった。そのうえで自分たちの鍛えている男は、今や世界初の10億ドルファイターになろうとしているという思いも強めていた。

「こいつ、噛みつきやがった！」

1997年6月のその夜、カークが設置した室内競技場で試合前の緊張感に包まれていた。観衆は最多入場数を記録し、まさにそのグランド・ガーデン・アリーナはネバダでいちばん騒々しい場所になった。大音量、熱気、におい、すばらしい試合への期待。ボクシングの試合をよく観るカークはこの瞬間を楽しんでいた。

同行するMGMグランド関係者は、**1730万ドルの記録的な入場料総収入、1億ドルの家庭有料番組料、数千万ドルの外国有線放送料、試合後にカジノに落ちる想像もつかない収益**を夢想していたかもしれない。だが、カークは違った。ライフル・ライトとして60年間仕事してきたが、常に勝負から逃れることはなかった。結果はどうなるかわからない。これは戦いだ。

ついに観衆の長い待ち時間が終わった。第1ラウンドのゴングが鳴って両ファイターはリング中央に進み、軽いジャブと相手の出方をうかがうフェイントの応酬が始まった。ホリフィールドの強烈な右が入ると観衆が大声を上げ、タイソンが左フックで自分より攻撃的に思える現チャンピオンの動きを止める場面でも客席は大いに沸いた。だが、観衆は徐々にホリフィールドに引きつけられていき、残り時間が6秒を切るなか、このチャンピオンの名前が連呼されることになった。

単調で面白みのない第2ラウンドが突然血にまみれたのは、ホリフィールドの剃り上げられた頭がタイソンの右眉の下に迫り、挑戦者の右のまぶたの上部に長さ2センチ半もの深い傷がぱっくり開いたときだった。レフェリーのミルズ・レーンは試合と時計を止めた。第2ラウンドが残り約2分20秒を刻んだときだった。タイソンのセコンドが止血剤をつけ、右頬についた血を拭き取った。これは偶発的な頭突きと判定された。

この試合は前回（昨年11月）の両者の対決と同じコースをたどるのか？　タイソンが「偶発的な頭突き」の判定によって血まみれの傷を負い、半ば目が見えなくなってしまったあの試合と？

怒ったタイソンは今にも報復を仕掛けるように思えたし、第3ラウンドのゴングを聞くと短距離選手のような体勢からふたたび中央リングに飛び出したが、コーナーに呼び戻された。マウスガードを忘れていたのだ。**あるいは忘れたのではないかもしれないが。**

野蛮人が解き放たれたようにタイソンはパンチを繰り出しながら出ていくが、序盤は空を切るばかりだった。距離感を再調整し、ようやく左フックと膝を使った流れるようなアッパーカットによる一連の強力なボディブローが決まり出した。ホリフィールドはレスリングのベアハッグに似たクリンチを次々に繰り返し勢いを止めようとした。客席からは「タイソン」コールが沸き起こる。

第3ラウンドの残り約30秒、ホリフィールドは何度目かのクリンチを解き、今回はぐるぐる回って上下に飛び跳ねながら、**「こいつ、噛みつきやがった！」**と声を張り上げた。実際チャンピオンの右耳は血まみれだった。試合が止められた。

レフェリーのレーンが医師に助言を求め、試合を続けてもよい、ホリフィールドは不公平なほど不利な状態にはないとの判断を得た。レフェリーはタイソンから2ポイント減点した。挑戦者は相手の耳が血まみれなのは左フックの結果だと主張しようとした。「そんなことはない！」とレーンは叫び、リングの清掃を指示し、ストップしたラウンドを再開しようとした。

残り時間30秒でふたたび試合は動き出した。だが、レフェリーはそのあとすぐふたたび時計を止めた。またクリンチになり、残り10秒のところだった。この20秒でタイソンはホリフィールドのもう一方の耳を少し噛みちぎっていた。試合は終わった。タイソンは失格負けした。ブーイングと悪罵が一斉に浴びせられた。MGMの警備係とラスベガス警察の制服警官が状況を収めようと次々にリングに上がり、リング内外の至るところで乱闘が起こった。

ホテルの警備係が急いで観覧席にいたカークと友人たちを側面の出入口から安全な一般立ち入り禁止の部屋に送り届けた。そのあいだに1万8187人のボクシングファンは激怒して暴徒と化し、暴動が起こった。カジノは閉鎖して非常線が張られたが、時すでに遅く賭博台は略奪され引っくり返され、およそ40人が切り傷や打撲傷を負い、ひとりは足首を骨折して地元の病院に運ばれた。

カークは失望したが、根に持ちはしなかった。タイソンはネバダのボクシング管理団体から出場停止処分を受け、3000万ドルの賞金から最大限度の10パーセントを取り上げられた。MGMグランドの第6戦もやむなく中止された。カークはドン・キングと会って和解し、約束どおり、こんな結果になったにもかかわらず、キングのもつMGMグランド株の価値を2倍にした。カークは市場価格をゆうに超える値段ですべてを買い戻した。当初の保証を約束どおり実行するために、約900万ドルの相場を上回る額面以上の額を支払ったのだ。

「彼は約束を守る人だった」とキングは言い、カークを讃えた。

「握手したら責任を持つ。そういう人だった。口にする言葉が金より重要な意味を持っていた」

第23章

大量虐殺と寛容さ

1998年夏、カークのプライベート・ジェットの機内で

カリフォルニア州グレンデール在住のアルメニア系アメリカ人ジャーナリスト、ハラート・サスーニアンは低いテーブルをはさんで静かにカーク・カーコリアンと向きあって座っていた。ふたりは窓の外に目をやり、カークのプライベート・ジェット、ボーイング727がごつごつした茶色い景色の上をゆっくりと横切っていくのを眺めていた。

もう30分以上両者は黙ったままだ。カークが沈黙を破った。

「トルコの上空を通過するところだ。昔はわれわれアルメニア人の土地だった」

サスーニアンはうなずきながら、カークが飛行経路について、トルコと祖国アルメニアとの関係についてよく知っていることに少し驚いた。サスーニアンは100回近くこのフライトを経験していた。つい数日前も飛んだばかりだ。カークにはこれが初めてのアルメニアへのフライトだった。

「そうです。下に見えるのはわたしたちの土地です」

ハラート・サスーニアンの言葉には熱がこもっていた。ひょっとしてカークが話したいのは、サスーニアンが強い関心をもつトルコに対するアルメニア人の怒りに関することかもしれない。サス

ーニアンは自身が発行する『カリフォルニア・クーリエ』紙のコラムで、20世紀初頭に行われたアルメニア人大量虐殺についてトルコへの容赦ない批判を繰り広げていたのだ。カークはつづけた。

「ハラート。この土地をわれわれの手に取り戻さないか？」

この人は冗談を言っているのか、それとも過激思想に染まってしまったか、サスーニアンにはわからなかった。カークは口ごもりながら不可能な夢について語り、ふたりはまた黙り込んでしまった。それからおよそ1時間後、アルメニアの首都エレバンの空港で飛行機を降りた。出迎えは地味にしてほしいというカークの強い要望に反し、**アルメニア大統領ロベルト・コチャリャンが待っていた。**カークは愛すべき英雄としてアルメニアの首都に歓待され、それで落ち着かなくなった。

サスーニアンとともに失礼にならない程度に急ぎ足で、かつては壮観だったと思われるソビエト時代の宮殿に向かった。ここがアルメニアを訪れる名士や各国の首脳たちの宿泊施設になっていた。大きな工業用扇風機が回っているがうるさいだけで、うだるような夏の暑さには無用の長物だった。どの部屋も天井が高く、丈の短いベッドと錆びついた配管が備えつけられ、アルメニア語しか話せないが、熱心なスタッフも待機していた。

初日の夕食会はアララト山が見えるエレバン市内のレストランで行われ、大統領と閣僚全員が顔をそろえた。サスーニアンはアルメニアの防衛大臣の近くに座り、会話のなかでカークがトルコからアルメニア人の土地を取り返すと言ったことに触れた。大臣は楽しそうに笑った。

「カークにお伝えください。わたしたちに5000万ドルくだされば土地を取り返しに行けますと」

カークは大統領の隣に座っていた。人道支援のほかにアルメニアに必要なものはないかたずねた。コチャリャン大統領は国内のインフラについて話し、たとえば住宅はもっと必要だが、何より求められているのは北のジョージア国境と南のイラン国境を結ぶ主要な大通りとなる幹線高速道路であると伝えた。カークは尋ねた。

「1億ドルで足りるでしょうか？」

コチャリャンは一瞬戸惑ったが、それが現実のものであることを飲み込むと、ただちに答えた。

「もちろんです！」

「引き受けましょう」

大統領は、朝いちばんでプレスリリースを発表してはどうかと言った。いつも匿名を希望するカークはそうした発表が何かの役に立つのかたずねた。コチャリャンはにやりと歯を見せて笑った。

「こっちには裕福で強力な離散アルメニア人がついているのだと敵に知らせることができます」

カークは肩をすくめた。

「それが役立つというのなら、どうぞ」

サスーニアンは驚いた。**アルメニア人移民の息子カーク・カーコリアンは、父アーロンと母とリリーの祖国を支援するために1億ドルを寄付すると世界中に発表することを認めた。匿名を貫いてきた男が、これまでになかったやり方で自分を利用することを、アルメニアに許したのだ。**

夕食後、サスーニアンがカークに注意をうながしたのは、テヘラン政府に対するアメリカ政府の制裁によって、この1億ドルの寄付が面倒なことになるかもしれないということだった。アルメニアを貫いてジョージアとイランの国境を結ぶ近代的な高速道路を建設すれば、アルメニアのみならずテヘランも恩恵を受けることになるだろう。これはアメリカの制裁方針に反する可能性がある。自分のリンシー財団がアルメニアに対してこれほどまでに重要で有用な投資をすることが法に反することになるかもしれないとは。カークは耳を疑ったが、その上で付け加えた。

「わたしが弁護士や会計士の言うことをいちいち聞いていたら、何者にもなっていなかったろう」

議論はおしまいだった。

「彼らの好きなように発表させればいい」

翌朝、サスーニアンは人々が廊下を走り回る音で目を覚ました。緊急事態が発生したのかもしれないと、外に出て確認しようとした。

「困ったことになりました」と客室係がアルメニア語で言った。

前の晩、カークは、朝食と一緒に出してほしいフレッシュフルーツを紙に書いて提出してほしいと求められていた。客室係に見せたリストには、グアバ、マンゴー、パイナップルと記されていた。ホテルのスタッフが「英－アルメニア語辞典」で調べてみたが、カークの希望するものはひとつもないとわかり、あわてていたのだ。

「どんな果物ならあるんですか？」とサスーニアンはたずねた。

アプリコット、ぶどう、オレンジ、バナナはあった。それでまったく問題ないとサスーニアンは安心させた。だが、カークはシリアル用のボウルも頼んでいた。密閉式のプラスチックのいくつかの袋に分けて、毎日のシリアルを持ってきていたのだ。サスーニアンはシリアル用のボウルをアルメニア語で何と言うのかわからなかったので「深い皿」だと説明することにした。その後カークの部屋に行って朝食をうまく食べられているか見にいくと、当人は「シリアル用のボウル」を顎でしゃくって示した。それは明朝時代の美術品を思わせる非常に大きな壺だった。

30分後、カークはサスーニアンを部屋に呼び戻した。彼をシャワーのところへ連れていき、蛇口をひねった。ドロドロと赤茶色の濁ったものが大量に流れ出した。カークは表情を変えずに言った。

「私に毒でももろうというのかね？」

配管がめったに使われない上、ひどく錆びついていたのだ。これがとどめの一撃になった。

サスーニアンは提案した。最新のマリオット・ホテルに移るのがいい。ファックス、ケーブル・テレビなど、現代の便利なものが備わっている。「CNBCは見られるかね？」とカークは尋ねた。それで話はついた。

カークが出て行くことになり、宮殿の職員は大変なショックを受けた。支配人は悲嘆に暮れた。「大切なお客様のご気分を損ねてしまい、わたしはクビです……殺されるかもしれません！」。だが、サスーニアンが支配人にカークは職員の対応に満足しているし、心から感謝していると伝えて安心させた。いわく、支配人にはどうすることもできないことなのだ。

「残念ながら、宮殿にはケーブル・テレビがありませんので」

カークは毎日の株式市場レポートを見る機会はなく、アメリカのビジネス・アドバイザーたちとの不安定な電話での情報交換だけが頼りだった。アルメニア旅行中もMGMスタジオに関する大規模な金融取引をとりまとめようとして、はるかアルメニアから同スタジオの最大のパートナー、セブンネットワークの買収交渉もしていた。彼には西洋式のサービスの整ったホテルが必要だった。

カークがアルメニアを訪問しているという噂は、カリフォルニアの山火事のように一夜にして広がった。2日目の朝にカークとサスーニアンがホテルを出てみると、1ブロック近くにわたる人の列ができていた。何十人ものアルメニア人が写真や書類を手にしている。サスーニアンは彼らに書類を置いていくように言い、あとで個人的に連絡すると伝えた。

「何ごとだ？」とカークは自分を先導するサスーニアンにたずねた。

「みんな何がしかの形でカリフォルニアの家との関係があり、その証拠があると言うんです。あなたとあの人たちはみんな親戚みたいですよ」

「なんてことだ」

カークはサスーニアンとともに、アルメニア外務省のオフィスに向かった。地元主要高速道路建設に対するリンシー財団からの1億ドルの寄付を発表する政府のプレスリリースを確認するためだ。サスーニアンはただちにペンを取り出し、不要な情報を削除したり、スペルを直したりしだした。

「何をしているんだ？」とカークはたずねた。

「編集ですよ」

「やめなさい。彼らの好きなように発表させればいい」

サスーニアンは驚いて声を失った。「秘密主義のアルメニア人」たるカークは一体どうしてしまったのだ？

「ここに置いていったら、この先、何されるかわからないだろう？」

カークのアルメニア滞在の最終日には、アルメニア人大虐殺記念博物館訪問が予定された。今日のアルメニア人は誰もが聞いて育ったおそろしい話であるが、オスマン帝国の支配者たちおよびトルコ人やクルド人は、民衆を強制的に歩かせて移動させ、路上での大量虐殺にとどまらず、民族浄化行為を行い、すべて見過ごされてきたのだ。

カークの父アーロンと祖父カスパーは、当時まだアルメニアだったハープット地方で生まれ育った。現在のトルコ中央東部だ。父と祖父は、1915年から1923年にかけてすさまじい暴力が振るわれて150万人が命を落とす前に、祖国を後にした。

アーロンはそうした残虐行為の現場にいたわけではないが、オスマン帝国の兵士たちが血まみれの銃剣でアルメニア人の赤ん坊を突き刺し、高く掲げたというおそろしい話をして、カークとほかの子どもたちをひどく怖がらせた。あの時代の残虐行為が誇張やでっち上げだったというには、何もかもがあまりにもリアルだった。事実、犠牲者は信じられないほどの数にのぼっている。

何百というアルメニア人の集落が一夜にしてゴーストタウンと化し、住民たちは何百マイルもの距離を食事や飲み物もまともな服も与えられずに強制的に歩かされ、そのあいだもずっと略奪や強姦や殺害に脅えて過ごさなければならなかった。その地方に赴任していたアメリカの外交官たちはすさまじいものを目にしたと表現している。ある者は本国に注意をうながしている。

「もっともひどい犯罪だ。どんな人種に対してもこれまで行われたことのないと思われるほどの」

感情を揺さぶられる旅行の最後はガラスの瓶のコレクションで終わるが、この博物館への訪問でカークは父に聞いた話を思い出した。担当のガイドはカークの一家がユーフラテス川の東にあるアルメニアの古い町ハープットの出身だと知っていた。そしてたくさんの瓶のなかからひとつを選び出した。それもほかのものと同じように、土が詰まっていた。

ガイドはカークの手を取って手のひらを上に向けると、小さな茶色い土の塊を載せた。ハーフカップほどの大きさだ。

「お父様の出身地、ハープットのものです」とガイドは言った。

カークは何も言わなかった。動きもしなかった。ただ自分の手とそこに載せられた土の塊をじっと見つめていたが、次第に目に涙がたまり、あふれていった。

その日の遅くカークとサスーニアンはマリオット・ホテルのロビーに戻り、エレベーター乗り場に向かっていると、走ってきた男に行く手を阻まれた。Tシャツを着た背が低くがっしりした男は、箱に入った何か重そうなものを手にしていた。男はアルメニア語で言った。

「カークさんに会えるチャンスはないかと午後中ずっと待っていたんです。私はレヴォン・トクマジヤンといいます。彫刻家です。お見せしたいもの、お話ししたいことがあります」

男はすばやく箱を開けた。中に入っていたのは、カーク・カーコリアンの頭部だった。金融家の白い石膏模型の胸像が、困惑する本人を生気のない目でじっと見つめていた。彫像も自分と同じ前髪を高く撫で上げた髪型をしていた。

ハラート・サスーニアンは間に割って入ってカークを守り、次のエレベーターに乗ってこの場を離れてもらおうとした。

「申し訳ありませんが、時間がないので……」

「いくらかね？」

カークは口をはさみ、片言のアルメニア語で値切り交渉をはじめた。だが、そのトクマジヤンと名乗る彫刻家は、箱のなかの像について いきなり語り出した。

それは聖都エチミアジンの前市長に依頼されて作ったものだった。カークはその重要性を理解していた。エチミアジンはアルメニア使徒教会の忠実な信者たちにすれば、ローマ・カトリック教徒のバチカンと同じくらい重要な場所だ。エチミアジンに住んでいたアルメニア人の司教はあの大地震のあとでカークが示した寛容な行為に深く感動し、前市長はそれをひたすら讃えるつもりでいた。**前市長は街の大通りの名前を「カーク・ストリート」と改め、カークの胸像を、通りの起点か終点にある草深い広場の石の台座に据えようとしていたのだ。**

寛大なる氏は匿名を希望していて、そのような公の場での賞賛にはひどく困惑してしまうという知らせが市庁舎に届く前に、胸像は作られてしまったようだ。いかにもレヴォン・トクマジヤンは、エレバンのアメリカン大学を通じて入手した写真やビデオをもとに、すでに最初の石膏模型を完成させていたのだ。

「よくできている」とカークは箱の中の胸像を見てうなずきながら言った。同時に手はポケットの中の100ドル札の束に伸びていた。「明日の朝、発つときに持って帰りたい」。

カークは話しながら紙幣を1枚1枚めくっていた。4枚か5枚束から引き離したところ、トクマジヤンはほぼ疑いなく数えながらそれを見守っていた。カークはどんどん札束から紙幣をはがしていった。100ドル札が少なくとも20枚に達したとき、カークはその束を半分に折ってトクマジヤンに手渡した。サスーニアンは1700ドルと2200ドルの中間くらいと踏んだ。値段交渉はなし。彫刻家が約束したのは、翌朝チェックアウトするまでに石膏の胸像をきちんと箱に入れ、壊れないように詰め物もして準備しておくということだった。

「追い返そうとしたんですが」とサスーニアンは交渉後、申し訳なさそうに言った。

「あれをどうなさるおつもりですか？」

カークは肩をすくめてにっこり笑って言った。

「ここに置いていったら、この先何されるかわからないだろう？　これでひと安心だ」

その夜カークは急いで部屋に戻った。そろそろニューヨークで市場が開く頃だった。火曜日の早朝、ラスベガスでカーク率いるMGMグランドのマネジメント・チームは、市場取引に影響を与えると思われる大きな発表を行う予定だった。1200万株を買い戻すのだ。狙いは、会社、ギャンブル興行、そしてラスベガスそのものの自信を示すことだ。

地球の裏側にいてもカークはせわしなくチェスの駒を動かしつづけていた。何が起ころうとしているか、サスーニアンには打ち明けられなかった。まだできない。もう1時間か2時間しないと、インサイダー情報になってしまう。だが、今はCNBCもつけていなければ、市場のドラマが生で展開していくのも見ていない。

ただアルメニアのホテルの部屋に座ったまま、2億ドルの利益を上げようとしていたのだ。

「インサイダー情報です」

水曜日の朝、帰国する際、ハラート・サスーニアンはニースまで一緒にプライベート・ジェットに乗っていかないかと誘われた。カークはそこで1週間ほど自分のヨットで過ごす予定だった。サスーニアンもボートで夕食をともにし、ヨットで一泊してからカリフォルニアへ向かう民間機に乗ったらどうかということだった。エレバンを発つにあたって、箱に入ったカークの石膏の胸像もほかの荷物と一緒に安全に積み込まれた。サスーニアンがそれを見たのは、このときが最後だった。

ニースの港で、カークのヨットはすぐにそれとわかった。浮かんでいるもののなかで最大だったからだ。**全長60メートル近い彼のヨットは、世界のあらゆる水辺に停泊するヨットのなかでも当時2番目か3番目に大きなものだった。**飛行機やMGMスタジオ同様、このヨットも何度も売買されていた。自分が所有していないときも、カークが地中海の太陽の下で1週間か2週間か過ごしたいと思えば、この船を借りるなりチャーターするなりした。

「オクトーバー・ローズ」号（船首に別の名前を掲げているときもあったが）は6室のキャビンに最大12人宿泊できて、別に15人収容の船員室も備えていた。フィットネスジム、バーベキュー設備、ジャグジー、レーザーライトもあるディスコデッキもついていた。だがこのドイツ製の鋼鉄のボートは海のカークを思わせるシンプルで控えめな上品さもたたえていた。

最近この船を売買した相手は友人で、オラクルの最高経営責任者でもあるラリー・エリソンだった。ある晩、モナコのカジノの階段から沖に停泊する船を見て、エリソンはこのなめらかで真っ白な美女に恋をした。船は光の洪水のなかで輝いていた。

「００７シリーズの世界にいる気分だったよ。人生がこんなにクールだなんて思わなかった」

エリソンはカークに１０００万ドルを提示し、「サクラ」という名前に変えた。名前が何であれ、カークにとっては常に「オクトーバー・ローズ」で、リビエラのカジノを船で巡るときは決まってこれに乗り込んだ。

サスーニアンは、カークのこのヨットをぜひ見てみたいと思っていた。水曜日の午後にカークはサスーニアンを連れて乗船すると、彼を小さな船室に案内して、今夜の寝室はここでよいかとたずねた。サスーニアンは喜んでその提案を受け入れた。部屋にはベッドがあったし、彼には昼寝が必要だった。夕食は2、3時間後にリサ・ボンダーがロサンゼルスから到着次第、供されることになっていた。彼女と赤ん坊は、つい先ほどパリの税関を通過したとのことだった。

ハラート・サスーニアンは以前ボンダーに会ったことがある。生後3か月の赤ん坊のことも知っていた。カークの子どもかどうか疑念が広がっていることは知っていた。だがカークは人前で懐疑的なことは言わなかったし、特にサスーニアンの前ではそうだった。81歳という年齢で父親になることに何の不安もないように思えた。

だが、その子の父親であるとはっきりしていないにもかかわらず、煩わしい疑惑が突きつけられたことで、カークは人知れず苦しんでいた。ボンダーは当時ほかに性交渉する相手はいなかったとして、父親はカークに違いないと言い張った。3月にキラ・ローズが産まれる前にもカークは泌尿器科医に行き、追加の精子検査を受けていた。精子の数は非常に少なく、子供ができるのはクラップスでダイスを1回振って100万ドルを当てるくらいの低い確率だった。

軽い昼寝を楽しんでいたサスーニアンは怒声に目を覚ました。カークとリサ・ボンダーだった。たがいに怒鳴りあっていた。何と言っているかは聞き取れなかったが、とげとげしく、怒りをぶつけあっているようだった。起き上がったが、ドアのほうには向かわなかった。少しすると、誰かがドアをノックした。

カークはボンダーが激怒しているのだと言った。この部屋をキラとベビーシッターに使わせたかったのだ。

「ハラート、申し訳ないが、ほかの部屋に移っていただけないだろうか？」

「構いませんとも」

サスーニアンは持ち物をつかみ、カークについて船尾のほうの別の部屋に向かった。カークとボンダーのなじりあいは夕食の席でも止まなかった。彼女は今度はＭＧＭグランドの株の買い戻しの発表について自分は何も聞いていないとカリカリしていた。

「大儲けできるところだったのに！　どうして秘密にするの？」ボンダーは怒り狂っていた。

カークは質問を無視しようとした。忙しかった。時間がなかった。彼女には関係のないことだ。

「それにもしあなたに言っていたら、連邦犯罪になっていたでしょうね」とサスーニアンは穏やかに口添えした。

「なんですって？」

「インサイダー情報です。確かにそういう情報は誰もがほしがりますから」

サスーニアンは彼女に同意するような言い方をした。

「でも、それでカークは刑務所に入れられてしまうかもしれない。重罪ですから」

ボンダーは黙った。夕食の席にふたたび平和が戻った。

第24章

勝って負ける

1999年3月、ロサンゼルス、ホテル・ベルエアー

カークはこの年齢になって、リサ・ボンダーとの間に子どもをもうけたという考えを受け入れつつあった。どれほどの80代の男性がこれほどの性的能力を示せるだろう？　自分には精子はほとんどない。ふたりが最後に愛しあってから彼女が妊娠するまでありえない長い時間が経っている、この美しい赤ん坊は、さらに金を巻き上げられて結婚を突きつけられる強制的な手段の一部ではないかという胸が張り裂けるような疑念はある。あらゆる可能性が頭を駆けめぐったが、信じたかった。

ボンダーは常に、かなりの額の現金やローンを求めた。ほしいのがそれだけであれば問題なかった。カークが好んで言ったように、「カネで解決できる問題は大した問題じゃない」のだ。だが、カークに結婚は高くつく。

小さなキラ・ローズはよく笑うとてもかわいらしい赤ん坊で、カークがすっかりやられてしまっていたのも事実だ。キラは彼の腕のなかで眠った。初めて口にした言葉は「パパ」だった。彼女の顔立ちのなかに自分に似たものも感じることもあった。

「見ろ、額のV字型の生え際なんか、わたしにそっくりじゃないか」

カークは疑わしげな姉ローズにそんなことを言ったりした。

カークが複雑な感情を抱いたのは、赤ん坊の1歳の誕生日パーティで、リサ・ボンダーのパートナーとキラの父親というふたつの役割を演じなければならないときだった。そのパーティは正式な招待状に「ビクトリア様式のガーデンパーティ」と記され、ホテル・ベルエアーの青々とした庭園で昼下がりの3時間、7万ドルかけて行われた。

デイジー、蘭、レースのパラソルで飾られた会場には、子どもより大人がずっと多かった。背の高いクリスタルグラスに入ったアイスティーが供された。リサ・ボンダーは堅いレースのカラーに袖口のついた薄黄色のジャケットを着て、パールのネックレスをつけ、爪は長いフレンチネイルにしていた。デイジーで覆われたつばの広い帽子は、イースターパレードにふさわしいものだった。カークはカラーコーディネートされた装いで、ゴールドとチャコールの格子柄のイタリア製のジャケットに、トレードマークの白い開襟シャツを着ていた。親しい友人のジェリー・ペレンチオと妻のマージー、プロのカメラマンもひとりいた。

カシャッ！

250分の1秒の速さでフィルムに焼き付けられたぼんやりとした表情のキラの隣で、カメラに向かって大げさにおどけた表情を見せるカーク。

カシャッ！

キラのプレゼントのひとつを見せようと、ウサギのぬいぐるみを掲げてみせるカーク。

カシャッ！

幸福な時間をカークとボンダーは分かちあい、彼女の右手は愛情深げに彼の太ももに添えられた。だが、明るいバースデー・パーティの風景には、大胆不敵ともいえる皮肉な影も暗く影を落としていた。あの日のことはボンダーしか知らないはずだった。まさにこのホテル・ベルエアーで1年9か月前、彼女とアン・デュポンがプレイボーイのスティーブ・ビングとその友人とともにパーティをしたのだ。

「結婚しましょうよ」

キラが生まれてからは、父親についての疑問が公然と持ち出されることはなかった。カークは当初こそ自分が父親であることに疑問を抱いたが、初めからキラは自分の生物学上の子どもとして、その経済的支援、個人的支援を行うと約束した。**ボンダーは毎月2万ドルの養育費を要求した。**カークはトラシンダの財務担当者アンソニー・マンデキックに命じ、キラが生まれるとすぐに毎月の養育費の小切手を母親に送るよう手配させた。

1995年末のふたりの別離から1997年秋にボンダーが妊娠を発表するまでの2年間でも、550万ドル近くの贈り物や融資を与えている。彼女のニューヨークへの移住資金として渡された現金100万ドルも含まれていたが、これはそっくり彼女の金庫にしまわれた。カークによれば、残りはビバリーヒルズの家を買ったり改装したりするのに使われたという。ボンダーが家を売ったり貸したりして利益を得るのは構わないと彼は言った。

バースデー・パーティの直後、リサ・ボンダーはカークにさらに数百万ドル求めた。彼女の望みは、ビバリーヒルズのふもとにあるグリーンウェイドライブの1万平方フィートの豪邸を買いたい。快適で安全で、キラの子ども時代の家としてふさわしいということだった。

自分の家から車で5分のところに娘が住んでいるのは、カークもうれしかった。**そしてボンダーに320万ドル追加贈与した。**

新しい家は改装も必要だったので、**カークはさらに170万ドルを彼女に貸し、**9万3000平方メートルの広さを誇るワンダパークの地所にある豪邸（以前は歌手のソニー・アンド・シェールの家だった）に移ることを許した。この先数か月はご近所さんとして暮らすことになる。そのあいだリサ・ボンダーは家賃無料の家に住み、カークからもらった数百万ドルを新しい家に費やし、さらに養育費として毎月2万ドル受け取るのだ。

近くに住むようになったことで、カークはより多くの時間をキラと過ごせるようになった。同時にボンダーもカークに圧力をかけられるようになった。

「結婚しましょうよ」と彼女はせがんだ。

彼女が言うには、「婚外子の母親」であることは社会に「見下されている」ようなつらい気持ちになる、籍を入れればキラは「嫡出子」になり、あの子を非嫡出子という恥辱から救ってあげられるということだった。カークはボンダーの主張を受け入れなかった。すでにキラ・カーコリアンは自分の名前を使い、支援も受けているではないか。だがボンダーがどんどん落ち込んでいく様子を見て、カークは心配になった。

バースデー・パーティの5か月後、カークは形式だけの結婚に合意した。弁護士が細かく取り決めた結婚前の契約付きの30日間の契約結婚だ。正式な了解事項としては、カークの不動産、ビジネス、個人の地所に対する法的な権利は一切変わらない。カークはあらかじめ定められた離婚の条件として、**養育費を毎月5万ドルに増額することにも合意した。**その上、予算をオーバーしていたグリーンウェイドライブの家の改装にかかる追加費用として、**さらに１２０万ドルをボンダーに与えることにした。**

おそらく資本主義の歴史において最大の伝説的ディールメーカー、カーク・カーコリアンは、自分の意志に反して生贄台の上に押し上げられていた。**億万長者は、４年間付き合いを断とうとしたガールフレンドに１０００万ドル近くを少しずつ巻き上げられていたのだ。**さらに偽装結婚の取り決めの一部として、心の底ではほかの男の子供ではないかと疑う赤ん坊の、法的かつ生物学上の父親であることも認めようとしていた。

カークはついに自分の半分の年齢のテニスの元スター選手という理想の結婚相手を得たのかもしれない。彼女のおかげで声を上げて笑うことができたが、金もかかった。

腹を空かせたアリゲーターの物語

家庭内での問題はあったが、ビジネス界でチャンスをうかがうカークのギャンブラー勘が鈍ることはなかった。スティーブ・ウィンの10億ドルをかけたベラージオ・ホテルが最近オープンし、カークはそれをこれまで目にしたもっとも美しい不動産のひとつと考えた。その構内を歩いてみて感心したのは、客が滅多に行かないひと気のないエリアにも考え抜かれた設計がなされ、手入れも行き届いていることだった。ウィンのミラージュ・リゾートは一流の運営が施されていた。まさしくカークが是が非でも手に入れたいと思うホテルだった。

カークとウィンは友人で、ふたりの関係はシーザー・パレスのグランド・オープニングまで遡る（53ページ参照）。「スティービー」と呼んでいた当時24歳の若者を、東海岸の投資家や浪費家たちと一緒にカークのプライベート・ジェットに乗せてあげたのだ。カークがまだインターナショナル・ホテルを支配していた頃には、ホテルの飲料業務の一部を、酒の卸売業者の代表だったこのスティービーに回してあげたこともある。

1999年までにウィンは大きく作って大胆に行くというやり方を取り入れ、そこに独自の芸術的才能のきらめきとショーマンシップを付け足して、ミラージュ、トレジャー・アイランド、ベラージオといったホテルをプロデュースしていた。オーストラリアで巨大な金塊が見つかると、ウィンは自らのプライベート・ジェットに現金の山を載せて太平洋の向こう岸に送り、この金塊を買い取って自分のゴールデン・ナゲット・ホテル・アンド・カジノに常設展示した。カークはウィンのグランド・オープニングにすべて出席した。初めてトレジャー・アイランドでイギリス船を襲う海賊たちを見たときは、まるでディズニーランドを訪れた子供のようにはしゃいだ。

カークのMGMグランドの重役たちは自分たちのボスがいかにウィンの経営を高く評価しているか、誰もが理解していた。彼らはカークから「腹を空かせたアリゲーターの物語」を聞かされたことがある。

「アリゲーターは岸の近くで動かずまるで丸太のようにじっとしている。腹は減っているが、小さな魚には目もくれない。単なる丸太のようで、まるで害はないように思える。そこへ大きな魚が泳いでくる。アリゲーターはそれを丸ごと飲み込む」

ウィンのミラージュ・リゾートは、最大の「魚」だった。

ビバリーヒルズのカークの弁護士たちがリサ・ボンダーとの30日間の結婚の最終条件を交渉・立案する中、ラスベガスのファイナンシャル・アドバイザーたちは、ウィンの会社の株式が着実に下落し続けているという財務問題についてカークに逐一報告していた。ミシシッピ州ビロクシーにできたウィンの新しいカジノが予算超過しており、第2四半期の収益で大きな損害を出していたのだ。アナリストたちも驚いた。7月4日までの2か月で、ミラージュ・リゾートの株式は40パーセント急落したのだ。

ライバル関係にあったニュージャージーのドナルド・トランプがこれに気づき、圧力を強め、ウィンのホテルとカジノ物件は「葬儀屋」だと切り捨てた。**さらにはウィンの進行性の目の病気、色素性網膜炎について個人攻撃をした。「あいつには物が見えないんだ」と言い放った。**

カークは何も言わなかった。**だがミラージュ・リゾートの株式を買いはじめた。**

結婚式は、13日の金曜日

8月の結婚の前日、カークとボンダーはロデオドライブにあるトラシンダのオフィスで弁護士団に会った。守秘義務のついた結婚前同意書が締結され、公証された。注目すべきは5ページにわたる父親としての義務に関する条項で、そのひとつにカークは偽証罪の罰則を適用するという条件付きでキラ・ローズ・カーコリアンの生物学上の父親であると認めると記されたのだ。また翌年2月まで毎月3万5000ドルの養育費を支払い、その後キラが17か月になったら金額を5万ドルに増額し、18歳の誕生日を迎えるまで支払いつづけることにも合意した。

父親であることについての問題に直接応じることで、カークはひとつの戦略的優位を達成した。養育費から監督権に至るまで、キラに関するすべての事柄は公聴会の場や公開記録として扱われることなく、内密に処理されることになったのだ。これでカークのプライバシーもキラのプライバシーも守られた。

翌日カークのオフィスの先の角を曲がったところにあるビバリーウィルシャー・ホテルでふたりは結婚した。13日の金曜日だった。ライスシャワーも披露宴もなく、カップルは別々の車で別々の家に帰っていった。

9月に入って1週間経ち、あらかじめ定められた離婚までの30日の期限が近づいていたが、リサ・ボンダーはなお和解と期間の延長を主張していた。彼女は友人たちに、カークが結婚を延長してくれることを望んでいると話した。カークはそんなことはなく、我慢の限界に来ていた。だが同時に気持ちは違うところにあった。

ミラージュ・リゾートではスティーブ・ウィンがウォール・ストリートでは評判のよかった最高財務責任者を解任したばかりで、その衝撃で株価のさらなる下落が予想された。9月8日に市場が開くと予想通り取引が急増したが、価格の急落はなかった。カーク・カーコリアンが1株約12ドルで買っていたからだ。数日後、トラシンダはミラージュ・リゾートに約1億2000万ドル投資した。株式の保有率はまだ5パーセント弱だった。

スティーブ・ウィンは最悪を予想した。乗っ取りだ。彼はクライスラーやコロンビアやMGMの戸口に立つカークの姿を思い浮かべていた。MGMグランドで開催された資金調達のイベントで、ウィンはカークを追いかけて、数人のグループの前で直接言った。

「あなたにわたしの会社を買収してもらうようなことは考えていません」

カークは態度をはっきりさせず、1000万株をどんなに安く手に入れられたか熱心に話した。

「敵対的なことをしようというのですか？」とウィンは問いつめた。

「とんでもない」

ウィンは会話を終え、カークの言葉を額面通りに受け取った。株価の安さに惹かれ、ミラージュ・リゾートを支配しようとしているわけではないのだ。だが、カークが株を買ったというニュースは株価を上昇させ、ウィンの株式は3ドル増の15ドルとなった。カークの持分はすでに1億5000万ドル近くに増加していた。そして古い友人に敵対するつもりはなかった。

「スティーブは興味がないらしい。わたしは自分の株を売ってしまうよ」

カークはMGMグランドのCEOテリー・ラニに言った。数日後、カークは静かに自分の利益を受け取り、立ち去った。

宝石を衝動買いする女

リサ・ボンダー・カーコリアンとなった女性はついに降参した。カークが結婚を延長するつもりはなく、多くの金銭的約束は9月半ばまでに離婚する取り決めを彼女が守るかどうかにかかっていた。ボンダーはぎりぎりで結婚解消手続書を提出したが、そこにはこんな文言が記されていた。

「不幸な不和が生じました……。これは夫と妻として一緒に暮らすことを困難にするものです」

彼女はより具体的な訴えも試みて、カークが自分を「ゴミみたいに簡単に捨てた」と非難した。

カークのビジネス・マネージャーであったアンソニー・マンデキックに宛てた手紙に、ボンダーは、カークが「温かく、親切で、やさしく、シャイで、魅力的な人物から性格が180度ひっくり返って、大声で乱暴なことを言い、癇癪を爆発させて破壊的な行動に出ます」と書いている。

ボンダーの弁護士が後に主張したのは、依頼人に対するカークの仕打ちは「企業の乗っ取り屋、破壊屋としての評判と一致する」ということだった。

離婚を申し立てた直後、リサ・ボンダーはキラとテイラーを連れてニューヨークに発ち、ピエール・ホテルの豪華なスイートで1週間過ごした。カークはその往復に自分のプライベート・ジェットを差し出した。

カークの期待が、ボンダーが法的に自分の名前を得たことで変化が起こり、それに感謝するか、あるいは少しでも精神が落ち着いてくれることであったとすれば、期待は満たされず、たちまち失望することになった。後に州立裁判所に申し立てたところによると、離婚後にボンダーによる「わたしへの敵意は劇的に増加し」そして「わたしの『元妻』でいることを非常に嫌った」からだ。

カークにとってさらに厄介なのは、彼女が繰り出す「脅し」だった。時々「ボンダーが自分とキラに危害を加えると脅してくる」とカークはこぼしていた。それでも社交の場ではふたりが一緒にいるのが何度も目撃された。ボクシング名誉の殿堂の、ブラックタイ着用の準正式なディナーでは、ボンダーはカークの招待客だった。感謝祭も一緒に過ごした。一緒にラスベガスへ行き、MGMグランドで行われたバーブラ・ストライサンドの大晦日のミレニアム・カウントダウン・コンサートを楽しんだ。

　プレゼントや現金も、変わらず与えていた。彼女の34歳の誕生日には25万ドルのサファイアの指輪を買ってやった。彼女はグリーンウェイドライブの家に飾るために、ニューヨークのクリスティーズのオークションで絵画8枚を120万ドルで購入した。

　彼女は宝石を見境なく買い出した。ダイヤモンドに107万5000ドル、「パパラチア・サファイア」に31万ドル、ショパールのハート形の腕時計ふたつに4万2000ドル費やした。

　そして同じ頃、カークの衝動買いもはじまった。

「わたしがすべて買い上げるのはどうかな？」

　カークが静かに自分の利益を受け取りミラージュ・リゾートの株式1000万株を現金に変えた数週間後、スティーブ・ウィンは投資アナリストたちと公的に対立し身動きが取れなくなっていた。彼が憤慨したのは、アナリストたちが長期的な計画や見通しを考慮せず、四半期決算しか見ないことだ。ウィンには友人があまりいなかった。株価の下落も止められなかった。そこへニューヨークで開かれたドイツ銀行の投資家会議において、異例のパフォーマンスが行われた。

　スティーブ・ウィンのプレゼンテーションには部屋をいっぱいにするほど多くの銀行家やアナリストが詰めかけたが、そこには図もグラフも示されず、会社の方針について安心感が与えられることはなかった。ウィンが披露したのはブロードウェイ・スタイルのミュージカルだった。音響を整え、サウンドトラックの一部を流し、新たに建設を計画中の1800席の劇場について話した。ウィンは曲に合わせて歌った。口パクもした。踊り、音楽に合わせて体を揺らし、部屋にいたほぼ全員を不安な気持ちにさせた。『ニューヨーク・ポスト』はその反応の一部をこんな見出しとともに紹介した。

「歌うウィン、ウォール・ストリートに衝撃を与える」

不安になった投資家は売りに走るという仮説がふたたび立証された。警戒した投資家たちはミラージュ・リゾートから手を引きはじめた。数週間前に4・9パーセントの利益を現金化したばかりだというのに、カークも手を引くらしいという噂が広まると、人の波が出口に向かって殺到した。ミラージュ・リゾートの株式は1ドル以上下落し、1株12・50ドルになった。しかもまだ下落をつづけていた。2000年初頭には1株10ドルちょっとにまで下がり、会社の資産価値を下回った。

2000年2月下旬のある晩、腹を空かせたアリゲーターが飛びついた。カークがラスベガスの北にあるシャドウ・クリークのスティーブ・ウィンの家に電話をかけたのだ。ウィンは夕食のために10時まで外出していた。カークは早起きで有名で、床に就くのも早かった。早めに夕食をとり、午後8時半から9時のあいだに就寝することが多かった。夜遅くに仕事の電話をかけることはめったになかったが、その夜はウィンに関する情報を前もって受けていたので、ウィンにぴったり10時に電話をかけた。

「新しい考えを思いついたんだ」とカークは熱っぽく言った。

「わたしがミラージュをすべて買い上げるのはどうかな？」

「冗談でしょう？」とウィンは啞然とした。

カークは1株17ドルを提示した。現在の惨憺たる状況では6・35ドルの割増となる。ウィンは笑った。わかった、ちょっと安かったかな、カークは認めた。だがウィンにはあまり交渉の余地がなかった。カーク側から明日の朝、書状が届く。そこから時計の針が動き出す。ミラージュ・リゾートの取締役会に知らせなくてはならない。

このオファーを避ける手はなかった。友好的なものになるか、敵対的なものになるか、ふたつにひとつだ。ふたりの友人は話し合いの席につくことで合意した。電話を切ったとき、スティーブ・ウィンはくたびれ、少し歳を取ったように感じた。この会話に至るまで険しい道のりだった。カークはわくわくしながら電話を切り、30歳若返った気分になった。

まだ話がまとまったわけではない。まだだ。だが、ゲームは開始された。カークの大好きな瞬間が近づいていた。ダイスが転がされ、チップはポットに押し込まれ、取り分は目の前のゲーム次第だ。勝負の時だ。彼は天国にいた。

「一度の取引ですべての肉を骨から剥ぎ取る必要はない」

彼らはウィンのベラージオのオフィスに座っていた。古い友人ふたりきりだ。ウィンがふたり分のココナッツ・シャーベットを注文し、交渉が開始された。彼はカークの右側に座るのをわきまえていた。よく聞こえる、耳に近い場所から話すのだ。

「19ドルまでなら出せる」とカークは切り出した。

「1株21ドル」とウィンは返した。

カークは顔をしかめた。ウィンは冷静だ。

さらにウィンは交渉の余地のない条件がふたつあるとした。カークはメモを取ろうと手探りでペンとメモ帳を取り出した。第一に、ウィンはいかなる競合禁止契約にも同意しない。ビジネスの蚊帳の外に置かれるのはごめんだ。第二に、ミラージュ・リゾートはパブリック・アナウンスメントを行う。この取引が敵対的買収ではなく、双方の合意によるものと強調するのだ。

ウィンは会社の財務状況、債務、収入、キャッシュフローについて詳細を語り出し、カークはできる限りのスピードでメモを取った。そしてメモを取る合間に、同じくらいのスピードでココナッツ・シャーベットを口に運んだ。

ものの数分しかかからなかった。シャーベットはなくなった。カークとウィンは握手を求めてたがいに手を差し伸べ、44億ドルの取引はまとまった。カークはMGMグランドの本社に戻ったが、アドレナリン、糖分、人生最高の取引によって、その足取りから興奮が引くことはなかった。テーブルを叩き、勝利の音を立てた。ライフル・ライト・カークに戻っていた。リングのなかを踊りまわり、きびしい戦いに勝った余韻に浸っていた。

だが具体的な取引の条項が明らかになり、カークがウィンに対する競合禁止条項はないと言ったときは、失望を押し殺すような不満の声があちこちで上がった。それは通常の5年間の禁止期間よりも短いということですか？　ウィンは危険な競争相手です。当然、まだ交渉の余地はあるはずですよ。いいや、ウィンがホテル・カジノ業界を立て直し、ふたたび戻ることを禁じることはありません。彼が5分もいなくなることを禁じることはない。そのことについてふたりは合意している。

「ウィンが交渉の余地がないと言えた唯一の理由は、カークがそれを許したからだ」との弁護士で親友のテリー・クリステンセンは言った。

「MGMグランド側にとっては大きな痛手になったよ。誰もがウィンが真の強力なライバルになるとわかっていたから。彼はすごかった。なにしろベラージオを作ったんだ！　だけどカークは最初から見逃してやったんだ」

MGMグランドは相手にどんな条件でも負わせることができる立場にあった。ウィンとの会談についてカークの話を聞いた者は誰もがわかっていた。一度の取引ですべての肉を骨から剝ぎ取る必要はないとカークはよく言っている。今回はたくさんの肉を残した。でもそれがカークだ。カーク・カーコリアンの乗っ取りを逃れようと必死だった企業の重役たちには驚きかもしれないが、彼は取引において敵ではなく、友人になろうとしていたのだ。

「わたしの経験から言って、カークはいつも相手が公正な扱いを受けているかどうかきちんと確かめていました」とウィンと双方の友人である融資家のマイケル・ミルケンは言った。カークもウィンも44億ドルの合意から1時間以内にミルケンに電話をし、どちらもたった今すばらしい取引をしたと夢中で話した。

ウィンは5億ドルとともに去り、その後MGMグランドの重役たちが恐れたとおり、強力な競争相手となった。カークにとっては人生最高の取引だった。

閉じられたドアの向こうでカークは誇らしげに言った。

「自分で自分をつねってみなけりゃならん。こんなことをやり遂げられたなんて、夢みたいだ」

第25章

致命的誘引

2001年1月、カリフォルニア州ナッツベリーファーム

リサ・ボンダーにはやらなければならないことがあった。幼い娘の父親が誰かという問題によって、母親の策略が明るみに出てしまう危険性がある。そんな疑惑に終止符を打ち、これを限りに噂を封じるのだ。カークが父親だ。ボンダーはそれを証明しようとした。

DNA戦争の火蓋が切られた。

ボンダーはカークの成人した娘、42歳のトレーシー・カーコリアンと、トレーシーの友人のひとりを、ボイゼンベリー（キイチゴ）のパイ、古き西部開拓時代のゴーストタウン、マンガ『ピーナッツ』のキャラクターたち、そしてジェットコースターで知られる南カリフォルニアの遊園地に招待した。ボンダーはふたりのベビーシッターと、もうすぐ3歳になるキラを連れていった。異母姉妹が親密な絆を作る機会になる。

これはカークの非常に数少ない血縁者のひとりから、DNAサンプルを採取する実に卑劣な手段だった。カークのもうひとりの家族となると、90歳近い姉ローズだけだ。この姉はボンダーに決して温かく接してくれたことがないばかりか、弟の金をむしり取る「売春婦」と思っていた。

テイラーの中学校での科学プロジェクトのためだと聞かされたトレーシーと友人のキャサリン・サヴァラは、瓶の中に唾を入れることに同意した。ボンダーはそれを密閉するとバッグにしまい、みんなでキャンプ・スヌーピーとそのほかのアトラクションへ繰り出した。

無邪気な幼いキラ・ローズは自分の役柄を演じることで、父親問題を寄せ付けずにいた。彼女が「世界でいちばんかわいい赤ちゃん」であることは家族全員が認めるところだった。大きくなって動きまわるようになると、ワンダパークのカークの地所のゴルフ・コースで「パパ！」と歓声を上げながら大喜びでカークを追いかけた。バンカーにはおもちゃのシャベルやバケツが置かれた。テニスコートでふわふわの黄色いテニスボールを蹴飛ばすのも楽しかった。そしてキラはカークの犬たちが大好きだった。

カークは但し書きも隠匿もなしに、キラに自分の娘であってほしかった。だがカークとキラの距離が縮まる一方で、ボンダーはふたりの愛情を金融資産として利用した。

弁護士はこれは偽りとごまかしの戦略であり、10年以上にわたる悪感情と非難の応酬が助長されるとした。

キラの父親が誰かはカークにとって問題ではなかったが、金で解決できない問題を抱えていると思い知らされる一連の出来事によって、状況は変わった。

2000年初頭、スティーブ・ウィンとの人生最大の取引をまとめたちょうどその頃、リサ・ボンダーとの30日間の結婚が離婚の最終判決とともに正式に終了した。これによってカークはとりわけ自由で穏やかな気分になった。

ボンダーは悲しい気分だと表現した。カークはボンダーと彼女の子どもたちとベビーシッターを1週間パームビーチに行かせた。彼女たちはザ・ブレーカーズの一泊2600ドルするスイートに泊まった。カークはその往復にガルフストリーム・プライベート・ジェットをチャーターした。

カークが支払いつづけてきた毎月5万ドルの養育費に上乗せして、さらに金と支援を求めるという新たなラウンドが開始された。ボンダーの意志は、ビバリーヒルズを出て行きたい、グリーンウェイドライブの豪邸を売りたいというものだった。ビバリーヒルズの豪華な家の購入資金を出し、今も続く改築費用を提供しているのはほかでもなくカークだ。ボンダーはまだその家に引っ越してさえいなかったのだ。カークは彼女から家を買い取ることに合意し、**頭金315万ドルを即金で前払いした。**

リサ・ボンダーはニューヨークに移住する前に、南カリフォルニアの生活場所が必要だった。カークは夏のあいだ、マリブビーチの家を月10万ドルで彼女に貸した。ボンダーがマンハッタンで暮らすにはもっと必要だった。リージェンシー・ホテルのスイートは一泊およそ1200ドルだ。カークはすでにカリフォルニア史上最高だった5万ドルという養育費を、ボンダーが定住する家を見つけるまでのあいだ、一時的に月7万5000ドルに引き上げた。

「ノー！」

カークが映画『ウォール街』で「欲は善だ」と言ったマイケル・ダグラス演じるゴードン・ゲッコーと自分とを重ね合わせることはもちろんなかったが、『危険な情事』で同じくマイケル・ダグラスが演じたダン・ギャラガーのような気分になりつつあった。ボンダーが妙な時間に姿を現すようになったのだ。

ある晩、ポロラウンジでカークと新しい恋人でテニスのパートナー、ウーナ・デイヴィスが席に案内されてすぐのことだった。いつものバーの角の後方ブースに座り、いつものようにスコッチをロックで少し水を足して飲んでいた。いつものように壁の方を向いて座っていた。デイヴィスからは入口の様子が見えた。

彼女はリサ・ボンダーがやってくるのを目にした。怒りの表情を浮かべた元妻が当惑するキラの手をつかんで怒鳴り込んできた。

「よくもこんなことができたわね！」とボンダーはウーナに向かってわめいた。

「わたしたちには娘がいるのよ。彼はわたしの人生最愛の人なの！」

給仕スタッフがボンダーを連れていくあいだ、カークは何も言わず座ったまま首を振るだけだった。

づけた。

ほかにもカークが彼女のストーカー行為を訴えなければならない出来事があった。ボンダーが非難するところでは、こうした行動を取らせ、自分が「不条理な申し立て」をするのは、「ストレス、苦悩、悲しみに何年間も耐えてきた」からだ。同時に、キラはカークの生物学上の娘だと主張しつづけた。

ボンダーの公の場での常軌を逸した振る舞いに迷惑を受けていることを友人や親戚たちは心配し、カークに彼女とのコンタクトをすべて断ち切るように強く勧めた。そのうえで自分たちが抱いていた疑惑について、包み隠さず話すようになった。

ハリウッドのエージェントであるモート・ヴァイナーは、カークのテニス仲間であり、長年の友人であるが、ある親しい友人から聞いたとして、**ボンダーが、かつてスティーブ・ビングと関係を持っていたことを明かした。**その友人はアン・デュポンで、ホテル・ベルエアーでの夜のボンダーのダブルデートの仲間だった。あの時彼女は、プレイボーイと急いで性交渉をするために姿を消したのだ（293ページ参照）。

カークはそんなことを信じたくなかった。おまけに、自分の養女リンダに不妊治療クリニックでボンダーにばったり出くわしたことがあると聞いたことで、元妻が嘘をついているのではないか、少なくとも本当の父親はわからないのではないかと考えるようになった。だが、彼女とビングの噂はカークの仲間内で広がった。

友人で引退したラスベガスの保安官、ラルフ・ラムはカークに提案した。

「ゴミ収集車を買収したらいい」

「なんだって？」

「ビングの家に行って、やつのゴミを回収するんだ。DNAを取るんだよ」

このようにさまざまな噂を耳にし、耐えきれなくなったボンダーは、とうとう大きく出すぎてしまった。自分にニューヨークのリージェンシーのスイートを手放してキラをロサンゼルスに連れ帰ることを望むのなら、まず信託基金を設立するようにと要求を突きつけたのだ。キラのためではなく、自分自身のためだ。2500万ドルなら満足だ。彼女はそう言った。

この瞬間、あぶく銭を満載した電車は急停車した。ついにここで、寛大な億万長者カーク・カーコリアンが「ノー！」と声を上げたのだ。同時にそれは、カークが幼いキラが本当に自分の血を分けた子どもなのかそうでないのかを探り、決着をつけようと腹を決めた瞬間だった。

元ラスベガス警察の刑事巡査で、カークのセキュリティ責任者を務めるスティーブ・ショールは、キラとカークの毛髪のサンプルを取ってシアトルの研究所に送った。数週間後、検査結果が返ってきた。カークは結果が出たらすぐに電話で知らせるようにと命じていたのだ。

「個人的ATM」でいるのはもうごめんだ

新しいプライベート・ジェット、ボーイング737のビジネス・ジェットの機内でその電話を受けた。新しく獲得したミラージュ・リゾートの物件のいくつかを視察した帰りの機内だった。近くに座っていた者には誰からの電話で、何の要件なのか、誰も皆目検討がつかなかった。カークはほとんど何も言わなかった。黙って聞いていた。電話を切った。口を開かず座ったままだった。ヴァン・ナイズ空港に着陸すると、まっすぐ家に向かい、部屋に入って友人に電話をかけた。

100マイルほど南のラジョラで、ウーナ・デイヴィスが、カークが旅から戻ったことを伝える連絡を待っていた。電話が鳴ると、彼女はそれに応えて元気よくあいさつした。だが、カークはしゃべることができなかった。カークからであることは確かにわかった。だが、電話の相手は泣いていた。

それからの1時間、打ちのめされたカークとともに泣きながら、ウーナは起こったことを断片的につなぎあわせていった。**カークがキラの父親である可能性が「科学的に排除された」のだ。**どんなビジネスの取引でも、どんなプライベートでの落胆すべき出来事でも、彼がこれほどショックを受けたことはなかったように思える。ひたすら落胆していた。

ウーナはカークの悲しみを憤りに向かわせようと、時に彼の怒りを煽ることもした。

「リサ・ボンダーはとんでもない女よ！」

彼女は電話口で言った。だが、カークは乗ってこなかった。悲しすぎて、怒る気にもなれないのだ。

明らかになったことに関し、リサ・ボンダーと対面する気持ちの整理がつくのに数日がかかった。検査の結果にかかわらず、キラのそばにいたかったし、あの子が必要なものはなんでも用意するつもりだと言った。だが、ボンダーの個人的ATMでいるのはもうごめんだ。

ボンダーは直ちに検査結果に異議を唱えた。それは間違っている。カークが父親である可能性のある唯一の人物だ、と主張した。アマチュアのDNAサンプル採取は間違いが多いこともよく知られているとも付け足した。毛髪は唾液ほど信頼性がない。そのことを伝える新聞記事を送り、自分でも検査を依頼すると言った。カークの出した結論が完全に間違っていることを証明しようとしたのだ。

ボンダーは最初、スティーブ・ビングに、彼が赤ん坊の父親であると伝えて協力を仰ごうとしたが、求めたのはDNA検査結果の偽造を手伝ってもらうことだった。ビングは断った。そういうわけで、その数週間後に、カークの娘トレーシーをナッツベリーファームに誘い出し、瓶に唾を入れさせたのだ。

「殺しちゃったほうがいいのかもね」

最初の唾液のサンプルが検査に使えなかったことで、ボンダーはもう一度策略を仕組まねばならなかった。そして数か月にほんの数回連絡を取るだけにおさえて、トレーシーとその友人と2日間にわたる2回目の会合を取り付けた。彼女たちふたりをブラック・アンガス・ステーキハウスでのランチに連れ出し、その後公園の散歩に誘い出した。チャンスは友人のキャサリンが全員のためにアイスクリームを買いに行っているときに訪れた。トレーシーとふたりきりになった。

ボンダーは急いで説明した。瓶に入れてもらったサンプルでは検査できなかったの。綿棒でサンプルをとっても構わないかしら？　トレーシーは肩をすくめ、大きく口を開け、ボンダーに頬の内側を綿棒でなぞられた。だがその夜、トレーシーとキャサリンは何があったか、カークに電話で報告した。

リサ・ボンダーはシアトルの研究所にDNAサンプルを送る準備を進め、標本のラベルに「カーク・リリー」と「キラ・リリー」と記した。**だが「キラ・リリー」のサンプルは実はトレーシーの口の中に入れた綿棒だった。**

およそ1か月後、好ましい検査結果が戻ってきた。「カーク・リリー」と「キラ・リリー」（実はトレーシー・カーコリアン）はほぼ間違いなく父と娘だった。

リサ・ボンダーはあたかも自分がずっと言ってきたことが証明されたかのように、カークに結果を示した。だがカークは首を横に振った。まったく信じなかった。ボンダーが感情を爆発させたので、カークは手を緩めなくてはならなかった。もし、キラがカークの娘でないという結果が出たら、娘を養子に出すか「殺すわ！」とすら目の前の女性は言い放った。

2001年春、カークはキラを5日間マウイ島に連れて行きたいと提案した。ベビーシッターは連れていくが、ボンダーを連れていくのは拒否した。カークが電話でビバリーヒルズの警察に報告したところによると、ボンダーはこう言ったという。

「キラを殺しちゃったほうがいいのかもね……もしくはあなたを殺すべきかしら！」

カークはキラの身の安全が心配だと警察に伝えた。ボンダーは怒っていただけで「本気ではなかった」とのちに述べている。

だが、リサ・ボンダーはキラとテイラーの子どもたちとベビーシッターふたりの荷造りをし、マウイ島へ飛んだ。カークに言ったところによれば、彼がひとりでいるのか、別の女と一緒にいるのか、その目で確かめるためだった。カークは時にボンダーを指して「指にくっついたピーナッツバターのようなものだ。振り落とすことができない」と寛大な言い方をした。

だが、今カークの大好きな地上の楽園で彼女はまさに悪夢と化し、彼は決してそこから目覚めることができなくなってしまっていた。ボンダーはグランド・ワイレア・ホテルにチェックインした。自分の宿泊先のフォー・シーズンズから歩いて9分の距離だ。カークは自分のプライベート・ジェットに引き返し、家へ帰った。

9・11とカーク・カーコリアン

お人好しのミスター・カークはもういなかった。

カークがリサ・ボンダーのグリーンウェイドライブの家を買うと合意してから1年以上が経って

いた。ボンダーはすでに300万ドルの頭金を受け取っていたが、取引締結も頭金返済も拒否した。15か月経っても取引はエスクローとして第三者に預託されたまま、行き詰まっていた。

2001年8月、カークの弁護士団はグリーンウェイドライブの物件に300万ドル以上の抵当権をつけた。ボンダーの弁護士は、金は贈与されたもので、カークが約束に背いていると反論した。そして養育費増額を要求した。カークの弁護団のテリー・クリステンセンはボンダーの弁護士のひとりに、カークはキラの生物学上の父親ではないというDNA検査の結果を突きつけた。

突然リサ・ボンダーは、父親であることに関する問題についてはすでに6つの守秘義務契約が調印されていたにもかかわらず、自身の金銭闘争を公にするようなことを口にした。これが意味するのは、カークがもっとも忌み嫌う場所に引きずり出されてしまうということだ。世間の注目を浴びてしまう。宣誓証言、開示手続き、宣誓供述が必要になる。カークは、証言をしなくてはならないだろう。**ボンダーと彼女の弁護団が考えたのは、カークはそうした不愉快な立場に置かれ、注目の的になることを逃れるためなら、いくらでも金を出すということだ。**

弁護士たちの交渉がつづくあいだ、ボンダーははるかニューヨークのセントラルパークを見下ろすエセックス・ハウスを住居とし、そこにキラをとどめておいた。だが9月11日のワールド・トレード・センターへのテロ攻撃によって、それは突然変わった。カークはプライベート・ジェットを送り、ボンダーと子供たちをビバリーヒルズのグリーンウェイドライブの家に連れ戻した。カークはキラが近くにいることがうれしかった。クリスマスが近づくと、ふたたびサンタ・クロース役が演じられる。

もうすぐ4歳になるキラは、クリスマスにほしいもののリストにふたつのものを挙げていた。ミッキーマウスのおもちゃの電話と、ペットのウサギだ。生きた本物のウサギだ。

一方で緊張も高まりつつあった。リサ・ボンダーの弁護団がそれとなく伝えたのは、何らかの和解がなければ、じきにさらなる養育費を求めて裁判所に訴え出るというものだった。カークの弁護団はこれに対し、ボンダー側が事を私的に進めずに公開法廷での訴訟に踏み切るのであれば、「適切な対応」を取ると脅した。

2001年のクリスマスの朝、リサ・ボンダーは9時30分少し前にカークの住居の外に到着した。彼女は門の手前で車を停めた。警備員は中に入れなかった。ミスター・カークはお忙しいのですとボンダーは告げられた。

管理人で住み込みの庭師でもあったリゴベルト・タピアは見ていたが、女性は車から飛び出し、ミッキーマウスのおもちゃの電話をゲートのなかに投げ入れた。それは駐車場に落ちてバラバラに壊れた。ボンダーはもう一度ブザーを鳴らして警備員を呼んだ。次はゲートのなかにウサギを投げ込んでやる。

車で立ち去る前、ボンダーはタピアのそばに車を停め、窓を開けて大声を上げた。

「ミスター・カークに伝えてちょうだい、今度という今度は娘を失ったって！」

カークから至急の要請を受け、モート・ヴァイナー（342ページ参照）は「彼女を落ち着かせるため」に電話をした。話を聞けば、ボンダーはカークがまだウーナ・デイヴィスと付き合っていることに腹を立てているようだった。

プロテニスの専門用語でいえば、ボンダーにすれば、ウーナ・デイヴィスにカークを取られるのは「惨めな負け《バッド・ロス》」だった。ランク外の無名の対戦相手に予想外の敗北を喫したのだ。その日の電話でボンダーはモートにはっきり言った。ビバリーヒルズはカークがふたりの恋人を持つには狭すぎると。

第26章

取引仲介人《ディールメイカー》たちの神

2002年初頭、カリフォルニア州ビバリーヒルズ

ビバリーヒルズの高級住宅地を回るゴミ収集車は早朝にやってくる。カーク・カーコリアンのセキュリティ責任者も前の晩からやってきて、ある家の前に置かれたゴミ箱のなかをこっそりのぞき込んでいた。この人物は不正を暴き、間違った裁判を止める秘密を探していたのだ。54歳のスティーブ・ショールは久々に任務に戻ったような気がした。彼はラスベガス市警察に24年勤めた元警官だった。当時の任務のほとんどは秘密裡に遂行された。これ以上ないほど柄が悪くみすぼらしいいくつかの安酒場でも任務をこなした。

だが、ビバリーヒルズでゴミ箱を漁る？　これは経験したことがなかった。かつてのボスである保安官のラルフ・ラムにはゴミ収集車を買い取るように提案されていた。ショールはもっと現実的にもっと目立たない形で単独に作業を進めたかった。

夜遅くまでに通りには黒いゴミ収集箱がずらりと並んだ。ショールが狙う家の前も同様だ。4月の夜の静けさのなか、蓋を開けて中を覗き込んだ。この家に住む男は独身でひとり暮らしだ。このプレイボーイはあまりゴミを出していなかった。元警官は探していたものをまさにあっという間に

見つけ出した。口のところを結んだ小さなゴミ袋だ。バスルームのゴミ箱によく使われるタイプのもので、大きさもそのくらいだった。ショールはそれを引っ張り出し、そっとゴミ箱を閉じた。

数秒後、彼は車に戻って未開封のゴミ袋をそばに置くと、丘の向こうのシャーマンオークスの自宅に向かった。夜も更けてから、ガレージの床に真新しいプラスチックシートを広げて証拠分析の場を作った。そこにゴミ袋の中身をゆっくりと出した。

犯行現場の捜査官のようにゴム手袋をはめて、異物を加えてしまわないように気を付けながら中身を分けていった。そこにはごく普通のバスルームのゴミが詰め込まれていた。ティッシュ、綿棒、デンタルフロスなどがある。やった！　まさに宝の山だ。任務完了。カークは喜ぶぞ。

これでお望みのものが手に入ったと自信を持って報告することができる。何も知らないスティーブ・ビングから十分検査に仕えるDNAサンプルを得たと。

この独身のプレイボーイが本当にキラ・ローズ・カーコリアンの生物学上の父親なら、科学的にすぐにそのように判決が下されるだろう。同じく科学によってリサ・ボンダーの攻撃的な訴訟の根拠も崩されるはずだ。カークが父親であるという根拠のない主張を繰り返し、偽のDNA検査もしたことで、彼女の信頼性は法廷で何度も問題視されるだろう。

カーク側にとって、2002年の幕開けは痛みを伴うものになった。リサ・ボンダーの訴訟の脅威は強烈な右フックになった。彼女は娘の養育費として月32万ドルを得ようとしていたものの、そうした唖然とすべき金銭面の要求がカークを動揺させることはなかった。それは金の問題に過ぎなかったからだ。判事に伝えたように「裁判所が適切と認めたものはいくらでも支払うことができる」のだ。

受け入れがたかったのは、個人的裏切りだった。「彼女の言葉を真《ま》に受けた」とカークは口にした。そしてそれを後悔していたのだ。

ボンダーは最初に裁判所に提出した秘密保持契約を、ふたりの10年にわたる愛と争いに関する33ページの宣誓供述書を、ずたずたに引き裂いたのだ。これはカークのプライバシーに関する謎を解く訴訟における一斉射撃の、最初の一撃に過ぎなかった。

つづく数か月、メディア報道や公文書を通じて、世間の知りたがり連中によって、カークの精子の少なさ（1ccに200万）、不妊の歴史、髪の毛を切る頻度（10日おきに、毎回約150ドル）、マッサージ（頻繁に、毎回約200ドル）、服の好み（クローゼットには5000ドルのブリオーニのジャケットがぎっしり）、ベッドのどちら側で寝るのが好きか（左側）など、カーク・カーコリアンの世界が詮索されることになった。

新聞の見出しはカークの苦難をおもしろおかしく書き立てた。彼の地元では『ロサンゼルス・マガジン』の表紙にこんな文字が躍った。

「セックスと嘘とデンタルフロス——実業界の大物と元テニス選手と月32万ドルかかるふたりの私生児」

国外ではロンドンの『サンデー・エクスプレス』紙が「カークの高額な愛撫」について報じた。

カークはリサ・ボンダーに何百万ドルもの現金にMGM株、不動産持分、そしてめずらしい宝石を与え、彼女を大富豪にしていた。**裁判所の見積りでは、訴訟を起こした当時の彼女の個人純資産は1200万ドル以上だった。**

当時カークは毎月5万ドルの養育費を支払っていた。キラがニューヨークへ連れて行かれた時は毎月の支払額を7万5000ドルに上げた。キラが生まれたその日から、少なくとも毎月2万ドルは支払っていた。この子の教育費を支払い、彼女が大人になったときには信託基金を立ち上げることも約束した。それでもボンダーはもっと要求した。いくつもの秘密保持の誓いを破ったことについては、キラがカークの生物学上の子どもではないと認識していたものの、この子が億万長者の娘として「受け取る資格のあるものを提供するため」であるとして、自分を正当化した。

「笑いごとではなかったのよ」

カークのこうしたプライベートな争いによる当惑やストレスを和らげるもっとも効果的な方法は、自分が何よりも愛し、理解しているもの――ビジネスの世界――に身を投じることだった。

リサ・ボンダーの訴訟についてのニュースが報じられるようになっても、経済紙は、カークが「またしても！」MGMスタジオを売却する、と大きく伝えた。売却希望額は70億ドルだった。

価格設定に関しては臆することなくギリギリまで上げた。価格設定においてはリサ・ボンダーに勝るとも劣らない油断ならない競争相手であったかもしれない。ボンダーも攻撃的な価格設定を試みた。ついにはカークに月150万ドルの養育費を課すようカリフォルニアの裁判所に訴えた。州の裁判官は冷静で、明らかにまともに受け取ろうとしないように思えた。

カークが2002年に所有していたMGMは、最初にテッド・ターナーに売却したときだけでなく、二度目にジャンカルロ・パレッティに売却したときよりもさらに魅力的だったが、理由は変わらなかった。所有する映画のラインナップが当時もハリウッドで（ワーナー・ブラザーズに次いで）2番目の規模を誇るものだったからだ。1986年にターナーが購入した時点でも3000タイトル以上所有していたが、カークはその後オライオン・ピクチャーズやその他の小さなプロデューサーからさらに多くの作品を買い増した。**MGMは『ロッキー』と『007』シリーズ、ウディ・アレンの作品も保持していたのだ。**

2002年に所有していた古典作品の中でもっとも価値のあるもののひとつがMGM制作の『レインマン』で、これは予算縮小、マネジメントの変更、内部支持が得られない問題を切り抜けてカークに大ヒットをもたらした。カークがもっともがっかりした映画のひとつに、興行収入1億1500万ドルに終わった『ウインドトーカーズ』がある。この戦争映画は2001年の公開予定だったが、9・11テロの記憶がまだ生々しく残っていたため、公開時期を2002年にずらした事情もある。

『ウインドトーカーズ』が原因で、ウーナ・デイヴィスはカークがビジネスの問題で激怒するめずらしい一幕を目の当たりにした。ある朝彼女がキッチンに入るなり耳にしたのは電話口で大声を上げるカークの声で、どうやらコストに加えてこの戦争映画を支援する不適切な判断を下したとして、当時のMGM社長アレックス・イェメニジアンを叱責しているようだった。カークが神を冒瀆する様々な言葉を吐き出すのを聞いて、デイヴィスはこっそり笑わずにはいられなかった。だが彼に睨みつけられてはっとなった。

「カークにとっては笑いごとではなかったのよ」

MGMおよび同社が所有する作品は70億ドルというあまりに高額な値札が付けられたが、これは手早く売ろうとしてのことだった。だが、2002年以降も買い手はつかなかった。

食事代に「月1万1000ドル」

スティーブ・ビングはゴミを勝手に持って行かれ、同意なしにDNA検査をされたことを快く思っていなかった。カークをプライバシーの侵害で訴え、10億ドルの損害賠償を求めた。結局、訴訟は取り下げられた。法廷で語ったところでは、リサ・ボンダーに娘に会わせてほしいと頼んだところ、彼女に警察を呼んで接近禁止命令を出してもらうと脅されたのだ。

争いはほかにも起こっていた。カークの親友で弁護士のテリー・クリステンセンは窮地に陥っていたが、まだそのことに気づいてもいなかった。原因はアンソニー・ペリカーノという華やかな

──そして物議をかもす──私立探偵を雇ったことだった。当時陣営はカークが父親だと主張するリサ・ボンダーの嘘を暴こうと、あらゆる情報を得ようとした。この私立探偵は長年にわたって多くのハリウッドの有名人たちに雇われてきた。だが、ペリカーノの戦術のひとつに、違法通信傍受があった。

陣営はボンダーに対抗訴訟を起こし、契約違反を非難した。訴訟に次ぐ訴訟。ロサンゼルスの弁護士でいることが最高の時だった。

訴訟のなかでもっとも法外な費用をめぐる争いも、いくつか公にされた。ボンダーの計算によれば4歳の娘は旅費として月14万4500ドル、洋服代として毎月およそ4000ドル、家を飾る花に毎月6000ドル必要だった。この子個人の食事代が月1万1000ドルと知った『ロサンゼルス・タイムズ』紙のある読者が編集者に宛てて、**1万1000ドルで「アフガニスタン全体の孤児のための食料を何年間も賄える」**と苦情を寄せている。

ほぼ1年にわたる訴訟合戦も終わりに近づき、ひとりの判事は信じられないとばかりにボンダーが提示した金額をためらうことなく却下した。上級裁判所の判事リー・スモーリー・エドモンは「大幅に膨らんだ」費用といくつかの支出について、「4歳児が合理的に必要とするものとはほとんど関連がない」とした。判事は12万ドル以上かけて100名を招待したクリスマス・パーティーもそのなかに入れた。

エドモン判事はボンダーの「誠実さの欠如」と「実体のない主張の追求」を容赦なく非難し、こうしたものによって訴訟費用が著しく増大したとした。ある概算によれば、これらの裁判費用だけで1千万ドルになったという。

月5万ドルの養育費を32万3000ドルに、その後49万1000ドルに、そして最終的には月150万ドルに上げてほしいというボンダーの当初の訴えについて、判事はすべて「本質的に不合理である」と断じた。女性裁判官は、養育費として扶養料をせしめていると非難した。

判事はカークの養育費の支払いを316ドルだけ上げ、月5万316ドルとする判決を下した。本件は終了した。少なくとも数年間は。だが「指にくっついたピーナッツバター」のように、カークがこの問題から簡単に逃れることはできなかった。

アメリカ最高の「80歳代のテニス・プレーヤー」を目指す

カークは取引の世界だけでなく、テニスコートでも積極的でありつづけた。ロン・ファラヒの指導のもと、ウェイトリフティングとウォーキングの聖なる日課を守った。80歳代のカークの体格は30歳若い人たちにも羨ましがられた。テニスもダリル・ゴールドマンのコーチのもとで練習を欠かさなかった。

カークにはいくら金を積んでも得られない望みがひとつあった。この国最高の80歳代のテニス・プレーヤーになるのだ。この目標に向かい、ビジネスで取引を行うときと同じように強烈なレーザー光線を思わせる集中力で取り組んだ。ビジネスでのクールな物腰とは対照的に、80代半ばであるにもかかわらずコートでは「トラのようだ」と友人たちに形容され、フォアハンドに「ライフル・ライト」のパワーをたっぷりみなぎらせ、獰猛なまでの激しさでプレーに臨んだ。きびしい練習を積み、負けはすべて学ぶべき体験ととらえ、自分の力を試すためにあらゆる場所に出向いてあらゆる大会に出場した。

ＭＧＭとメトロメディア・インターナショナル・グループの複合合併取引を行っていたさなか、タイミングの悪いことにある大会に出場することになっていた。会場はロサンゼルスから車で東に1時間ほどの小さな町にある、落書きがあちこちに見られる公営コートだ。

「落書きだらけのよくわからないところだ。ワゴン車に乗って行こう」とカークはコーチに言った。「コンパートメントにピストルが入っている」。

こうして世界有数の大富豪は護衛も付けず、側近も付けず、ためらいもせずにテニスに向かい、そのあいだ50万ドルの合併取引を待たせておいた。そのトーナメントでは早い段階で敗退したが、最後まで戦い抜いた。ゴールドマンの指導のもとでいくつものトーナメントやダブルスの試合で勝利を収め、いつしかシニアのダブルスの80代半ば部門の全米で第3位にランク付けされた。

だが、視力に問題が生じていた。黄斑変性症で視野が少しずつ狭まっていたのだ。テニスのプレーは早い段階でその餌食になった。

カークは忍び寄る障害と戦った。眼球への痛みを伴う注射治療も受けた。冗談で「遺恨試合」と名付けられた古い友人たちとの週末のテニスはつづいた。最初に逝ったのはモート・ヴァイナーだった。ハリウッド流の逝き方だった。２００３年夏、カークとテニスのダブルスの試合をしている最中に心臓発作を起こし、コートで亡くなった。

1年後、ラスベガスでフレッド・ベニンジャーが86歳で亡くなった。カークと同じ年だった。さらに1年が過ぎ、カークの古くからのフィナンシャル・チームのメンバーもこの世を去った。企業家パイロットだったカークに初めて融資してくれた、バンク・オブ・アメリカのモンテベロ支店長（当時）のウォルター・シャープだ。さらには親友のひとりで、カークが初めて財産を作ったときにそばにいてくれたフレズノの元ブローカー、ジョージ・メイソンも。とても長い時間にわたり、カークの様々な地位の変遷を見てきた間柄の人々だった。

この人たちとはとても長い時間を重ねつつ、あらゆる立場で関係を築いてきた。自分が業績不振のビジネスマンであったり、中古飛行機の取引業者であったり、賭け金の控えめなギャンブラーであったときも忠実でいてくれた人たちで、莫大な富を得てからもずっとそばにいてくれた。みんな生涯の友だった。彼らの死によって、自分もいずれ死ぬ身であると意識せざるをえなかった。

カークは死を避けようとした。葬式に参列するのをやめた。誕生日のお祝いはしてほしくなかった。カークの友人たちの賢さが試されたとテリー・クリステンセンは言う。

「『お誕生日おめでとうございます』と本当は伝えたいが、ありとあらゆる手段を使ってそうと悟られないようにしなければならなかった」

かわいらしくておかしな一面だったが、同時に深刻なマイナス面の裏返しでもあった。80歳にしてついに最初の遺言状を書いたが、50億ドル近い財産があったのだ。

「彼は死について考えたくなかった」とクリステンセンは言った。

その上、カークはいまだに元気で、冒険を求めていた。ロンドン出張が終わり、自分の飛行機に乗った彼は、身の回りの世話係で、フライト・アテンダントで、帰りの旅では唯一の連れだったロン・ファラヒに言った。

「ロン、別の経路で帰ろうじゃないか」

北米に北極周りで帰る代わりに、フライトクルーは経路の変更を余儀なくされた。中国上空を通って帰国したのだ。

ひとつ忘れられない着陸地がクアラルンプールにあった。ファラヒはホテルでカークに朝のコーヒーを淹れていた。いつもの通りフォルジャーズの挽き豆を使い、家から持ってきた1950年代の電動コーヒーメーカーで淹れていた。だが古いコーヒーポットをプラグに差し込んだとたん、ホテルのフロア全体が停電してしまったのだ。

「クアラルンプールの電気を止めてしまった」

それはカークの旅行話のネタのひとつになった。

すべてのディールメーカーの神

健康的な生活、定期的な運動、よい食事、どれも大切だったが、カークを何より若々しく保ち、熱中させたのは、大きな取引だった。2004年半ばには、自身のキャリアでも最大となるふたつの取引をひと夏にして成し遂げたのだ。

ラスベガスでは忙しすぎて誕生日のことなど考えている暇はなかった。87歳になり、マンダレイ・リゾート――マンダレイ・ベイの黄金色の鏡のタワー、ルクソールの大ピラミッド、エクスカリバーの城のタレット――を購入する76億ドルの取引を行い、ラスベガス・ストリップ南側を完全に手中にした。これによって、**カーク・カーコリアンは文句なしにラスベガスの王となった。**

スティーブ・ウィンが知らせを司法省から聞かされたのは、この取引の独占禁止法に関する点について同省に調査依頼を求めたときだった。だがウィンはこんなジョークも口にした。

「カーク村ではいい暮らしができるんだろうね」

この取引によって、ストリップのホテル客室とカジノ・スペースのほぼ半分がカークの支配下に収まった。MGMミラージュはベガスでもっとも大きく、もっとも高級で、もっとも利益を上げているカジノを所有、運営していた。デューンズ・ホテルに初めて投資をしようとして5万ドルを失ってからおよそ50年経ったが（35ページ参照）、カークはまだ現役で活躍している。デューンズはもうない。ずっと前に統合され、ベラージオに取って代わられた。そのベラージオはカークが所有している。

カークが自ら選んだMGMミラージュの社長兼最高財務責任者ジェームズ・ムーレンが具体的交渉のほとんどを行った。だが、握手をして取引を締結したのはカークだった。

数か月後、ハリウッドでもほぼ同じことが起こり、カークは50億ドルでMGMスタジオをソニーに売却する取引をまとめた。側近アレックス・イェメニジアンが交渉責任者を務めた。これを「世紀の取引」と呼ぶ者もいた。『ニューヨーク・タイムズ』に「ディールブック」というコラムを書いていたアンドリュー・ロス・ソーキンは、カーク・カーコリアンは「すべてのディールメーカーの神に任命されるべき」と評した。

どの取引もそれ自体すべて大当たりだった。マンダレイ・リゾートの取引の6か月後、MGMミラージュの株は55パーセント以上急上昇した。ハリウッドでカークがMGMとソニーとの取引をまとめて切り上げたときには、株式や配当金から35億ドルを手にしていた。

ソーキンに言わせれば、カークはそろそろ自分のクローンを作り、休暇を取って「本を書く」べきだ。

第27章

わが道を行く

2009年3月、ネバダ州ラスベガス

報道機関のヘリコプターが、ラスベガス・ストリップを少し外れた未完成の高層ビル群の上を旋回している。ハゲタカの群れ。カーク・カーコリアンのラスベガスでの驚くべき成功の連続が途切れるのを少しでもいい場所から撮ろうと画策していたのだ。誰に聞いても、カークの野心的な86億ドルかけた約0・27平方キロメートルのシティセンター・プロジェクトは破綻しようとしていた。もしかするとラスベガスでもっとも大きな財政的失敗で、アメリカ史上もっとも損害額の大きい建設債務不履行になるかもしれない。

コスト超過、経済活動の落ち込み、反目するパートナーたちによって、プロジェクトも91歳になった資本家も、数時間のうちに前例のない惨事に見舞われた。すぐに遊休地となる建設現場を仕切るためにフェンスが準備された。町の人気者のギャンブラーがピンぞろを出してスってしまったかのようだ。

最近カークが昔を懐かしんで親しい友人に言ったのは、**「時々やり直したくなる、財産を手放して1からまた作り直すスリルを味わいたい」**ということだった。それは突然悪夢に変わる幻想だっ

た。「正直、こんな日が来るとは思わなかったよ」と、世話を焼いてもらっているウーナ・デイヴィスに思わず漏らした。

最初の債務不履行の期限が迫ったとき、カークはビバリーヒルズの自宅でニュースを見ていた。ジェームズ・ムーレン率いるMGMミラージュのチームはクレーンと作業員が働き続けられるよう奮闘していた。鍵となるのは、極端な金融引き締めが行われるなかでローンを再構築できるかどうかだ。

カークはシティセンター建設を影で仕切るムーレンに全幅の信頼を置いていた。頻繁に電話で連絡を取りあっていたが、仕事や当面の危機についてはほとんど触れなかった。ムーレンは思い出す。「億万長者に『どうだね？　今日はうまくいったかい？』とたずねられるだけで大いに気持ちが和らぎました」

当時の幹部だったアレックス・イェメニジアンが言う。

「マーケットの指標は1000ポイント以上落ちる可能性があった。カークは1日で10億ドル失いかねない、それもほとんど瞬きする間もなく」

『フォーブス』誌編集部は、カークの個人資産を直近で180億ドルほどあると見積もっていた。地元ロサンゼルスでいちばんの金持ちと思われていた。だが、2008年から2009年にかけての世界的金融不況からは誰ひとり、億万長者ですら免れられなかった。東海岸のカジノ・オーナーで億万長者のドナルド・トランプは、すでに会社更生法適用を申請してトランプ・エンターテインメント・リゾーツの会長職から退いていた。

「タイミングがすべてだ」とカークはよく言っていた。1929年の大恐慌に次ぐ経済不況時に大きく金を動かしたことで、まさにその言葉が証明された。シティセンターは夢のプロジェクトで、居住区と商業区に加えてカジノとホテルも設置される「都市のなかの都市」として開発が計画された。賭博のリゾートというより建築物そのもののデザインが強調され、俗受けを狙わず上品に感じられた。だが、スティーブ・ウィンが「ベガスでもっとも野心的だ」と評したこのプロジェクトは、「タイミングが悪い」典型例にもなった。好況時に計画され、不況下で実行されたのだ。そしてこの不況の影響をどこよりも受けていたのがラスベガスだった。

ギャンブル収入は2008年のリーマン・ショックを受けて25％下落し、2009年に入っても下降しつづけた。地域の失業率は不況前の3％から15％近くまで上昇した。住宅価格は50％目減りした。ラスベガスはアメリカの差し押さえの中心地として芳しくない記録を打ち立てた。家主の70％は不動産資産より借金が多くなった。

町の最大のカジノの運営が打撃を受けた。ベネチアン・ホテルのオーナーであるシェルドン・アデルソンのラスベガス・サンズ・コーポレーションの株式は、1株144ドルから1ドル38セントまで下落した。**カークのMGMミラージュは約140億ドルの債務超過に陥った。**

だが、カークの不動の支援と生涯にわたって築きあげてきた親交と信用がMGMミラージュを危機から救った。アメリカおよびヨーロッパの銀行数社が共同で融資条件を作り直すことに合意したのだ。アラブの投資家はプロジェクトの支援をつづける決定をした。**世界のほとんどの企業が貸付についてはきびしい締め付けを受けていたが、主要な金融機関はどこもカークと彼の会社を今までどおり信用した。**

シティセンターは同年12月、3日間の派手なショー「Ｗｏｗ Ｗｅｅｋ」の開催をもって公式にオープンした。ラスベガスの歴史に残る大規模なオープニング・セレモニーとなったこのショーではドンペリニョンのボトルが際限なく振る舞われ、ジェームズ・ムーレンが司会を務めた。

カークは友人のウーナ・デイヴィスを送り込んだ。本人はカメラや報道陣を避けたかったし、見え透いたお世辞を言われても対応に窮するので自宅から出なかった。記者会見にも姿を見せなかった。

90歳のプロポーズ

カークの自動車製造に対する関心は、10年前のクライスラー買収の失敗をもっても失せることはなかった。実際あの失敗した入札は大変儲かるオファーだったので、自動車産業には隠された価値があるとの確信を強くしていたのだ。

２００５年にはゼネラル・モーターズに狙いを定め、最終的に10％の持ち株を取得して会社の筆頭株主になった。クライスラーのときのアドバイザーのジェリー・ヨークと組んで、海外のライバル日産とルノーと提携しなければGMは苦境に立たされると警告した。カークのチームは業績のふるわないサーブとハマーの系列会社を売り払うように助言した。

GMはカークの評価や忠告に興味を示さなかった。ヨークはGMの取締役を辞任し、カークは株式を売却した。経営陣を説得できなかったことに失望したが、今回もカークの投資タイミングは絶妙だった。株を購入したのは13年ぶりの安値のときだった。売却は2006年末の金融不況の直前で、それはGMが2009年に倒産するずっと前だ。**利益は推定で約2億5000万ドル**になるはずだ。

GMの経営に関与しているときも、自分の投資会社トラシンダがクライスラーとの合併に際し10億ドルの潜在的損失を被ったとして、ドイツのダイムラーベンツに訴訟を起こした。不服としたのは、実際はクライスラーがダイムラーベンツの一部門になる吸収合併だったにもかかわらず、対等合併だと偽ったことだ。

デラウェア州高等裁判所はその訴えを退けた。カークが高額の損失を証明できなかったとの裁定を下したのだ。カークの件を扱う弁護士のテリー・クリステンセンは、27億ドルの利益を出しながら損失を示すのは「むずかしいことだった」と認めた。

2007年ダイムラーが北アメリカの「一部門」を投げ売りしようとしたとき、カークは再度クライスラーを手に入れようとしたが、46億ドルのオファーではサーベラス・キャピタル・マネジメントとの勝負に勝つことができなかった。だがこれもまた幸運な敗北となった。1年後クライスラーは景気後退を受けて連邦改正破産法「第11章」（自発的破産申請による会社更生を規定するもので、日本の会社更生法に相当する）の手続きに入ったのだ。

カークのデトロイトでの最後の大物釣りは特にタイミングが悪かった。フォード自動車の株式を買いはじめたのは２００７年から２００８年にかけての冬で、すでに金融不況が統計上に現れつつあったのだ。最終的には譲渡抵当受戻権の喪失が多発し、銀行は次々に倒産、全国で貸付凍結が行われることになった。

あるいはカークがこうした早期の経済的警告のサインを見落としていたら、予想通りの結果になっていたかもしれない。と言うのは彼はそのとき恋にのぼせたロマンチックな男のレンズで世界を見ていたからだ。90歳の老齢の独り者は、ウーナ・デイヴィスに結婚を申し込んだばかりだった。54歳のこの女性は、10年以上前から親しい友人で、仲間だった。

２００８年春、フォードの株価は8ドル前後だった。カークは短期間でフォード一族をのぞいて最大の株主となった。２００８年9月末、ダウ平均が1日で７７７・68ポイントの記録的な幅で下落したころには、すでに10億ドル投入していた。

今回はさすがのギャンブラーもひるんだ。自動車メーカーの急落する株価を追いかけるのはやめようと腹を決めた。手を引き、1株2ドルで売却した。２００８年末時点で損失は8億ドルだった。「わたしは間違っていた」と、のちにカークはブルームバーグ・ニュースで認めている。

だが、ＭＧＭとトラシンダの前役員アレックス・イェメニジアンは、「時期が悪かった」としている。カークの直感は正しく、取った行動も適切だったし、彼にはほかの人が見逃す会社の価値を嗅ぎ分けて外さない才能があると信じていたのだ。『フォーブス』誌は「デトロイトの目を覚ました企業乗っ取り屋」とカークを形容した。

歴史を見ればわかるように、フォードは力強く回復し、金融不況が峠を越えた頃には株価もふた桁に戻った。「タイミングだ」とイェメニジアンは肩をすくめて繰り返した。

カークが、景気が好転するのを待ってフォードの株式を持ちつづけられなかった理由のひとつに、シティセンターの切迫した状況がある。2008年末、この施設建設プロジェクトはMGMミラージュにとってすでに脅威になっていた。だがカークの私的な問題も大きくなっていて、これが気分や判断に影響を及ぼした。事業の失敗より、このことで大きく心が乱されていると言う者もいた。

「方向転換しろ。家に帰る」

2008年の夏の終わりに、カークのいちばん信頼する弁護士で、ごく親しい友人でもある人物が連邦重罪容疑をかけられた。数年前テリー・クリステンセンはセレブ専門の仕事を請け負う私立探偵アンソニー・ペリカーノを雇い、リサ・ボンダーによる「カーク・カーコリアンが自分の赤ん坊と血のつながりのある父親である」という主張は虚偽であると証明しようとした。

そのあとスティーブ・ビングの家の前のごみ箱から検出されたデンタルフロスに付着していたDNAサンプルによって、この問題に最終的な結論が下される。**カークは実の父親ではなかったのだ。**

だがペリカーノがボンダーの調査に違法な盗聴をしていたことが判明し、クリステンセンと私立探偵は共謀者として起訴された。ペリカーノが後に宣誓して語ったところによれば、自分は嘘をついていたのであり、盗聴テープにはない数々の内部情報がカークサイドに提出した卑猥な情報の背後に読み取れると、依頼主を信じ込ませようとしたのだ。パトリシア（パーティ）・グレーザー率いるクリステンセンの弁護団は、依頼人は盗聴に関して何の権限もなければ知りもしなかったと主張した。

カークには滅多にないことだが、法廷に出頭して友人の人となりを証言することを買って出た。報道陣とパパラッチに取り囲まれた。『ハリウッド・リポーター』によれば、カークは「ブルーのスポーツジャケットに赤いネクタイ、足もとはローファー」という格好で現れ、91歳という年齢にもかかわらず、26分間証人席にいて「背筋をぴんと伸ばして立ち上がって歩き、元気で動きもしっかりしていた」。『LAウイークリー』は「笑わない大物」は「落ち着いた、くぐもった声で」証言したと記している。

カークは法廷で昔からよく知るこの相談役について、「まったくすばらしい人物だ。正直で裏表がなく、真の友人だ」と証言した。またペリカーノの盗聴のことは知らなかったと述べた。1週間後、クリステンセンは有罪判決を受けた。

その後すぐに連邦地方裁判所判事のデール・S・フィッシャーは、67歳の老弁護士に連邦刑務所での3年の懲役刑を言い渡した。これもカークにとっても大きな打撃となった。

グレーザーとカークの弁護士チームはカークに、テリー・クリステンセンとの関係をすべて絶たなければならないと進言した。ネバダ州における賭博の免許はカークの企業帝国とその膨大な富にとって非常に重要なものであり、有罪判決を受けた悪人と関係があるとなると、その免許が危険にさらされる。

カークははじめ抵抗したが、最終的にはひどく悲しみながら受け入れた。クリステンセンとの関係のみならず、社会との関わりも絶ち、似つかわしくないことだが、半世紀前に最初の妻ペギーが去っていったときとまさに同じように、隠遁者のようになってしまった。ふさぎ込んで、よく眠れず、ラスベガスを訪れる機会も減ってしまった。友人とのディナーを突然キャンセルすることも繰り返された。映画を観に行かなくなり、夜は家に籠るようになった。

同時にウーナ・デイヴィスとの関係も不運に見舞われた。カークはいつもどおり長い旅行をして心の傷を癒やそうとした。今回はプライベート・ジェットでマウイ島に行く。テリー・クリステンセンが実刑判決を受けてからようやくひと月がたったクリスマス直後のことだ。

太平洋に出て2時間ほどして、突然気が変わった。ロン・ファラヒに操縦室に知らせるように命じた。

「方向転換しろ。家に帰る」

デイヴィスや搭乗している誰にも相談することもなく、カークは太平洋の真ん中で旅行を取りやめた。数か月後、ウーナとの婚約も取りやめになった。

純資産を150億ドル減らした男

2009年末に、アメリカの億万長者のなかで世界的金融不況によっていちばん資産価値を減らしたのはカーク・カーコリアンであることが明らかになった。毎年『フォーブス』誌に紹介される400人のアメリカの長者では27位から97位に落ちた。純資産は推定180億ドルから30億ドルに減少した。シティセンターの苦戦が大きな打撃となった。

同じ億万長者のドナルド・トランプは彼なりのやり方で同情を示した。「カークが好きだし、上手く行けばよいと思う」と慰めたのだ。だが、同じくカジノの拡大を狙うこの人物は、CNNの『ラリー・キング・ライブ』のインタビューのなかでカークのシティセンター計画を、「まぎれもない大惨事」と評した。のちには「不動産投資の歴史上、最大の破産になるだろう。まったくお気の毒だ」と言い添えている。

MGMミラージュのジェームズ・ムーレンは楽観的だった。シティセンターはラスベガスをがらりと変えたカークの業績のなかでも「最高の偉業」になると見ていたのだ。

「あの人はここで成し遂げたことを、意図的にほとんど意識しようとしないんだ」とムーレンは新聞記者に語った。

　カークはすでに先へ向かっていた。２００９年末には新しい恋人ジョーン・デンジャーフィールドに高価なダイヤモンドのリングを買い与えた。彼女は57歳のあでやかなブロンド美人の実業家で、コメディアンのロドニー・デンジャーフィールドの未亡人だ。ジョーンは友人たちに自分はカークの婚約者であると話していた。

第28章

大理石のアッパーカット

2010年春、ビバリーヒルズ、ノース・ロクスベリー・ドライブ1014

暗く静まり返った家のなかで、真夜中、カークは目を覚まし、毛布を蹴飛ばしてベッドから脚を垂らした。シーツのこすれる音とカークが足を引きずる音が、新任夜間勤務の女性看護師の注意を引いた。開いたバスルームの入口にたどり着くと、傍らにその看護師がいるのに気づき、カークは驚き、いらだった。

彼女の手助けなど望んでいなかった。そばにいてほしくなかった。さらに言えば、寝室の外に一晩じゅう座っているようなこともしてほしくなかった。スタッフとその点についてははっきりさせたはずだ。カークは自分がしてほしいことが顧みられないと、殊更いらいらする。世話をする人たち――医師、セキュリティ・チーム、弁護士、身の回りの世話をする付き人、心配した友人たち――は、カークが睡眠薬の副作用で頭がぼうっとしてしまうかもしれないと懸念していた。

93歳に近くなり、日中も夜も、昔ほど敏捷ではなくなった。友人たちはよろけて転ぶのではないかと心配した。一方カークも、自分はみんなに子供のように思われている、もっとひどいときは年寄りの病人扱いされていると思い込んでいた。

ふらつかずにバランスを保つことに少しも不安を感じなかったし、ましてや躊躇もなかった。普段の足取りは以前と変わらず自信に満ちていた。80歳をゆうに過ぎても何度かテニスコートでひどく転んでしまうことがあったが、すりむいたり痣《あざ》を作ったりする程度だった。ウェイトリフティング・トレーニングが効果的と考えていた。確かに視力は悪くなる一方だった。衰えは隠せない。誰より最初に自分が気づいた。

「90歳になっていろいろ故障してきた」と友人に語った。健康に配慮した食事をとり、定期的に十分な運動を課し、早寝早起きの習慣を守り、健康診断も欠かさず、必要な治療を受けてきたが、肉体の衰えにショックを受けているようだった。

だが、ありがたいことに、用を足すのには、まだ看護師の助けは必要なかった。出て行けと女性の看護師に唸り声をあげた。はっきり伝えようとして、ちょっと押したり小突いたりしたかも知れない。ところが彼女から離れようとした際にバランスを崩してしまった。

次の瞬間、そこにあった大理石のカウンターに顎を投げ出す形になった。岩のように固い岩の表面に強烈なアッパーカットを食らった。頭が跳ね返った。足がもつれた。女性看護師はなすすべもなく、カークがぐにゃっとして後ろに倒れるのを息を飲んで見つめるしかなかった。後頭部が大理石の床に激突した。何もかもが停止した。

体は看護師の足元に投げ出され、動くことはなかった。

「ここから出せ……」

緊急医療班が到着する前に意識を取り戻した。カークは強く言った。大丈夫だ、ちょっと頭をぶつけて顎が痛いが、救急車は必要ない。救急隊も譲らない。「脳震盪の症状が見られます」。カークはついに折れ、ロナルド・レーガン・UCLAメディカルセンターに運ばれ、偽名で入院した。ロン・ファラヒがそのあと病院へ行くと、カークはベッドでずらりと並んだチューブやモニターにつながれていた。疲れているように見えた。そして老いていた。昨夜見た活気あふれる鍛えられたカークとはまるで違うと思い、ショックを受けた。

友人のジョーン・デンジャーフィールドはカークの病室の深い窓台を居に定め、3晩、そこで眠りに就いた。

その患者はビジネスの世界で独裁的な支配力をふるうのに慣れていたので、同じ調子で、数時間のうちに家に戻れるよう病院に求めたが、無駄だった。数日後には、訪問者や病院のスタッフの顔を見るなり、怒りをこめた呪文を繰り返すようになった。

「ここから出せ……ここから出せ……ここから出せ」

4日後、医療管理人は、在宅で引き続き回復を図ることで帰宅にやむなく同意した。条件として、激しい肉体的活動や階段を上がることを禁じた。セキュリティの側近とジョーン・デンジャーフィールドに付き添われてSUVでロクスベリーの家に着くと、すぐにたくましいコーチであるロン・ファラヒに抱きかかえられ、家の入口に運ばれた。

カークは家に入ると、手助けもなく誰の心配も気にせず、ただちに階段をずんずん上がって行った。誰かに怪しまれるかもしれないので、獅子はねぐらに戻った。カークは支配力を取り戻していた。実は、階段禁止の忠告をただ忘れていただけだった。

「相当ひどく打ったんだろう」とのちに友人たちに告白している。

「家に戻ったときは、ちょっと記憶が飛んでいたよ。自分の家を見て、『へぇ、いい家だな。誰がこんなところを用意してくれたんだ？』と思ったくらいさ」

この衝撃的な事件が転機となった。カーク・カーコリアンの人生はこれより、「転倒」の前とあとではっきり区分される。

「1週間のうちに閉鎖しろ」

転倒のずっと以前から、カークがせっかちなのは有名だった。かつて女優のイヴェット・ミミューが彼のプライベート・ジェットに遅れたとき、パリに置き去りにしたことがある。一度ならず「退屈過ぎる」という理由で、自分が出場しているシニアのテニスの試合をやめて出て行こうとしたこともある。そのとき、自分が勝っていたにもかかわらず。

40年前には、ゴルフもそっくりやめてしまった。ほかのプレイヤーがどの方向から風が吹いているかを見るために芝生のくずを落とすのを待っていて、腹を立ててしまった。

「グリーンに上がってから降りるまでに10分かかる。とても待ってられなかった」

ビジネスにおいても、カークの短気は目を引いた。故ハワード・ヒューズの息がかかったスマ社からデザート・インとサンズ・ホテルを買収するときも、売り手の出す一連の条件にいらいらを募らせた。ついにある土曜日、テリー・クリステンセンが売り手の弁護士をオフィスに呼んで最後通牒を突きつけた。

「カーコリアン氏は現金1億6700万ドルでの取引を申し出ています。何の付帯条件も前提もありません。氏は当該不動産を何の前提条件もなしに望んでいます。承諾するかしないかの二者択一です。交渉は終了です」

その後すぐに商談はまとまった。

ロデオドライブの事務所あてにメールや電話や訪問によって周期的に求められる慈善事業の依頼も、短気の発作を引き起こすことになった。かつてリンシー財団を閉鎖するという虚偽の発表をして嘆願者を落胆させたことがあった。なのに、まったく見知らぬ人物がオフィスに来たとき、その人の愛する人のがんの手術代として1万ドルのチェックを受け渡すこともあった。

転倒から数か月後、カークの短気にふたたび拍車がかかった。アレックス・イェメニジアンによると、カークが感じていたのは、自分の寛容さは当然のことと思われていて、セルジ・サルグシャン大統領率いるアルメニア政府はさらに多くをリンシー財団から期待しているということだった。サルグシャンの第1次政権の初めの3年間にカークが出資したプロジェクトは、実際のところリンシー財団が前任者のロベルト・コチャリャンの政権下の10年で地震への救援として提供した1億6000万ドルより少なかったのだ。

確かにカークは、以前のアルメニア国家元首と、より親密だった。1998年コチャリャンはセンチュリーシティに訪れて、カークが資金提供した100番目の災害救援物資の空輸を祝った。カークはアルメニアのパスポートと名誉市民権を受け取った。とても感動したカークは公の席で話すことの恐怖も忘れ、マイクを持って少年時代に話していた言葉で呼びかけた。

「アルメニアが長く繁栄しますように」

カークの性急な決定が何を引き起こすにせよ、そしてそれが誤認であったにせよ、イェメニジアンは彼の命令には逆らえないとわかっていた。カークは命じた。

「リンシー財団をたため。1週間のうちに閉鎖しろ」

アルメニア共同基金（UAF）を設立して地震の被害地区に6つの学校を建設したハラート・サスーニアンは、アンソニー・マンデキックにロデオ通りの事務所に呼び出され、予算が凍結されたことを知らされた。小切手はすぐに止めなければならないとカークの金融責任者は言った。何の説明もなかった。サスーニアンは理由を聞くほど愚かではなかった。カークの機嫌が良ければ、まわりの人間もそうだった。ご機嫌斜めなときは関わらないほうがいいと、マンデキックは常にみんなに注意をうながしていた。

２０１１年のバレンタインデー、カークとＵＣＬＡ学長のジーン・ブロックは、約2億ドルの資産をリンシー財団からＵＣＬＡ財団と大学が管理するドリームファンドに移すと発表した。

カークはサスーニアンの道半ばの学校建設プロジェクトを含め、多数のアルメニアのための運動の支援をつづけていた。だが、この22年間に11億ドル以上の寄付をしてきたリンシー財団は、公式の説明もなく突然消滅した。

カークはこの頃、姉のローズに関しても心を痛めていたようだった。姉は病気を患い、日々激しくなる痛みと戦っていた。元気な姉の世話をいつも焼いていた億万長者の弟をもってしても、その苦しみを和らげることはできなかった。ローズも、カークを元気づけられる状態になかった。

彼女はいつもカークを励ましてくれていた。90歳を超えた元ダンサーは、カークの夕食の客人のひとりに「つま先で自分の鼻に触れられますか？」と尋ねられると、上品なレストランをラウンジの一幕ショーにしてしまった。ローズはテーブルから離れて、それをして見せた。何歳になっても非常に体が柔軟だった。そして次に「開脚できますか？」と自分でたずねて、フロアで完璧な開脚座りをしてみせた。

恥ずかしがり屋のカークは、大好きだった。その大胆なショーが、すばらしい姉が。

アンドレ・アガシの感謝

転倒のあと、カークの住まいでは、階段昇降機などの危険防止の改修が必要となった。カークは断固反対した。フィットネス・コーチのファラヒはそんな彼を、リフトは毎日の運動のためのエネルギー温存に必要だと言って説得した。カークはいまだに寝室の運動用ベンチで、8キロの特注ダンベルを使って熱心にワークアウトしていたのだ。

長いあいだ無視されてきたカークの遺産管理の変更についても考えなければならなかった。何億の資産があった。だが自分の死を考えることを嫌っていたので、15年間近く遺書を書き直していなかった。検認済みの遺書をめぐって大混乱が生じる可能性が容易に予想できた。

1997年版同様、**2011年の遺書も資産の大部分は慈善活動に向けられた。**1997年版はアメリカ赤十字社を主な受取人としていた。友人であり、赤十字社総裁を務めたエリザベス・ドールに捧げるものであったが、彼女がその職を退いてから久しく歳月が流れていた。新しい遺書では寄付先の配分は3人の顧問——カークの医師、弁護士、会計士に託された。

2011年版のもうひとつの変更点は、血縁関係のない娘のキラ・ローズ・カーコリアンのために700万ドルの基金を設立したことだ。

ラスベガスへのカークの思い入れは強かったが、転倒事故以降、訪ねる機会は急速に減っていた。2011年には、思い入れのあるMGMグランド・ガーデン・アリーナで、WBO世界ウェルター級王者マニー・パッキャオ（フィリピン）とシェーン・モズリーの一戦を観た。同席した友人に、元保安官ラルフ・ラム、長い間モハメド・アリのマネージャーを務めたジーン・キルロイ、大学生の息子を連れてきた元婚約者のウーナ・デイヴィスがいた。

パッキャオの勝利が3－0の判定で宣言される前に、もうすぐ94歳になろうとするカークは84歳の元保安官に向き直って言った。

「ラルフ、ここにいる観客のなかで、この試合を観られないのはわたしたちだけだろうな」

ふたりとも視力が落ちていたのだった。カークは黄斑変性のため、目の前のものに焦点をあわせるのがむずかしくなっていた。旧友や知り合いに会っても見えなくて誰なのかわからないかもしれないと、公共の場に出かけることがますますためらわれるようになった。誰かに名前を呼ばれたときには愛想よく、でも無難に「よう、大将」と答えるのが精いっぱいだった。

「隠れて家にいるのが楽だったの」と、恋仲が壊れても変わらずカークと親しく付き合っていたウーナは言った。

だが、2011年の後半に開かれたブラックタイ着用の格式のあるチャリティイベントには出席した。カークはそこで何卓かのテーブルを購入した。アガシ・プレップスクールの資金調達のための催しであり、旧友の名の知れた息子の力になりたい。マニー（現在はマイク）・アガシの息子で引退したテニス界のスーパースター、アンドレ・カーク・アガシは、カーク・カーコリアンの気前のよい数々の行いに感謝しつつ、言葉を詰まらせた。

もしカークがいなかったら、「あの人のわたしの家族に対するやさしさがなかったら、今日わたしはみなさんの前に立っていないでしょう」とアンドレは観衆に語った。

「わたしがテニスをはじめる前からお世話になっているのです」

その夜、カークはテーブルを購入しただけではなかった。一緒にパーティに来ていた会計士アンソニー・マンデキックに、１８００万ドルの小切手を切るよう指示した。その寄付でアンドレの基金は目標額を超え、自立基金としての永続が可能になったのだ。「感謝してもしきれません」とテニス界の名士は謝意を表し、涙で顔を輝かせながら感謝を込めてカークを紹介した。当の本人はフロアの席で居心地が悪そうにそわそわするだけだった。

数か月後、カークはプライベート・ジェットでジーン・キルロイをサンタバーバラへ送った。特別な癌治療が必要だったのだ。渡航代も治療費もすべてカークが支払った。キルロイいわく、カジノの信用部長の専門用語を使って「カークは『ジーン、いつもきみはわたしに借金があるね』とよく言ってました」と言った。

「わたしを置いて行かないで」

２０１２年の95歳の誕生日に、大きなサプライズがあった。あいにく、カークは誕生日もサプライズも好きではなかったが。

このとき、ジョーン・デンジャーフィールドが、カークお気に入りのビバリーヒルズ・ホテルのしゃれた小別荘で彼をもてなした。カークがここを気に入っていたのは、しゃれていたからではなく、行きつけのポロラウンジというカクテルラウンジに歩いて行けるからだった。デンジャーフィールドとともに庭の小道を別荘の方にぶらぶらと歩いて行ったが、茂みでビデオを撮る人物がいるのにカークは気づかなかった。カメラがとらえたのは、カークに何人かの見知らぬ若い女性たちが近づいて、彼を知っているかのようにふるまう様子だった。ひとりがまくし立てた。

「あなたを知ってます！　カーク・カーコリアンさんですよね？　大ファンです！」

そしてどこからともなくダンスに興じるカップルたちが現れ、1958年のヒット曲「会ったとたんに一目惚れ」が流れてきた。

ヤシの木が生い茂り、楽園の鳥たちが飛びまわる豊かな緑の中で、約30人のプロのダンサーがブロードウェイ・スタイルで踊り出すのを、カークとジョーン・デンジャーフィールドは眺めた。

悪意のない贈り物は4分間続いた。カメラにはカークが穏やかに楽しんでいるように映っていたが、側近は礼儀正しくふるまおうとしたのだととらえた。カークは大騒ぎが嫌いだった。プライバシーが侵害されるのを嫌悪した。事態は不快な状態から悪化の一途をたどった。カークとフラッシュモブの動画がインターネットに上がり、瞬く間にユーチューブで話題になってしまったのだ。

夏の終わりにはカークはロン・ファラヒに命じて、ロクスベリーの自宅からジョーン・デンジャーフィールドの持ち物をセキュリティ・チームに運び出させた。そのあとただちにオクラホマの石油業者の未亡人ルー・ビアードとの婚約を公表した。カークとこの新婚約者は、彼女が、亡くなった俳優のデイル・ロバートソンと数十年前に結婚した頃からの友人だ。

だがその夏、姉ローズが102歳で他界した。カークは喪失感に襲われた。また兄弟を亡くしている。いちばん上の兄アートは、アルコール依存症で交わりを絶っていた。40年ほど前に亡くなっていた。ニッシュは20年前に他界するまで親しくしていた。1992年にはローズとともにニッシュの葬儀に行った。カークの転倒事故のあと、ローズは自分を怖がらせないでとやさしくたしなめ、それから真剣に言った。「わたしを置いて行かないで」。

カークは心配ないと答えた。「行くときは一緒だよ」。

ローズの葬儀が決まると、カークは親族に出席しないと告げた。「とても悲しく、出席できない」と言った。

諦めない「あの女」

カークの元妻リサ・ボンダーとの継続中の法廷闘争が数か月前に再燃し、今度は別の争点が持ち出された。2013年のカークの96歳の誕生日が近づくと、ボンダーはカークの健康は損なわれてきていて、トランシダ社の経営陣に「元夫は拘束されている」として、ロサンゼルス裁判所に成年後見を申し立てたのだ。彼女は、24歳の息子テイラー・クライスとともに共同後見人となり、カークと資産を守ることを要求した。

ボンダーはカークの関係者のあいだでは「あの女」であり、彼の支持者たちには悪党として広く知られていた。カークが自分の人生や資産に関する決定をもっとも任せたくない人物だった。裁判所に提出した書類で、カークの弁護団は、ボンダーが娘キラにできた子供の支援金を毎月50万ドルに増額しようと企んでいると告発した。

『ニューヨーク・ポスト』紙のゴシップ欄の記事は、ボンダーの成年後見の申し立てについて詳細に論じた。カークの関係筋によると、カークは「年の割にとても元気」で、最近医師に会ったがポロラウンジで酒を飲みながらだったと同紙は伝えている。「そうです、ポロラウンジで医者に会うんです」と匿名の関係者の言葉も引用している。

ボンダーは申し立てから2か月後に成年後見嘆願を取り下げた。だが、その衝撃はひどい恐怖のあとの興奮状態のように残った。カークは将来についてよくよく考えた。もし自分の人生のすべての部分が信頼できない何者かに最終的に支配されることになっても、自分に関することは確実に望ましい状態であってほしいと願った。ボンダーが請求撤回した数日後、修正された最新版の「最後の遺書」に署名した。

また医療的関与や金銭的利害に関して信頼できる人がいないか、よく考えてみた。カークの世界はどんどん小さくなっていた。ビジネスと社会的な活動は減退していた。それでも信頼できる友人たちによって安心感がもたらされることを望んだ。それによって、次に何を頼りとすべきか探る機会は減っていた。電話に手を伸ばして、よく知った番号をダイヤルした。

「きみなら信じられる」

カリフォルニアのルート52号線のちょうどラホーヤのあたり、ウーナの白いBMW3シリーズのなかで携帯電話が鳴った。「私用の番号」からの通話だった。ウーナはほほえんだ。カークだ。ふたりの会話はほとんどいつも、カークのこのセリフではじまった。

「今、話せるかい？」

「いつでも話せるわ」といつも通り答えた。

彼の低く重々しい声はその日は力強かった。気分がいいのだろう。すぐに本題に入った。

「ウーナ、結婚してくれないか？　もっと前に言うべきだった」とカークは言った。

「きみはいつも僕を支えてくれた。きみなら信じられる」

カークは、ウーナが家族とともに滞りなく生活を送るラホーヤの家はそのままにすると約束した。半分の時間を自分とビバリーヒルズで過ごしてくれればいい。将来、医療問題で緊急事態が起こったときは後見人になってほしい。

携帯電話でのプロポーズは、２００７年に婚約したときほどロマンチックではなかった。そのときはビバリーウィルシャー・ホテルのジュエリー・ブティックで購入したダイヤの指輪を、ビバリーヒルズ・ホテルのスイートでひざまずいて渡し、永遠の愛を誓ったのだ。

「あの人はとても情熱的で、内心は完全に感傷的になっていた」とウーナは思い出す。

カークの弁護士たちは仰天した。新しい「最後の遺書」を書いてからかろうじて3週間経っていたが、新しい配偶者にはすぐに用なしとなるだろう。「ただ一緒に住む」ことをふたりに提案したが、カークは結婚にこだわった。弁護士は、ウーナに配偶者の権利を放棄する証書にサインするよう求めた。弁護士はそこからはじめた。

ビジネスに関してカークが時に口にしたのは、合意の握手をしたあとは「弁護士が介入して混乱することがないようにしろ」というごく短いアドバイスだった。だが、恋愛に関しては、自分のこのアドバイスにしたがうことができなかった。

弁護士は結婚前の交渉をだらだらと長引かせて遅れさせるように企んだ。ウーナはいくつかの契約書に署名したが、拒んだものもあった。たとえばカークに医療上の緊急事態が起こったときに協議する権利の破棄を記した契約書にはサインしなかった。11月の結婚の予定日がやって来て、過ぎた。その年の12月から翌年2014年の1月にかけて、カークの健康は損なわれ、体力も落ちてしまったのだ。ウーナは、カークが時々混乱してふさいでいるのに気づいた。だが3月末まで、カークは弁護団に手の内を明かさなかった。

ついに「次の週末、結婚しよう」とカークは表明した。弁護士たちの最後のあがきも必然の運命を抑止できなかった。集まった多数のゲストに囲まれてカーク・カーコリアンとウーナ・デイヴィスは、2014年3月30日のお昼前に、ロクスベリードライブの自宅で結婚式を挙げた。治安判事が簡単な民事婚を執り行った。新郎の付添人はカークのUCLAの医者とアルメニアの友人エリック・エスライリアンだった。

クリスタル・シャンパンのコルクがポンと音を立てると、カークは鼻高々とティファニーのシルバーの結婚指輪をきらめかせ、側近や家事スタッフやテニス仲間たちから祝福を受けた。祝賀のさなか、弁護士のグレーザーはウーナに近づいた。

「おめでとうございます」と彼は言った。この結婚のことは「公表しないでいただきたい。誰にも話さないでください」と添えて。

最後の夜

わずか3週間後、カークはウーナに家から出て行くように命じた。カークをひとり残し、癌を患った姉をフロリダに数日間訪ねたことに怒ったのだった。長年の従者にも、同じようにきびしくあたった。娘の結婚式に出席するために週末の仕事をしなかったとして、ロン・ファラヒを突然解雇したのだ。両方の旅行はカークに相談済みだった。ウーナもロンも、許可を得たと思っていた。「わたしたちふたりともを追い出したのよ」とウーナは言った。さほど驚いた様子はなかった。

「あの人はあの頃ますますむずかしくなっていた。わたしもいろんなことに疲れてしまった」

カークは、あとになってウーナがどうしているか電話をかけてきた。連絡を絶やしたくなかったのだ。彼女はいつでも電話をしてもらって構わないと言った。カークが言ったのは、自分は電話できない、そっちがかけてほしいということだった。

1年後、カークは病に襲われ、寝たきりになった。アレックス・イェメニジアンが訪ねてきた。トロピカーナ・リゾートの経営権を売却したところだった。

「よかったな！　君は引退できるということか？」とカークは聞いた。

「いいえ、今は無職だというだけで」

10日後、イェメニジアンはカークがだいぶ弱ってきて先が長くないとの電話を受けた。年老いた助言者かつ友人は眠っていた。ベッドのへりに腰をおろして、その手を取った。長い間握っていた。そして立ち去った。電話がその夜遅くかかってきた。

カーク・カーコリアンは、2015年6月15日に亡くなった。招待状が送られた人のみのプライベートな葬儀が、ロサンゼルス国際空港の大型ジェット機が着陸する最終進入路下のイングルウッド記念墓地で執り行われた。そこにカークの両親が姉のローズとともに眠っている。儀式の開始が遅れそうになると、甥の息子が参列者に、カークは決して何にも遅れなかったと言った。

「式をはじめましょう。さもないと、叔父が起き上がってここから出て行ってしまいます」

エピローグ

カーク最後の取引

2017年4月12日、ハリウッド大通り

「私はカリフォルニアで生まれたが、アルメニアを忘れることができない」

——ウィリアム・サローヤン（作家）

ゆっくりと進む黒塗りのリムジンの列が、交通規制用のバリケードに沿ってTLCチャイニーズシアターの有名なパゴダのエントランスへ入っていく。入口の大看板には夕方上映される『THE PROMISE／君への誓い』のプレミアショーが告示されていた。製作費1億ドルのアルメニアの大量殺戮を描く歴史映画だ。このインディペンデント映画は、カーク・カーコリアンの全額融資を受けて制作された。

ハリウッド映画のプレミアとしては、オープニングナイト・ガラは退屈だった。花火もない。パラシュート降下もない。セメントに足跡が残されることもない。カークの友人でありライバルでもあったハワード・ヒューズは、1930年に制作した戦争映画『地獄の天使』のプレミアを同じ場所で行ったが、そのときは何万という人々がハリウッド大通りに列を作って低空飛行の複葉飛行機

がニセの空中戦を繰り広げるのを見上げた。もちろん、花火もパラシュート降下もあった。

一般公開の数日前からすでに作品は賛否両論で、配給も遅れ、トルコ人一味による不正工作活動も受けた。トロント映画祭のワールドプレミアで数百人が『THE PROMISE／君への誓い』を初めて見たあと、5万以上の否定的コメントがインターネット上にあふれた。『ウォールストリート・ジャーナル』紙が突き止めたところでは、**批判的なコメントのほとんどは、トルコのソーシャルメディアサイトからのものだった。**

穏やかでそよ風の心地よい南カリフォルニアの夕方、90歳の老貴婦人を思わせるハリウッド映画の宮殿において、カーク・カーコリアンの作品が国内デビューを飾ることになった。行儀のよい群衆のいちばんの楽しみは、リムジンから映画スターが出てくるのを見ることだった。レオナルド・ディカプリオとその母親、シェールとカーダシアンのカップル、オーランド・ブルーム、以前カークの隣人だったシルベスター・スタローン。アカデミー賞受賞監督でこの作品の監督もつとめたテリー・ジョージは、映画のキャストたち、クリスチャン・ベイル、シャルロット・ル・ボン、アンジェラ・サラフィアン、ジェームズ・クロムウェルとともにレッドカーペットを歩いた。

かなり控え目であったが、やはりガラとなると有名人があふれ、カークが嫌ったであろうカメラとストロボが明滅するパーティになる。映画のプロジェクト自体はカークの自慢のタネだった。最後の取引で、最後の大きな投資で、財政上の失敗が不気味に近づきつつあった。

だが、カークははたして興行成績を気にしただろうか？　物語はアルメニアの祖先に対する頌歌で、トルコ政府がいまもかたくなに否定する100年前の人権侵害について理解を深めることを求める政治的暗示が含まれている。この映画製作はカークの長年の夢だった。カークの弁護士グレーザーは、アルメニアの新聞に語っている。

「人生も残り数年になり、ついに口にしました。『誰かがやってくれるのを待ったりしない。自分で出資するつもりだ。大作にしたい。みんなが見に来るような作品に』と」

この女性弁護士は、カークの医師エリック・エスライリアンと、カークの会計士を長く務めたアンソニー・マンデキックとともに、依頼人の共同映画プロデューサーの役目もはたした。

カークが思い描いたのは、自分のお気に入りでもあった『ドクトル・ジバゴ』のようなアルメニア人を中心にした戦中ロマンスだったが、この1965年の傑作は制作費用1100万ドルで制作された。『THE PROMISE／君への誓い』が2015年に制作開始されたときの予算は、おそらく8300万ドルほどだった。

カークは、映画から個人的に利益を得ようとはまったく考えていなかった。収益は全部慈善事業にまわすように指示した。だが、損失を出そうとして投資することもありえなかった。

「カークのようなビジネスマンは、大失敗はしたくありません」と未亡人のウーナ・デイヴィスは言った。「ずっとオスカーが取れると思っていました。アカデミー賞を取ればひと儲けできます」。

カークが「誇り高きアルメニア人」で映画の製作に関われることをとても喜んでいたと彼女は認めた。「でも1億ドル投資して900万ドルの収益で終わったらものすごく怒ったでしょうね」。

全国での封切りから2か月後、『THE PROMISE／君への誓い』は、期待外れの822万4288ドルしか収益を上げられなかった。

終わらない裁判

カークの財産の大部分を占めるのは、100％所有権を持つトランシダ社だった。彼が作り上げた大手カジノホテル、MGMリゾーツ・インターナショナルの株式を保有する持ち株会社だ。カークがこの世を去ったとき、トランシダ社の時価総額は180億ドルだった。そのほか彼の財産に関する監査報告書は、億万長者の財産と大部分の人の財産の差——そのささやかな類似は示しつつも——を見せつけた。

カークが所有する個人口座の現金は、ウエルズファーゴ銀行の当座預金の125万ドル、バンク・オブ・アメリカのマネーマーケット普通口座の710万ドル、スイスのUBS AG銀行の米国債現金準備金の895万ドルであった。自宅の金庫にはいつでも使える手元金が16万5000ドルはあった。

またロクスベリードライブの彼の邸宅は1900万ドルと見積もられ、1万ドルのビバリーヒルズ・テニスクラブの会員権は死亡により払い戻されるし、ごく普通の乗用車2台——3年乗ったジープ・パトリオットと8年所有したGMCユーコン——も所有していた。

カークの最後の遺書は、リサ・ボンダーが裁判所命令の成年後見を画策した直接の影響を受けて草案され署名されたもので、いくつかの個人的な遺贈も含まれていて、グレーザーに600万ドル、マンデキックに700万ドル、カークの長年の秘書ジャクリン・トーブに500万ドル、テリー・クリステンセンの妻に1500万ドルの現金が手渡された。

カークの死から約1年後、ボンダーの電話を盗聴した件で下された2008年の有罪判決に対するクリステンセンの最終上告が棄却された。2017年、元弁護士は連邦刑務所で3年の刑に服すことになった。だが、これは長きにわたるカークとボンダーによる父であることをめぐるメロドラマの最終章にはならなかった。

遺言検認裁判所で、ボンダーの娘で、18歳になったばかりのキラ・ローズ・カーコリアンは、カークが彼女に残した700万ドルの信託基金の増額を求める交渉を開始した。これは850万ドルで決着した。

カークの不動産エージェントのひとり――カークに最後の数か月一緒にいるように頼まれたとするビバリーヒルズの販売担当の女性――は、故人の遺産から2000万ドル請求した。交際する代わりに、カークがその額を約束してくれたと言うのだ。遺書に書かれていないものの3000万ドルの信託基金を受け取ったカークの娘のリンダは、グレーザー、エスライイリアン、マンデキックが選んだ慈善事業に残りの財産を残すという2013年の文書を破棄しようとして訴訟を起こした。

ウーナ・デイヴィスも、カークに先立たれた妻として訴訟を起こした。喧嘩のあと離婚を申請したが、カークは決して離婚届に署名しなかった。また婚姻前夫婦財産合意の書類にもサインしなかった。カークはデイヴィスと結婚した状態でこの世を去った。

それ以外にウーナ・デイヴィスは弁護士グレーザーが遺書の受益者であると同時に遺産の法律顧問であるという二重の役割に対して異議を申し立てた。根底には結婚前の折衝にさかのぼるデイヴィスとグレーザーのあいだの消えない悪感情があった。こういった論争は、法廷でこれから先何年もつづくと思われる。

天国の取引

アレックス・イェメニジアンは、カークは天国のどこかで新しい取引を進めていると思うと言う。カークの葬儀で、イェメニジアンは会葬者にこんな挨拶をした。

「みなさんは、カークは今頃何をしているんだろうと思っておられるでしょう。わたしが思うに彼は、すでに天国の9・9パーセントを獲得したところです。そしていま残りの90パーセントをどうやって手に入れるか弁護士と相談しています。でもカークがこの世でわたしたちにしてくれたことが考慮してもらえるなら、天国の残りの部分は無償で彼のものになるでしょう」

カーク・カーコリアン「7つの成功の秘訣」

これは、カーク・カーコリアン自身がまとめたものではない。本書で繰り返し述べたとおり、カークが自分の仕事やプライベートについて語ることはほとんどなかった。

すでに見てきたように、彼はアメリカでもっとも知られざる富豪のひとりだ。カーク・カーコリアンは、無一文から億万長者にのし上がった。航空会社、リゾート・ホテル、映画スタジオ、自動車などさまざまな業界で桁外れの大きな仕事をしてきただけでなく、慈善活動も積極的に行なった。現代のアメリカのビジネス界でもっとも興味深い人物のひとりと言えるだろう。

学校教育は8年生（中学2年生）でドロップアウトし、「生きながら学ぶ」人物だった。恥ずかしがり屋で、人前で話すのは苦手だったうえに、あまりに謙虚で、自分から人に伝えられる知識などないと考えていた。

「成功の秘訣について話すことはできない。わたしが間違っているかもしれないからだ。人に間違ったことは教えられない」――カーク・カーコリアンだが、本書執筆の調査中に幾度となく気づいたが、カークは、成功の秘訣を確かに残している。紙に書いたり、人に勧めたり、自分が言ったように思わせるようなことはせず、ただ自分の胸のうちにしまっておいたのだ。アメリカのもっとも偉大な実業家がわれわれに残してくれた「7つの成功の秘訣」を、ここに公開しよう。

①　健康であれ

カーク・カーコリアンは若い頃から熱心に体を鍛え、10代でアマチュアのボクサーになり、20代前半にはプロ・ボクサー「ライフル・ライト・カーコリアン」として活躍した。40代の終わりからテニスに打ち込み、80代でプロのシニア・プレーヤーとして各地のトーナメントに参戦した。生涯ウォーキングとジョギングを欠かさず、80代になっても90代半ばになってもウェイト・トレーニングを日課にし、旅行に出ることがあれば8キロのダンベルを携帯した。

食事とお酒も節制して若い頃の体型を維持し、常に活動的であろうとした。

「ずっと動けるようにしておきたい」――カーク・カーコリアン

②　信用がいちばんんだ

カークは、仕事においても私生活においても信用がいちばん大切であると考えた。決して人にお金を出させるようなことはしなかった。契約を破棄することも、破産法を持ち出して借金の返済を免除してもらうこともなかった。握手が契約書を交わすのと同じくらい信用あるものととらえていたのだ。ともに仕事をするすべての者が、同じ考え方で仕事に臨んでほしいと期待した。

ラスベガスのカジノを1軒売却するにあたって、まだ経験の浅い部下が交渉にあたった。その部下は日本のホテル・グループと魅力的な契約を交わせたと思い、安心して床に就いた。翌朝、別の会社にもっと高い額で契約を持ち掛けられた。

部下はカークに電話で確認した。高い額で契約したほうがいいでしょうか？　カークは逆に「向こうの提案は受け入れたのか？」とたずねた。「はい」と部下が答えると、「だったら、なんで電話してくる？　相手を信用して契約したなら、それで決まりだ」と言って電話を切った。

カーク・カーコリアンのルールは、握手を交わした時点で契約成立だ。

「いつも一生懸命働いて……心から誠実に取引している」――カーク・カーコリアン

③　賢い者を雇え。チームを信用しろ

カークの雇用哲学は、「その分野で最高と思われる者たちを迎え入れ、業務は任せる」というものだった。ラスベガスに移って間もない頃、自身の株を投じてトップベルの経営者を雇った。ここでも「賢い者を雇い、あとは任せる」という考えを貫いた。カークは組織における自分の大きな役

割を、「大きな絵」を思い浮かべ、多くの質問をすることととらえていた。
だが、すべてはひとつの真理に集約される。

「最高の結果を出すには、最高の者たちに囲まれよ」――カーク・カーコリアン

自分が仕事で成功した時、その手柄を仲間と分かちあうことも忘れなかった。カークの下で働いたあるCEOは言っている。「カークはすべてひとりで責任を負い、手柄はみんなで分かちあった」。カークが部下に忠誠を求める必要はなかった。自分に尽くしてくれる環境をいつのまにか作り上げていたのだ。

④ 大物をねらえ

ギャンブラーとして、カークはリスクをおそれなかった。ビジネスにおいてもリスクの高い取引を好んで求めた。手堅くいこうとするなと。

カークは「腹を空かせたアリゲーターの話」をよく口にした。

「アリゲーターは岸の近くで動かず丸太のようにじっとしている。腹は減っているが、小さな淡水魚には目もくれない。ほかの水のなかの生物はせわしく動いているが、じっとしている。そこへ大きな魚が泳いでくる。ガブ！　アリゲーターはそれを丸ごと飲み込んだ」

「腹をすかしたアリゲーターのように大物をねらいたい」——カーク・カーコリアン

⑤ 勝算を考えろ。常に別の手を用意しておけ

クラップスをプレイしているときも、銀行家の一団と向かい合っているときも、常にどんな手を打ち、どんな賭けに出るか決めていた。ライバルと一戦交えるにしろ、取引を交わすにしろ、何をすべきか頭のなかですべてはじき出していた。

最良の手を打てば、先手を打ち、勝負を決められることにもなる。

「勝てないギャンブルはするな」——カーク・カーコリアン

第2次世界大戦後、カークは小さなチャーター航空会社を経営していたが、別の収入源として中古航空機の売買も考えていた。無傷で残されていた大きなロッキード・コンステレーションを2機手に入れて、それぞれのいい部分を組みあわせて飛行可能な1機にまとめ上げた。

新品同様のこの1機を貸し出したり、売っては買い戻すビジネスをはじめたところ、当時伸び盛りだったチャーター便の収益を一時は追い越すまでに成長した。

「当時は食べることしか考えられなかったし、とにかく今あるものを大きくすることしか頭になかった」――カーク・カーコリアン

⑥ しゃべりすぎるな。手の内を明かすな

カークは毎日早起きして、熱いコーヒーをカップに注ぎ、腰をおろして新聞のビジネス欄に目を通し、テレビで株価をチェックした。考えがまとまるまで、誰かに手の内を明かすことはなかった。世間をあっと驚かせたクライスラー社買収計画についても決して口を割らず、ようやくひとりの部下にどれだけの額が必要か調べさせたが、その者にも決して口外しないようにきつく命じた。この部下はカークの指示があるまでデトロイトを訪れてはならないし、デトロイトの上を飛行機で越えていくことすら許されなかった。

「仕事は密かに進めるのがいちばんだ」――カーク・カーコリアン

謙虚であることも、カークにプラスに作用した。著名人のライバルと衝突したことはおそらく一度もない。カジノ王のハワード・ヒューズにラスベガスを明け渡すように圧力をかけられたときも、ヒューズを讃えるだけだった。

「ハワード・ヒューズは山で、わたしはモグラ塚だ」――カーク・カーコリアン

⑦ 社会に還元せよ

カーコリアンは富豪の仲間入りをはたす前から慈善活動をしていたが、広く知られていない。決して自分の名前を出さないようにしたからだ。額がどうであれ、自分が寄付をしていることを口外したとわかれば、ただちに打ち切った。自分の名前が記念碑に刻まれたり、晩餐会に主賓として呼ばれたり、感謝の言葉を公にされることは一切固辞した。

だが、寄付金の額はあまりに莫大であったから、誰もが知ることになった。1988年のアルメニア地震の被災者に対する寄付金だけでも数億ドルと見られている。慈善活動支援団体、リンシー財団も設立し、各所に寛大な支援金を送りつづけた。

亡くなるまでに10億ドル以上の寄付をした。死後は自身の財団を通して20億ドルを超える寄付金が各団体に贈られることになった。これほど寛大に寄付金を出しているのにどうして名前が出されるのを頑なに拒むのかと友人や会社の役員に聞かれれば、即座に答えた。

「見返りを求めるのであれば、慈善行為ではない。取引だ。与えるべきときに与えているだけだ」――カーク・カーコリアン

本書について〜謝辞

本書を書き上げるのは大変なことだった。カーク・カーコリアンが生前講演をしたり、インタビューに答えたりすることはほとんどなく、関連資料はごく限られていたからだ。

カーク・カーコリアンには会ったこともなかったし、伝記を書く予定もなかった。だが、カークが2015年6月15日に亡くなってすぐに、ハーパーコリンズ社の編集者ジュリア・チャイフェッツから電話をもらった。彼女もカークのことは知らなかったが、この知られざる大富豪についてもっと知りたいと言ってくれた。本書は、彼女の好奇心と先見の明によって生まれたと言える。

伝記執筆を開始するにあたり、まずはカークの主要弁護人のひとり、グリフィス・パークに連絡してみた。だが、彼女には「協力できない」ときっぱり断られた。

幸運なことにネバダ大学ラスベガス校ライド図書館で、カーク・カーコリアン関連の資料を確認することができた。特にカークがラスベガスのことや自分自身のことについて述べている90分におよぶインタビュー音声と、第2次世界大戦中に経験したロイヤル・エア・フォース・フェリー・コマンドでの任務について語っている映像を含むPBSの2008年のドキュメンタリー『フライング・ザ・シークレット・スカイ』は貴重な資料となった。ありがたいことに、その後『フライング・ザ・シークレット・スカイ』のプロデューサー、ウィリアム・ヴァンダークロットにも話を聞くことができた。

カーコリアンの30日間の妻であったリサ・ボンダーへのインタビューは不可欠であると考え、約束も取りつけたが、残念ながらキャンセルされてしまった。ボンダーは、自身のことは本書ではなく、「自分で場を設けて話したい」とのことだった。だが、カーク・カーコリアンとリサ・ボンダーの10年以上つづく法廷内外での争いの詳細は、ロサンゼルス最高裁に保管された数万ページにもおよぶ膨大な資料で確認できた。

直接話を聞かせてもらった人たちも数多くいる。すべての人の名前は上げられないが（中には名前を明かさないという約束で取材に応じてくれた人たちもいる）、以下の人たちはカーク・カーコリアンの人柄と仕事について、貴重な情報をいくつも与えてくれた。記して謝意を示したい（訳者注――この人たちについては20ページの「本書のおもな登場人物」にまとめたのでご参照いただきたい）。

テリー・クリステンセン、アレックス・イエメニジアン、ドン・キング、ハラート・サスーニアン、マイケル・ミルケン、ロン・ファラヒ、ウーナ・デイヴィス、ジェリー・ペレンチオ、ボブ・ドールとエリザベス・ドール夫妻、ダリル・ゴールドマン、マニー（マイク）・アガシ、ジーン・キルロイ、ボビー・モリス。

また、第2次世界大戦中はアメリカ空軍のエンジニアを務め、戦後カークとロサンゼルス・エア・サービスの同僚となったジャック・ホールダー、MGMミラージュの元CEOのダニエル・

M・ウェイドのふたりにも時間を取ってもらった。

さらにおそらくカーク・カーコリアンに関する唯一の著書と思われる『カーコリアン――アメリカ成功物語』（Dial Torgerson, *Kerkorian: An American Success Story* [Dial Press, 1974]）には、カーク・カーコリアンの若い時代のことが詳しく記されていて、大いに参考になった。本書は『ロサンゼルス・タイムズ』時代の同僚ダイアル・トルガーソンによるものだが、大変悲しいことにダイアルは1983年、中米の戦地を取材中に命を落としている。ダイアルは『ロサンゼルス・タイムズ』の多くの者たちの敬意を集めた偉大な記者だった。ダイアル・トルガーソンに、深甚なる敬意と謝意を捧げる。

ダイアル・トルガーソンの『カーコリアン――アメリカ成功物語』以外にも、多くの文献を参照した。特に以下の本は非常に参考になった。

1　ロバート・J・サーリング『空を飛ぶただひとつの方法』（Robert J. Serling, *The Only Way to Fly: The Story of Western Airlines, America's Senior Air Carrier* [Doubleday & Company, 1976]）

2　テッド・ターナー＋ビル・バーク『コール・ミー・テッド』（Ted Turner with Bill Burke, *Call Me Ted* [Hatchette, 2010]）

3　クリスティーナ・ビンクレー『勝者はすべてを得る――スティーブ・ウィン、カーク・カーコリアン、ゲアリー・ラブマンとラスベガスをめぐる戦い』（Christina Binkley, *Winner Takes All: Steve*

Wynn, Kirk Kerkorian, Gary Loveman and the Race to Own Las Vegas [Hyperion, 2008])

4　ビル・ヴラシック、ブラッドリー・A・スターツ『車で連れ出されて――ダイムラー・ベンツはいかにしてクライスラーと手を切ったか？』(Bill Vlasic and Bradley A. Stertz, *Taken for a Ride: How Daimler-Benz Drove Off with Chrysler* [William Morrow, 2000])

そして、以下の人たちに謝意を捧げずに、著者は筆をおくことはできない。

すでに述べた通り、ネバダ大学ラスベガス校ライド図書館で、カーク・カーコリアン関連のインタビューやドキュメンタリーを確認することができた。その際、同図書館のスタッフのみなさん、特に特別部のスー・キム・チョン、クレイティ・ホワイト、デロレス・ブラウンリーに大変お世話になった。

ニューヨークのエージェントのロビンズ・オフィスのデイビッド・ハルパーン、コンピューターに強く、著者のウェブサイトも作ってくれた弟カール・レンペル、『ロサンゼルス・タイムズ』時代の同僚で、その後もさまざまな形で助けてくれている友人のロジャー・スミスに厚く御礼申し上げる。

妻バーバラにも、心より感謝する。本書執筆にあたり、エミー賞を二度受賞しているテレビ・ニュース番組のプロデューサーであるバーバラに、調査方法や物語の構成などについて、多くのことを学んだ。

そしてバーバラとわたしの愛しい子供たち、チアリーダーとして父をいつも応援してくれているジェイソン、ララ、エマの3人にもありがとうと言いたい。君たちのおかげで、パパはどんな億万長者よりも豊かな気持ちになれるよ。

2017年7月　ロサンゼルスにて

ビル・レンペル

訳者あとがき

・1966年、ラスベガス・ストリップにホテル、シーザーズ・パレスをオープンする。
・1968年、ラスベガスのフラミンゴ・ホテルを買収し、のちにホテル内のカジノを長年のギャングの支配から解放する。並行してウェスタン航空の買収を進める。
・1969年7月、全米一の大富豪ハワード・ヒューズの妨害を受けたにもかかわらず、当時世界最大のホテル、インターナショナル・ホテルをラスベガスにオープン。同年同月このホテルでエルヴィス・プレスリーの公演を企画し、エルヴィスを全米のスターとして復活させる。
・1973年から映画会社MGMスタジオ買収闘争を展開。12月にはMGMグランド・ホテルをオープンする。このホテルは1993年に新たなホテルとしてグランドオープンし、現在も世界最大規模を誇る。
・1978年から映画会社コロンビア・ピクチャーズの株を買い集め、1980年代には同社買収を仕掛ける。
・1981年、映画会社ユナイテッド・アーティスツ（UA）の買収を仕掛ける。
・1982年、『フォーブス』誌のアメリカの富裕者リストの上位にランキングされる。

・1988年12月にアルメニアを世界最大級の大地震が襲ったが、その後継続的に同国に10億ドル以上もの寄付金を一切名前を告げることなく送付しつづける。
・1990年、自動車メーカー、クライスラー買収に向けて動き出す。
・1997年6月、ラスベガスのMGMグランド・ホテルのグランド・ガーデン・アリーナで、マイク・タイソンとイベンダー・ホリフィールドのボクシングの世紀の一戦「耳嚙み切りマッチ」を企画する。
・2005年、ゼネラル・モーターズの買収を試み、10パーセントの持ち株を取得して会社の筆頭株主になる。
・2007年から2008年にかけて、フォード自動車の株式を買い集める。
・2017年にはアルメニアの大量殺戮事件を描いた歴史映画『THE PROMISE／君への誓い』が公開されたが、製作費はほとんど負担している。

カーク・カーコリアン（1917～2015）は、ざっと挙げるだけでもこれだけ大きな仕事をしているにもかかわらず、人前に出ることを極端に嫌い、多額の慈善的な寄付金を施すことがあっても一切名前を出すことを拒否したからか、その名はほとんど知られることはなかった。

だが、1998年、思わぬ形で表舞台に引きずり出される。当時交際していた48歳年下の元テニス選手のリサ・ボンダーが、ほかの男性とのあいだに産み落とした女児の父親はカークであると虚偽の主張をし、彼の配偶者に収まろうとしたのだ。これによってマスコミに追いまわされ、私生活が暴かれるというもっとも望ましくない状況に追い込まれる。

だが、事件の真相が明らかになり、評判を落としつづけるボンダーとは逆に、カーク・カーコリアンという知られざる人物が桁外れに大きな仕事をいくつも成し遂げ、寛大な慈善活動もつづけていたことが明らかになる。

『ザ・ギャンブラー　ハリウッドとラスベガスを作った伝説の大富豪』は、そうしたカーク・カーコリアンの再発見、再評価の流れから産み落とされた傑作だ。

人生のさまざまな局面で「ギャンブル」を楽しんだカーク・カーコリアンの魅力的な生きざまが実に鮮やかに描き出されている。まさに上質の冒険小説のように本書を楽しめることだろう。

著者ウィリアム・C・レンペルの原書『ザ・ギャンブラー――一文無しの家に生まれ、学校をドロップアウトした少年が、億万長者の仲間入りをはたすまで』は第Ⅰ部「人間創生」、第Ⅱ部「億万長者創生」、第Ⅲ部「伝説創生」の3部構成になっている。

第Ⅰ部にはカーク・カーコリアンが1917年、日本でいえば大正6年に誕生してから中学2年生で学校を中退し、戦前は飛行機操縦士として身を上げ、戦後は航空チャーター・ビジネスで財を成すまでが描かれているが、その人生がより輝き出すのはホテルやカジノ産業に手を伸ばし、映画会社や自動車会社を買収してアメリカ有数の億万長者に仲間入りをはたす1965年以降、彼が47

歳を迎えてからだ。

カーク・カーコリアンは98歳で亡くなる直前まで実に精力的に活動をつづけるが、第II部、第III部にはアメリカの知られざる大富豪の知られざる活躍が克明に描かれている。『ロサンゼルス・タイムズ』の記者として36年活躍し、権威ある賞も受賞している著者の筆力は相当なもので、第II部、第III部に描かれるカークが試みるさまざまな買収劇に興奮し、時折見せる温かい慈善の精神に、訳者は感動せずにいられなかった。「本書について〜謝辞」に記されているように、カーク・カーコリアンに関する資料はほとんど残されていないため、著者はカークにつながりがあったと思われる人物一人ひとりに会って話を聞き、この大著をまとめ上げたのだ。

原書は400ページを優に超え、文字数12万語におよぶ大部なものであり、これをすべて日本語に翻訳して出版すると、上下巻各300〜400ページほどになり、両巻あわせた価格は相当なものになると思われる。

ウィリアム・C・レンペルが描き出すカーク・カーコリアンの知られざる魅力と冒険を日本人の読者のみなさんに味わっていただくには、1冊の本にまとめてお手頃な価格で提供するのがよいと判断し、著者レンペルと相談して、第I部の内容を短く、だが決して重要な事実は漏らすことなくまとめ、第II部、第III部につなげることにした。

この斬新な案を打ち出したダイヤモンド社の三浦岳さん、真田友美さん、今野良介さんの発想力と実行力に敬服すると同時に、日本の翻訳出版の事情を十分に理解し、われわれの考えを受け止め

「日本語オリジナル版」として刊行することに快く賛同してくれた著者に深甚なる謝意を示す。

本書はまさにレンペルの監督のもと、日本の読者のために再編集されたオリジナル版だ。

第I部の要約については、訳者のわたしがまずざっと訳したうえで重要な部分をまとめ上げ、それを英語にして著者レンペルに確認してもらった。レンペルは訳者の要約を念入りにチェックし、建設的なコメントをつけて戻してくれた。訳者はそれに沿ってふたたび日本語を調整した。訳者が書いて著者が見てくれた第I部の英語版要約は訳者上杉隼人のブログGetUpEnglishで確認できる。

さらにレンペルは、この日本語版のために書き下ろし原稿も寄せてくれた。398ページの「カーク・カーコリアンの7つの成功の秘訣」がそれである。これは原書にもない、日本人の読者に向けたものだ。ぜひお楽しみいただきたい。

著者は訳者のインタビューにも答えてくれた。GetUpEnglishの"An Interview with William C. Rempel"からYouTubeにアクセスできるので、ぜひご覧いただきたい。

https://blog.goo.ne.jp/getupenglish/e/636ac6273d04d7c116ff09062ff9de1cb

本書刊行にあたり、多くの方にお世話になった。滝野沢友理さん、大津祥子さん、田島夏樹さん、木下朋子さん、本間芙由子さん、眞鍋惠子さんには翻訳原稿の確認のほか、膨大な調査を分担してお願いした。この人たちの協力が得られなければ、これだけ分量のある本を短期間で翻訳することは不可能であった。フリー編集者の加藤義廣さんと上原昌弘さんには校正刷りを念入りに確認してもらい、貴重なアドバイスをいくつもたまわった。各氏に厚く御礼申し上げる。

第Ⅰ部で書き下ろした英語は英語便（eigobin.com）に念入りにチェックしてもらった。英語便を提供する㈱ネットストリートの森岡美香社長にも感謝する。

この大作の訳者に抜擢してくださり、温かいアドバイスをいくつも賜ったダイヤモンド社の三浦岳さんと真田友美さんに、若さと熱意で精力的に編集を進めてくださった今野良介さんには最大限の感謝を捧げたい。

カークは2015年6月15日に98歳で永眠するが、評価は高まるばかりだ。死の寸前まで人生を楽しんだカーク・カーコリアンは、平均寿命が100歳に近づきつつある現代を生きるわれわれにさまざまなことを教えてくれる。健康を心がけ、情熱を失わず、信頼できる相手は決して裏切らず、何をするにも勝負を楽しむ「ギャンブラー」の精神が、今こそ求められているのかもしれない。

新型コロナウイルス蔓延で世界が元気を失いつつあるこの時代に、人生をとことん謳歌し、一文なしから大富豪にのし上がった知られざる人物の優雅で豪快な生きざまを、多くの人に楽しんでいただけますように。

2020年6月6日　カーク・カーコリアン103歳の誕生日に

上杉隼人

［著者］
ウィリアム・C・レンペル（William C. Rempel）
1947年生まれ。アメリカの作家、報道記者。『ロサンゼルス・タイムズ』紙に記者として36年間勤務し、アメリカ国内外のさまざまな記事を担当した。ビジネスおよび金融ジャーナリズムの記者に与えられるジェラルド・ローブ賞（1980年）ほか、著名な賞も受賞している。2002年には「テロを暴く」の記事で『ロサンゼルス・タイムズ』紙の同僚記者たちとゴールドスミス賞調査報道部門の最終候補。ほかの著書に、コロンビアの犯罪組織カリ・カルテルを崩壊に導いた内部通報者ジョルジ・サルセード・カブレラについて描く『悪魔のテーブルで』（2011）、フィリピンに独裁政権を作り上げたフェルディナンド・マルコス大統領に関する克明な記録『独裁者の妄想』（1993）、『独裁者の妄想』を加筆・改訂した電子書籍『独裁者の日記』（2015）がある。

［訳者］
上杉隼人（うえすぎ・はやと）
翻訳者（英日、日英）、編集者、英文ライター、英語・翻訳講師。早稲田大学教育学部英語英文学科卒業、同専攻科（現在の大学院の前身）修了。専攻はアメリカ文学。訳書に『スター・ウォーズ』（全作［エピソードI〜IX］）『アベンジャーズ　エンドゲーム』『スパイダーマン　ファー・フロム・ホーム』『STAR WARS クリーチャーズ&エイリアンズ大全』（いずれも講談社）、ジョン・ル・カレ『われらが背きし者』（岩波現代文庫）、リチャード・ホロウェイ『若い読者のための宗教史』、ジェームズ・ウエスト・デイビッドソン『若い読者のためのアメリカ史』、マット・タディ『ビジネスデータサイエンスの教科書』（いずれもすばる舎）ほか多数（70冊以上）。

ザ・ギャンブラー
――ハリウッドとラスベガスを作った伝説の大富豪

2020年8月5日　第1刷発行

著　者――ウィリアム・C・レンペル
訳　者――上杉隼人
発行所――ダイヤモンド社
〒150-8409　東京都渋谷区神宮前6-12-17
https://www.diamond.co.jp/
電話／03·5778·7233（編集）　03·5778·7240（販売）

ブックデザイン－山之口正和（OKIKATA）
本文DTP　―桜井 淳
校正――――加藤義廣（小柳商店）
製作進行――ダイヤモンド・グラフィック社
印刷――――加藤文明社
製本――――川島製本所
編集担当――今野良介

ISBN 978-4-478-10691-4